Edgar Allan Poe

Der Untergang des Hauses Usher

Meistererzählungen. Zweisprachige Ausgabe

Edgar Allan Poe

Der Untergang des Hauses Usher

Meistererzählungen

Zweisprachige Ausgabe

Aus dem amerikanischen
Englisch von Kai Kilian

Anaconda

Der englische Text dieser Ausgabe folgt der Edition *Selected Tales* in der Reihe *Oxford World's Classics*, Oxford 1998. Die seitenidentische Hardcover-Ausgabe erschien im Herbst 2007, © Anaconda Verlag GmbH, Köln.

Die Deutsche Nationalbibliothek verzeichnet diese Publikation in der Deutschen Nationalbibliografie; detaillierte bibliografische Daten sind im Internet unter http://dnb.d-nb.de abrufbar.

Lektorat: Jens Knipp, Warth
Umschlagmotiv: Sydney Lee (1866–1949), »The House of Mystery«, Harris Museum and Art Gallery, Preston / bridgemanart.com
Umschlaggestaltung: www.katjaholst.de
Satz und Layout: GEM mbH, Ratingen
Printed in Czech Republic 2012
ISBN 978-3-86647-813-8
www.anacondaverlag.de
info@anacondaverlag.de

Contents / Inhalt

MS. Found in a Bottle

Qui n'a plus qu'un moment a vivre
N'a plus rien a dissimuler.

Quinault *Atys*

Of my country and of my family I have little to say. Ill usage and length of years have driven me from the one, and estranged me from the other. Hereditary wealth afforded me an education of no common order, and a contemplative turn of mind enabled me to methodise the stores which early study very diligently garnered up. Beyond all things, the works of the German moralists gave me great delight; not from any ill-advised admiration of their eloquent madness, but from the ease with which my habits of rigid thought enabled me to detect their falsities. I have often been reproached with the aridity of my genius; a deficiency of imagination has been imputed to me as a crime; and the Pyrrhonism of my opinions has at all times rendered me notorious. Indeed, a strong relish for physical philosophy has, I fear, tinctured my mind with a very common error of this age–I mean the habit of referring occurrences, even the least susceptible of such reference, to the principles of that science. Upon the whole, no person could be less liable than myself to be led away from the severe precincts of truth by the *ignes fatui* of superstition. I have thought proper to premise thus much, lest the incredible tale I have to tell should be considered rather the raving of a crude imagination, than the positive experience of a mind to which the reveries of fancy have been a dead letter and a nullity.

Das Manuskript in der Flasche

Qui n'a plus qu'un moment à vivre
N'a plus rien à dissimuler.
Quinault, *Atys*

Von meiner Heimat und meiner Familie habe ich wenig zu berichten. Schlechte Behandlung und die Länge der Jahre haben mich aus der einen vertrieben und der anderen entfremdet. Ererbter Reichtum gewährte mir eine außergewöhnliche Bildung, und ein Hang zur Nachdenklichkeit ermöglichte mir das methodische Verarbeiten jener Schätze, die ich mir durch frühes und sorgfältiges Studium erworben hatte. Vor allem die Werke der deutschen Moralisten bereiteten mir große Freude; nicht etwa, weil ich so unbedacht gewesen wäre, ihre wortgewandten Narrheiten zu bewundern, sondern weil meine streng logische Denkweise es mir leicht machte, ihre Fehler aufzudecken. Häufig hat man mir die Nüchternheit meines Denkens zum Vorwurf gemacht; ein gewisser Mangel an Vorstellungskraft ist mir wie ein Verbrechen angelastet worden; und für den Pyrrhonismus meiner Ansichten bin ich seit jeher berüchtigt. In der Tat hat, so fürchte ich, meine Vorliebe für die physikalische Weltanschauung auch meinem Geist einen verbreiteten Irrtum dieses Zeitalters eingeträufelt – ich meine die Angewohnheit, alle Ereignisse, und seien sie auch noch so wenig dazu geeignet, auf die Prinzipien eben jener Wissenschaft zurückzuführen. Im Großen und Ganzen war kaum jemand weniger als ich geneigt, sich von den *ignes fatui* des Aberglaubens aus den sicheren Gefilden der Wahrheit herauslocken zu lassen. Ich habe mit Bedacht so viel vorausgeschickt, damit die unglaubliche Geschichte, die ich zu erzählen habe, nicht etwa als das Hirngespinst einer ungezügelten Einbildungskraft, sondern als die exakte Erfahrung eines Geistes betrachtet werden möge, für den die Ausgeburten der Phantasie nichtssagend und bedeutungslos gewesen sind.

After many years spent in foreign travel, I sailed in the year 18–, from the port of Batavia, in the rich and populous island of Java, on a voyage to the Archipelago of the Sunda islands. I went as passenger–having no other inducement than a kind of nervous restlessness which haunted me as a fiend.

Our vessel was a beautiful ship of about four hundred tons, copper-fastened, and built at Bombay of Malabar teak. She was freighted with cotton-wool and oil, from the Lachadive islands. We had also on board coir, jaggeree, ghee, cocoa-nuts, and a few cases of opium. The stowage was clumsily done, and the vessel consequently crank.

We got under way with a mere breath of wind, and for many days stood along the eastern coast of Java, without any other incident to beguile the monotony of our course than the occasional meeting with some of the small grabs of the Archipelago to which we were bound.

One evening, leaning over the taffrail, I observed a very singular, isolated cloud, to the N.W. It was remarkable, as well for its color, as from its being the first we had seen since our departure from Batavia. I watched it attentively until sunset, when it spread all at once to the eastward and westward, girting in the horizon with a narrow strip of vapor, and looking like a long line of low beach. My notice was soon afterwards attracted by the dusky-red appearance of the moon, and the peculiar character of the sea. The latter was undergoing a rapid change, and the water seemed more than usually transparent. Although I could distinctly see the bottom, yet, heaving the lead, I found the ship in fifteen fathoms. The air now became intolerably hot, and was loaded with spiral exhalations similar to those arising from heated iron.

Nachdem ich viele Jahre damit zugebracht hatte, in der Fremde umherzureisen, trat ich im Jahr 18.. im Hafen von Batavia auf der wohlhabenden und dichtbevölkerten Insel Java eine Segelreise nach dem Archipel der Sunda-Inseln an. Ich war einfacher Passagier – denn ich hatte keinen anderen Anreiz als eine Art nervöser Rastlosigkeit, die mich wie ein Dämon verfolgte.

Unser Fahrzeug war ein schönes Schiff von etwa vierhundert Tonnen, kupferbeschlagen und in Bombay aus malabrischem Teakholz gebaut. Es war mit Baumwolle und Öl von den Lakkadiven beladen. Ferner hatten wir Kokosbast, Palmzucker, Butterschmalz, Kokosnüsse und einige Behälter mit Opium an Bord. Die Ladung war ungeschickt verstaut worden, und unser Fahrzeug krängte dementsprechend.

Wir stachen bei kaum mehr als einem Lufthauch in See und dümpelten einige Tage an der Ostküste Javas dahin, ohne dass die Eintönigkeit unserer Fahrt durch etwas anderes unterbrochen worden wäre als die gelegentliche Begegnung mit einigen der kleinen Schiffe des Archipels, auf das wir zusteuerten.

Eines Abends, ich lehnte mich gerade über die Heckreling, erblickte ich in Richtung Nordwest eine seltsame, vereinzelt stehende Wolke. Sie war bemerkenswert – nicht nur wegen ihrer Farbe, sondern auch deshalb, weil sie die erste war, die wir seit unserer Abfahrt aus Batavia zu Gesicht bekamen. Ich beobachtete sie aufmerksam bis zum Sonnenuntergang, als sie sich ganz plötzlich nach Osten und Westen hin ausdehnte und den Horizont mit einem schmalen Dunststreifen überfloss, der aussah wie ein langer flacher Küstenstrich. Bald darauf gewahrte ich die dunkelrote Erscheinung des Mondes, und ebenso die sonderbare Beschaffenheit der See. Letztere veränderte sich ungemein rasch, und das Wasser schien durchsichtiger als gewöhnlich zu sein. Obwohl ich den Meeresgrund deutlich erkennen konnte, zeigte mir das eingeholte Senkblei eine Tiefe von fünfzehn Faden. Die Luft wurde jetzt unerträglich heiß und war mit Dunstschwaden durchsetzt,

As night came on, every breath of wind died away, and a more entire calm it is impossible to conceive. The flame of a candle burned upon the poop without the least perceptible motion, and a long hair, held between the finger and thumb, hung without the possibility of detecting a vibration. However, as the captain said he could perceive no indication of danger, and as we were drifting in bodily to shore, he ordered the sails to be furled, and the anchor let go. No watch was set, and the crew, consisting principally of Malays, stretched themselves deliberately upon deck. I went below–not without a full presentiment of evil. Indeed, every appearance warranted me in apprehending a Simoon. I told the captain my fears; but he paid no attention to what I said, and left me without deigning to give a reply. My uneasiness, however, prevented me from sleeping, and about midnight I went upon deck. As I placed my foot upon the upper step of the companion-ladder, I was startled by a loud, humming noise, like that occasioned by the rapid revolution of a mill-wheel, and before I could ascertain its meaning, I found the ship quivering to its centre. In the next instant, a wilderness of foam hurled us upon our beam-ends, and, rushing over us fore and aft, swept the entire decks from stem to stern.

The extreme fury of the blast proved, in a great measure, the salvation of the ship. Although completely waterlogged, yet, as her masts had gone by the board, she rose, after a minute, heavily from the sea, and, staggering awhile beneath the immense pressure of the tempest, finally righted.

By what miracle I escaped destruction, it is impossible to say. Stunned by the shock of the water, I found

ähnlich denen, die glühendem Eisen entsteigen. Während die Nacht näher rückte, erstarb auch der letzte Windhauch, und es herrschte eine Stille, wie sie vollkommener nicht vorstellbar ist. Die Flamme einer Kerze, die am Schiffsheck brannte, ließ nicht die leiseste Bewegung erkennen, und ein langes, zwischen Daumen und Zeigefinger gehaltenes Haar hing herab, ohne auch nur eine Regung zu zeigen. Da aber der Kapitän sagte, er sehe keine Anzeichen einer drohenden Gefahr, und wir spürbar auf die Küste zutrieben, ließ er die Segel einholen und den Anker auswerfen. Es wurde keine Wache aufgestellt, und die Schiffsmannschaft, die hauptsächlich aus Malaien bestand, ließ sich ungezwungen an Deck nieder. Ich ging hinunter – nicht ohne die sichere Vorahnung eines Unheils. Denn alle Anzeichen bestärkten mich darin, einen Samum zu befürchten. Ich teilte dies dem Kapitän mit; aber er schenkte meinen Worten keine Beachtung und würdigte mich nicht einmal einer Antwort. Meine Unruhe ließ mich jedoch nicht schlafen, und gegen Mitternacht ging ich an Deck. Als ich den Fuß auf die oberste Stufe der Kajütentreppe setzte, erschreckte mich ein lautes, brummendes Geräusch, wie es etwa von den schnellen Umdrehungen eines Mühlrads verursacht wird, und noch bevor ich mir über seine Ursache im Klaren war, fühlte ich das Schiff bis in sein Innerstes erzittern. Im nächsten Augenblick warf uns ein ungeheurer Schaumregen auf die Seite, tobte längsschiffs über uns hinweg und fegte auf sämtlichen Decks vom Bug bis zum Heck alles davon.

Gerade die jähe Wucht des Windstoßes aber bedeutete für das Schiff die Rettung. Obwohl es vollständig überschwemmt worden war, hob es sich doch, als seine Masten über Bord gegangen waren, nach einer Minute schwerfällig aus der Tiefe, schwankte noch eine Weile unter dem unbändigen Druck des Sturms und richtete sich schließlich wieder auf.

Durch welches Wunder ich der Vernichtung entging, lässt sich unmöglich sagen. Der Anprall des Wassers hatte mich betäubt,

myself, upon recovery, jammed in between the stern-post and rudder. With great difficulty I gained my feet, and looking dizzily around, was at first struck with the idea of our being among breakers; so terrific, beyond the wildest imagination, was the whirlpool of mountainous and foaming ocean within which we were ingulfed. After a while, I heard the voice of an old Swede, who had shipped with us at the moment of our leaving port. I hallooed to him with all my strength, and presently he came reeling aft. We soon discovered that we were the sole survivors of the accident. All on deck, with the exception of ourselves, had been swept overboard; the captain and mates must have perished as they slept, for the cabins were deluged with water. Without assistance, we could expect to do little for the security of the ship, and our exertions were at first paralyzed by the momentary expectation of going down. Our cable had, of course, parted like pack-thread, at the first breath of the hurricane, or we should have been instantaneously overwhelmed. We scudded with frightful velocity before the sea, and the water made clear breaches over us. The frame-work of our stern was shattered excessively, and, in almost every respect, we had received considerable injury; but to our extreme joy we found the pumps unchoked, and that we had made no great shifting of our ballast. The main fury of the blast had already blown over, and we apprehended little danger from the violence of the wind; but we looked forward to its total cessation with dismay; well believing, that, in our shattered condition, we should inevitably perish in the tremendous swell which would ensue. But this very just apprehension seemed by no means likely to be soon verified. For five entire days and nights—during

und als ich die Besinnung wiedererlangte, fand ich mich zwischen dem Achtersteven und dem Steuer eingeklemmt. Mit großer Mühe kam ich auf die Beine, und als ich benommen umherblickte, durchzuckte mich zunächst der Gedanke, wir seien in die Brandung geraten; so ungeheuerlich, so jenseits alles Vorstellbaren war der Strudel des berghohen, schäumenden Ozeans, der uns umtoste. Nach einiger Zeit vernahm ich die Stimme eines alten Schweden, der sich, kurz bevor wir den Hafen verließen, noch mit uns eingeschifft hatte. Aus Leibeskräften rief ich zu ihm hinüber, und sogleich kam er nach achtern getaumelt. Wir entdeckten bald, dass wir die einzigen Überlebenden des Unfalls waren. Alle an Deck, mit Ausnahme von uns beiden, waren über Bord gespült worden; der Kapitän und die Maate mussten im Schlaf umgekommen sein, denn die Kajüten standen vollständig unter Wasser. Ohne Unterstützung konnten wir wohl nur wenig für die Sicherheit des Schiffs unternehmen, und unsere Tatkraft wurde zunächst durch die ständige Erwartung gelähmt, zu versinken. Das Ankertau war natürlich schon beim ersten Atemholen des Orkans zerrissen wie ein Bindfaden; andernfalls wären wir auf der Stelle gesunken. Wir trieben mit fürchterlicher Geschwindigkeit vor den Fluten dahin, und das Wasser rauschte in wahren Brechern über uns hinweg. Das Balkenwerk des Hecks war fürchterlich zerschmettert, und auch in fast jeder anderen Hinsicht hatten wir beträchtlichen Schaden erlitten; doch zu unserer äußersten Freude stellten wir fest, dass die Pumpen nicht verstopft waren und der Ballast sich nur unwesentlich verschoben hatte. Die größte Wut des Sturms hatte sich bereits gelegt, und wir befürchteten nur wenig Gefahr von der Gewalt des Windes; mit Verzweiflung aber sahen wir seinem völligen Abflauen entgegen, denn wir waren überzeugt, dass wir bei unserem zerschlagenen Zustand in der schweren Dünung, die folgen würde, unweigerlich zugrunde gehen mussten. Diese sehr berechtigte Befürchtung schien sich jedoch keineswegs so bald zu verwirklichen. Fünf volle Tage und Nächte lang – während derer

which our only subsistence was a small quantity of jaggeree, procured with great difficulty from the forecastle—the hulk flew at a rate defying computation, before rapidly succeeding flaws of wind, which, without equalling the first violence of the Simoon, were still more terrific than any tempest I had before encountered. Our course for the first four days was, with trifling variations, S. E. and by S.; and we must have run down the coast of New Holland. On the fifth day the cold became extreme, although the wind had hauled round a point more to the northward. The sun arose with a sickly yellow lustre, and clambered a very few degrees above the horizon—emitting no decisive light. There were no clouds apparent, yet the wind was upon the increase, and blew with a fitful and unsteady fury. About noon, as nearly as we could guess, our attention was again arrested by the appearance of the sun. It gave out no light, properly so called, but a dull and sullen glow without reflection, as if all its rays were polarized. Just before sinking within the turgid sea, its central fires suddenly went out, as if hurriedly extinguished by some unaccountable power. It was a dim, silver-like rim, alone, as it rushed down the unfathomable ocean.

We waited in vain for the arrival of the sixth day—that day to me has not arrived—to the Swede, never did arrive. Thenceforward we were enshrouded in pitchy darkness, so that we could not have seen an object at twenty paces from the ship. Eternal night continued to envelop us, all unrelieved by the phosphoric sea-brilliancy to which we had been accustomed in the tropics. We observed too, that, although the tempest continued to rage with unabated violence, there was no

unsere einzige Nahrung aus einer kleinen Menge Palmzucker bestand, die wir unter großen Mühen aus dem Vorderdeck beschafften – flog das Wrack mit einer jeder Berechnung sich widersetzenden Geschwindigkeit dahin, von rasch aufeinanderfolgenden Böen getrieben, die, ohne der ersten Heftigkeit des Samums gleichzukommen, noch immer schrecklicher waren als jeder andere Sturm, den ich vordem erlebt hatte. Unser Kurs in den ersten vier Tagen war, mit unbedeutenden Abweichungen, Südost bis Süd, und wir müssen die Küste Neu-Hollands passiert haben. Während des fünften Tages wurde die Kälte unerträglich, obwohl der Wind einen Strich mehr auf Nord gedreht hatte. Die Sonne ging mit einem kränklich-gelben Schimmer auf und stieg nur sehr wenige Grade über den Horizont – sie spendete kein nennenswertes Licht mehr. Es waren keine Wolken sichtbar, doch der Wind nahm immer noch zu und blies mit launenhafter, unsteter Heftigkeit. Etwa gegen Mittag – so gut wir das einschätzen konnten – wurde unsere Aufmerksamkeit erneut vom Aussehen der Sonne gefesselt. Sie spendete keinerlei Licht, das man zu Recht so nennen konnte, sondern ein mattes, düsteres Glimmen ohne Widerschein, als wären alle ihre Strahlen polarisiert. Kurz bevor sie in der schwellenden See versank, erlosch plötzlich ihr zentrales Feuer, wie hastig erstickt von einer unerklärlichen Macht. Sie war nicht mehr als ein vager, mattsilberner Ring, als sie in den unergründlichen Ozean hinabstürzte.

Wir warteten vergebens auf den Anbruch des sechsten Tages – mir ist dieser Tag noch immer nicht angebrochen – dem Schweden kam er nie. Von nun an umgab uns pechschwarzes Dunkel, sodass wir in zwanzig Schritt Entfernung vom Schiff einen Gegenstand nicht hätten ausmachen können. Beständig umhüllte uns ewige Nacht, gänzlich ungemildert durch das phosphoreszierende Meeresleuchten, an das wir in den Tropen gewöhnt gewesen waren. Auch bemerkten wir, dass, obwohl der Sturm mit unverminderter Heftigkeit wütete, wir nichts mehr von der Brandung

longer to be discovered the usual appearance of surf, or foam, which had hitherto attended us. All around were horror, and thick gloom, and a black sweltering desert of ebony. Superstitious terror crept by degrees into the spirit of the old Swede, and my own soul was wrapped up in silent wonder. We neglected all care of the ship, as worse than useless, and securing ourselves, as well as possible, to the stump of the mizen-mast, looked out bitterly into the world of ocean. We had no means of calculating time, nor could we form any guess of our situation. We were, however, well aware of having made farther to the southward than any previous navigators, and felt great amazement at not meeting with the usual impediments of ice. In the meantime every moment threatened to be our last–every mountainous billow hurried to overwhelm us. The swell surpassed anything I had imagined possible, and that we were not instantly buried is a miracle. My companion spoke of the lightness of our cargo, and reminded me of the excellent qualities of our ship; but I could not help feeling the utter hopelessness of hope itself, and prepared myself gloomily for that death which I thought nothing could defer beyond an hour, as, with every knot of way the ship made, the swelling of the black stupendous seas became more dismally appalling. At times we gasped for breath at an elevation beyond the albatross–at times became dizzy with the velocity of our descent into some watery hell, where the air grew stagnant, and no sound disturbed the slumbers of the kraken.

We were at the bottom of one of these abysses, when a quick *scream* from my companion broke fearfully upon the night. 'See! see!' cried he, shrieking in my ears, 'Almighty God! see! see!' As he spoke, I became aware

oder der schäumenden Gischt zu entdecken vermochten, die uns bisher begleitet hatte. Alles um uns her war Schrecken und undurchdringliche Düsternis, eine schwarze drückende Wüste aus Ebenholz. Abergläubisches Entsetzen schlich sich nach und nach in den Geist des alten Schweden, und meine eigene Seele war eingehüllt in stummes Staunen. Wir gaben jegliche Sorge um das Schiff als völlig nutzlos auf, sicherten uns, so gut es eben ging, am Stumpf des Besanmastes und starrten voll Bitterkeit hinaus in die Welt des Ozeans. Weder besaßen wir Mittel, um die Zeit zu messen, noch konnten wir auch nur annähernd unsere Lage bestimmen. Dennoch waren wir uns völlig klar darüber, dass es uns weiter nach Süden verschlagen hatte als je einen Seefahrer zuvor, und umso mehr wunderten wir uns, nicht auf die üblichen Hindernisse aus Eis getroffen zu sein. Inzwischen drohte jeder Augenblick unser letzter zu werden – jede berghohe Woge rollte heran, uns zu überwältigen. Die Dünung übertraf alles, was ich bisher für möglich gehalten hatte, und dass wir nicht augenblicklich begraben wurden, ist ein Wunder. Mein Gefährte sprach davon, wie leicht unsere Ladung sei, und erinnerte mich an die hervorragende Leistungsfähigkeit unseres Schiffs; doch ich konnte mir nicht helfen, ich fühlte die völlige Hoffnungslosigkeit allen Hoffens und machte mich düster bereit für den Tod, der, so dachte ich, durch nichts mehr um auch nur eine Stunde hinauszuschieben war, da mit jeder Seemeile, die das Schiff zurücklegte, die gewaltigen schwarzen wogenden Wasser noch ungeheurer, noch grauenvoller wurden. Zuweilen rangen wir nach Atem in einer Höhe, in die nicht einmal der Albatros aufsteigt – dann wieder schwindelte uns beim rasenden Sturz in irgendeine Wasserhölle, wo die Luft zum Stillstand kam und kein Laut den Schlummer des Kraken störte.

Wir befanden uns auf dem Grund eines solchen Höllenschlunds, als ein plötzlicher Schrei meines Gefährten die Nacht angstvoll zerriss. »Sieh! Sieh!«, kreischte er mir ins Ohr, »allmächtiger Gott! Sieh! Sieh!« Noch während er sprach, bemerkte

of a dull, sullen glare of red light which streamed down the sides of the vast chasm where we lay, and threw a fitful brilliancy upon our deck. Casting my eyes upwards, I beheld a spectacle which froze the current of my blood. At a terrific height directly above us, and upon the very verge of the precipitous descent, hovered a gigantic ship, of perhaps four thousand tons. Although upreared upon the summit of a wave more than a hundred times her own altitude, her apparent size still exceeded that of any ship of the line or East India-man in existence. Her huge hull was of a deep dingy black, unrelieved by any of the customary carvings of a ship. A single row of brass cannon protruded from her open ports, and dashed from their polished surfaces the fires of innumerable battle-lanterns, which swung to and fro about her rigging. But what mainly inspired us with horror and astonishment, was that she bore up under a press of sail in the very teeth of that supernatural sea, and of that ungovernable hurricane. When we first discovered her, her bows were alone to be seen, as she rose slowly from the dim and horrible gulf beyond her. For a moment of intense terror she paused upon the giddy pinnacle, as if in contemplation of her own sublimity, then trembled and tottered, and—came down.

At this moment, I know not what sudden self-possession came over my spirit. Staggering as far aft as I could, I awaited fearlessly the ruin that was to overwhelm. Our own vessel was at length ceasing from her struggles, and sinking with her head to the sea. The shock of the descending mass struck her, consequently, in that portion of her frame which was already under water, and the inevitable result was to hurl me, with irresistible violence, upon the rigging of the stranger.

ich einen trüben, matt-blendenden Schimmer roten Lichts, das an den Seiten der gewaltigen Schlucht, in der wir lagen, herabströmte und einen unbeständigen Glanz auf unser Deck warf. Meine Augen aufwärts richtend, erblickte ich ein Schauspiel, bei dem mir das Blut in den Adern gefror. Direkt über uns, in entsetzlicher Höhe und unmittelbar am Rand des steilen Abgrunds, schwebte ein gigantisches Schiff von vielleicht viertausend Tonnen. Obwohl es auf dem Kamm einer Woge stand, die mehr als hundertmal höher war als es selbst, übertraf seine augenscheinliche Größe doch die eines jeden anderen existierenden Linienschiffs oder Ostindienfahrers. Sein mächtiger Rumpf war von einem tiefen schmutzigen Schwarz, das durch keine der sonst bei Schiffen üblichen Schnitzereien gemildert wurde. Eine einzige Reihe von Messingkanonen ragte aus seinen offenen Luken hervor, deren blank polierte Oberflächen die Feuer unzähliger, in der Takelage hin und her schwingender Gefechtslaternen zurückwarfen. Aber was uns vor allem mit Entsetzen und Staunen erfüllte, war, dass das Schiff standhaft unter vollen Segeln lief, der übernatürlichen See und dem unbeherrschbaren Orkan zum Trotz. Als wir es entdeckten, war zunächst nur sein Bug zu sehen gewesen, während es langsam der dahinterliegenden düster-schrecklichen Schlucht entstieg. Einen grauenvollen Augenblick lang verharrte es in der schwindelerregenden Höhe, wie in Betrachtung seiner eigenen Erhabenheit, dann bebte, dann schwankte es und – kam herab.

Ich weiß nicht, welch plötzliche Selbstbeherrschung in diesem Moment meinen Geist überkam. So weit nach achtern taumelnd, wie ich nur konnte, erwartete ich furchtlos unsere sichere Vernichtung. Unser eigenes Fahrzeug gab unterdessen den Kampf auf und sank schon mit dem Vorderschiff ins Meer. Die Wucht der herabstürzenden Masse traf es folglich an dem Teil seines Rumpfs, der sich bereits unter Wasser befand, und die unausbleibliche Folge war, dass ich mit unwiderstehlicher Gewalt in die Takelage des fremden Schiffs geschleudert wurde.

As I fell, the ship hove in stays, and went about; and to the confusion ensuing I attributed my escape from the notice of the crew. With little difficulty I made my way, unperceived, to the main hatchway, which was partially open, and soon found an opportunity of secreting myself in the hold. Why 1 did so I can hardly tell. An indefinite sense of awe, which at first sight of the navigators of the ship had taken hold of my mind, was perhaps the principle of my concealment. I was unwilling to trust myself with a race of people who had offered, to the cursory glance I had taken, so many points of vague novelty, doubt, and apprehension. I therefore thought proper to contrive a hiding-place in the hold. This I did by removing a small portion of the shifting-boards, in such a manner as to afford me a convenient retreat between the huge timbers of the ship.

I had scarcely completed my work, when a footstep in the hold forced me to make use of it. A man passed by my place of concealment with a feeble and unsteady gait. I could not see his face, but had an opportunity of observing his general appearance. There was about it an evidence of great age and infirmity. His knees tottered beneath a load of years, and his entire frame quivered under the burthen. He muttered to himself in a low broken tone, some words of a language which I could not understand, and groped in a corner among a pile of singular-looking instruments, and decayed charts of navigation. His manner was a wild mixture of the peevishness of second childhood and the solemn dignity of a God. He at length went on deck, and I saw him no more.

*

Während ich fiel, ging das Schiff über Stag und drehte ab; und der darauf folgenden Unordnung schrieb ich es zu, dass ich der Aufmerksamkeit der Mannschaft entging. Ohne nennenswerte Schwierigkeiten gelangte ich ungesehen zur großen Ladeluke, die einen Spalt geöffnet war, und fand schon bald Gelegenheit, mich im Schiffsraum zu verbergen. Warum ich dies tat, vermag ich kaum zu sagen. Ein unbestimmtes Gefühl der Ehrfurcht, das beim ersten Anblick der Schiffsbesatzung mein Bewusstsein ergriffen hatte, war vielleicht die Hauptursache dafür, dass ich mich versteckte. Ich war nicht gewillt, mich einem Schlag von Leuten anzuvertrauen, die meinem sie flüchtig streifenden Blick so viele Anlässe zu unbestimmbarer Fremdartigkeit, Zweifel und dunkle Vorahnung offenbart hatten. Ich hielt es daher für ratsam, mir im Schiffsraum ein Verstecken herzurichten. Dies tat ich, indem ich einen Teil des Schotts auf solche Weise entfernte, dass mir ein bequemer Zufluchtsort zwischen den mächtigen Balken des Schiffes entstand.

Ich hatte mein Werk kaum vollendet, als Schritte im Laderaum mich zwangen, Gebrauch davon zu machen. Ein Mann lief an meinem Versteck vorbei mit mattem und unstetem Gang. Ich konnte sein Gesicht nicht sehen, hatte aber Gelegenheit, seine Gesamterscheinung zu betrachten. Sie zeugte von hohem Alter und Gebrechlichkeit. Seine Knie zitterten unter einer Last von Jahren, und seine ganze Gestalt wankte ob dieser Bürde. Er murmelte etwas vor sich hin in leisem, brüchigem Ton, Worte einer Sprache, die ich nicht verstehen konnte, und tastete in einer Ecke an einem Haufen eigentümlich aussehender Instrumente und vermoderter Seekarten herum. Sein Gebaren war ein wildes Gemisch aus der Verdrießlichkeit zweiter Kindheit und der feierlichen Würde eines Gottes. Schließlich ging er wieder an Deck, und ich sah ihn nicht mehr.

*

A feeling, for which I have no name, has taken possession of my soul—a sensation which will admit of no analysis, to which the lessons of by-gone time are inadequate, and for which I fear futurity itself will offer me no key. To a mind constituted like my own, the latter consideration is an evil. I shall never—I know that I shall never—be satisfied with regard to the nature of my conceptions. Yet it is not wonderful that these conceptions are indefinite, since they have their origin in sources so utterly novel. A new sense—a new entity is added to my soul.

*

It is long since I first trod the deck of this terrible ship, and the rays of my destiny are, I think, gathering to a focus. Incomprehensible men! Wrapped up in meditations of a kind which I cannot divine, they pass me by unnoticed. Concealment is utter folly on my part, for the people *will not* see. It was but just now that I passed directly before the eyes of the mate; it was no long while ago that I ventured into the captain's own private cabin, and took thence the materials with which I write, and have written. I shall from time to time continue this journal. It is true that I may not find an opportunity of transmitting it to the world, but I will not fail to make the endeavor. At the last moment I will enclose the MS. in a bottle, and cast it within the sea.

*

Ein Gefühl, für das ich keinen Namen habe, hat von meiner Seele Besitz ergriffen – ein Empfinden, das keine Analyse gestattet, für das die Lehren vergangener Zeiten unzureichend sind und zu dem, wie ich fürchte, auch die Zukunft selbst keinen Schlüssel liefern wird. Für einen Verstand, der so beschaffen ist wie der meine, ist letztere Erwägung ein Übel. Ich werde nie – ich weiß, ich werde niemals – hinsichtlich der Natur meiner Vorstellungen Aufschluss erhalten. Doch ist es nicht verwunderlich, dass diese Vorstellungen so unbestimmt sind, da sie ihren Ursprung in solch gänzlich neuartigen Quellen haben. Ein neuer Sinn – eine neue Wesenheit wird meiner Seele beigefügt.

*

Es ist lange her, dass ich zum ersten Mal das Deck dieses entsetzlichen Schiffes betrat, und die Fäden meines Schicksals sind, so meine ich, dabei, sich wie Strahlen in einem Brennpunkt zu bündeln. Unbegreifliche Menschen! Versunken in Betrachtungen, deren Art ich nicht erahnen kann, gehen sie achtlos an mir vorüber. Mich verborgen zu halten wäre meinerseits schlichte Torheit, denn diese Leute *wollen nicht* sehen! Soeben erst bin ich direkt vor den Augen des Steuermanns vorbeigegangen; und es ist noch nicht sehr lange her, dass ich mich in die dem Kapitän vorbehaltene Privatkajüte hineinwagte und von dort die Materialien nahm, mit denen ich nun schreibe und bereits geschrieben habe. Ich werde von Zeit zu Zeit dieses Tagebuch fortführen. Es ist wahr, dass ich vielleicht keine Gelegenheit finden werde, es der Welt zu übermitteln, aber ich will nicht versäumen, den Versuch zu unternehmen. Im letzten Augenblick werde ich das Manuskript in eine Flasche schließen und ins Meer werfen.

*

An incident has occurred which has given me new room for meditation. Are such things the operation of ungoverned chance? I had ventured upon deck and thrown myself down, without attracting any notice, among a pile of ratlin-stuff and old sails, in the bottom of the yawl. While musing upon the singularity of my fate, I unwittingly daubed with a tar-brush the edges of a neatly-folded studding-sail which lay near me on a barrel. The studding-sail is now bent upon the ship, and the thoughtless touches of the brush are spread out into the word DISCOVERY.

*

I have made many observations lately upon the structure of the vessel. Although well armed, she is not, I think, a ship of war. Her rigging, build, and general equipment, all negative a supposition of this kind. What she *is not,* I can easily perceive; what she *is,* I fear it is impossible to say. I know not how it is, but in scrutinizing her strange model and singular cast of spars, her huge size and overgrown suits of canvass, her severely simple bow and antiquated stern, there will occasionally flash across my mind a sensation of familiar things, and there is always mixed up with such indistinct shadows of recollection, an unaccountable memory of old foreign chronicles and ages long ago.

*

I have been looking at the timbers of the ship. She is built of a material to which I am a stranger. There is a peculiar character about the wood which strikes me as rendering

Ein Ereignis ist eingetreten, das meinen Betrachtungen neue Nahrung gegeben hat. Sind solche Dinge das Wirken zügellosen Zufalls? Ich hatte mich an Deck gewagt und mich, ohne Aufmerksamkeit zu erregen, inmitten eines Stapels aus Webleinen und alten Segeln auf den Boden des Beiboots niedergeworfen. Während ich über die Absonderlichkeit meines Schicksals nachsann, bekleckste ich ganz absichtslos mit einem Teerpinsel die Kanten eines sorgsam gefalteten Leesegels, das neben mir auf einer Tonne lag. Das Leesegel ist jetzt über dem Schiff aufgespannt, und die gedankenlosen Pinselstriche sind ausgebreitet zu dem Wort ENTDECKUNG.

*

Ich habe in letzter Zeit vielerlei Beobachtungen hinsichtlich der Bauart des Schiffes gemacht. Obwohl es gut bewehrt ist, scheint es mir doch kein Kriegsschiff zu sein. Seine Takelage, sein Aufbau und die allgemeine Ausrüstung widersprechen einer solchen Annahme. Was es *nicht* ist, kann ich unschwer erkennen; was es *ist*, lässt sich, fürchte ich, unmöglich sagen. Ich weiß nicht, wie es kommt, aber wenn ich seine seltsame Konstruktion und die eigentümliche Anlage seiner Spieren, seine riesenhafte Größe und die im Übermaß vorhandenen Segel, seinen streng einfachen Bug und sein altertümliches Heck betrachte, so durchzuckt ein Empfinden altvertrauter Dinge mein Gemüt, und mit diesen undeutlichen Schatten der Erinnerung vermischt sich ein unerklärliches Gedenken an fremde Chroniken und längst vergangene Zeiten.

*

Ich habe mir das Balkenwerk des Schiffes angesehen. Es besteht aus einem Material, mit dem ich nicht vertraut bin. Das Holz hat eine seltsame Eigenschaft, die es mir gerade für den Zweck, dem

it unfit for the purpose to which it has been applied. I mean its extreme *porousness,* considered independently of the worm-eaten condition which is a consequence of navigation in these seas, and apart from the rottenness attendant upon age. It will appear perhaps an observation somewhat over-curious, but this wood would have every characteristic of Spanish oak, if Spanish oak were distended by any unnatural means.

In reading the above sentence, a curious apothegm of an old weather-beaten Dutch navigator comes full upon my recollection. 'It is as sure,' he was wont to say, when any doubt was entertained of his veracity, 'as sure as there is a sea where the ship itself will grow in bulk like the living body of the seaman.'

*

About an hour ago, I made bold to thrust myself among a group of the crew. They paid me no manner of attention, and, although I stood in the very midst of them all, seemed utterly unconscious of my presence. Like the one I had at first seen in the hold, they all bore about them the marks of a hoary old age. Their knees trembled with infirmity; their shoulders were bent double with decrepitude; their shrivelled skins rattled in the wind; their voices were low, tremulous, and broken; their eyes glistened with the rheum of years; and their gray hairs streamed terribly in the tempest. Around them, on every part of the deck, lay scattered mathematical instruments of the most quaint and obsolete construction.

*

es dienlich sein soll, ungeeignet erscheinen lässt. Ich meine seine außerordentliche *Porosität*, wenn man absieht von seinem wurmstichigen Zustand, der eine Folge der Seefahrt in diesen Meeren ist, und der altersbedingten Vermoderung. Es mag vielleicht wie eine etwas vorwitzige Bemerkung erscheinen, doch das Holz hätte sämtliche Merkmale Spanischer Eiche besessen, wenn diese Spanische Eiche mit irgendeinem unnatürlichen Hilfsmittel aufgebläht worden wäre.

Beim Überlesen des letzten Satzes erinnere ich mich deutlich des seltsamen Sinnspruchs eines alten wettergegerbten holländischen Seefahrers: »Das ist so gewiss«, pflegte er zu sagen, wann immer Zweifel an seiner Aufrichtigkeit vorgebracht wurden, »so gewiss, wie es ein Meer gibt, wo das Schiff selbst auf ebensolche Weise wächst wie der lebendige Leib des Seefahrers.«

*

Vor etwa einer Stunde war ich kühn genug, mich in eine Gruppe der Mannschaft hineinzudrängen. Sie beachteten mich nicht im Geringsten und schienen, obwohl ich mitten unter ihnen stand, meiner Anwesenheit vollkommen unbewusst. Ebenso wie der eine, den ich zuerst im Schiffsraum gesehen hatte, trugen sie alle die Zeichen ehrwürdig-hohen Alters. Ihre Knie zitterten vor Schwäche; ihre Schultern waren eingesunken vor lauter Hinfälligkeit; ihre welke Haut knisterte im Wind; ihre Stimmen waren leise, zittrig und brüchig; ihre Augen zeigten den triefigen Glanz des Alters; und ihre grauen Haare zerzausten fürchterlich im Sturm. Rund um sie her, überall an Deck verstreut, lagen mathematische Instrumente von wunderlichster und längst veralteter Konstruktion.

*

I mentioned, some time ago, the bending of a studding-sail. From that period, the ship, being thrown dead off the wind, has continued her terrific course due south, with every rag of canvass packed upon her, from her trucks to her lower studding-sail booms, and rolling every moment her top-gallant yard-arms into the most appalling hell of water which it can enter into the mind of man to imagine. I have just left the deck, where I find it impossible to maintain a footing, although the crew seem to experience little inconvenience. It appears to me a miracle of miracles that our enormous bulk is not swallowed up at once and for ever. We are surely doomed to hover continually upon the brink of eternity, without taking a final plunge into the abyss. From billows a thousand times more stupendous than any I have ever seen, we glide away with the facility of the arrowy sea-gull; and the colossal waters rear their heads above us like demons of the deep, but like demons confined to simple threats, and forbidden to destroy. I am led to attribute these frequent escapes to the only natural cause which can account for such effect. I must suppose the ship to be within the influence of some strong current, or impetuous under-tow.

*

I have seen the captain face to face, and in his own cabin—but, as I expected, he paid me no attention. Although in his appearance there is, to a casual observer, nothing which might bespeak him more or less than man, still, a feeling of irrepressible reverence and awe mingled with the sensation of wonder with which I regarded him. In stature he is nearly my own

Ich erwähnte vor einiger Zeit das Aufspannen des Leesegels. Seit jener Zeit setzt das Schiff, nun völlig aus dem Wind geworfen, seinen schrecklichen Kurs gen Süden fort, noch die letzten Fetzen Segeltuchs sind aufgezogen, vom Flaggenknopf bis zur untersten Leesegelspiere, und jeden Augenblick tauchen seine Bramsegelrahen in die entsetzlichste Wasserhölle, die auszudenken einem Menschenhirn nur einfallen kann. Ich habe gerade das Deck verlassen, wo es mir unmöglich war, mich weiterhin aufrecht zu halten, wenngleich die Mannschaft wenig Unbehagen zu verspüren scheint. Es kommt mir vor wie das Wunder aller Wunder, dass unser ungeheurer Schiffskörper nicht auf der Stelle und für alle Zeit verschlungen wird. Sicherlich sind wir dazu verdammt, für immer am Rand der Ewigkeit zu schweben, ohne je den letzten Sprung in den Abgrund zu tun. Vor Wogen, tausendfach gewaltiger als alle, die ich je gesehen habe, gleiten wir davon mit der Leichtigkeit der pfeilgleichen Seemöwe; und die riesenhaften Wasser recken ihre Häupter über uns wie Dämonen der Tiefe, doch wie Dämonen, die beschränkt sind auf bloßes Drohen und denen es verboten ist zu zerstören. Es drängt mich, unser so häufiges Entkommen der einzigen natürlichen Ursache zuzuschreiben, die solche Wirkung erklären kann. Ich muss annehmen, dass das Schiff sich unter dem Einfluss irgendeiner starken Strömung oder eines ungestümen Sogs befindet.

*

Ich habe den Kapitän gesehen, von Angesicht zu Angesicht und in seiner eigenen Kajüte – doch wie ich es erwartete, schenkte er mir keine Beachtung. Obwohl an seiner äußeren Erscheinung für einen beiläufigen Beobachter nichts zu finden ist, das ihn als etwas anderes als einen Menschen auswiese, so mischte sich dennoch ein unwiderstehliches Gefühl von Ehrerbietung und scheuer Furcht in das Empfinden der Verwunderung, mit der ich ihn betrachtete.

height; that is, about five feet eight inches. He is of a well-knit and compact frame of body, neither robust nor remarkable otherwise. But it is the singularity of the expression which reigns upon the face–it is the intense, the wonderful, the thrilling evidence of old age, so utter, so extreme, which excites within my spirit a sense–a sentiment ineffable. His forehead, although little wrinkled, seems to bear upon it the stamp of a myriad of years. His gray hairs are records of the past, and his grayer eyes are sybils of the future. The *cabin floor* was thickly strewn with strange, iron-clasped folios, and mouldering instruments of science, and obsolete long-forgotten charts. His head was bowed down upon his hands, and he pored, with a fiery, unquiet eye, over a paper which I took to be a commission, and which, at all events, bore the signature of a monarch. He muttered to himself–as did the first seaman whom I saw in the hold–some low peevish syllables of a foreign tongue; and although the speaker was close at my elbow, his voice seemed to reach my ears from the distance of a mile.

*

The ship and all in it are imbued with the spirit of Eld. The crew glide to and fro like the ghosts of buried centuries; their eyes have an eager and uneasy meaning; and when their figures fall athwart my path in the wild glare of the battle-lanterns, I feel as I have never felt before, although I have been all my life a dealer in antiquities, and have imbibed the shadows of fallen columns at Balbec, and Tadmor, and Persepolis, until my very soul has become a ruin.

*

Seine Statur kommt der meinen an Größe gleich; er misst also etwa fünf Fuß acht Zoll. Sein Körperbau ist wohlgefügt und kompakt, weder robust noch sonst wie bemerkenswert. Doch es ist die Einzigartigkeit des Ausdrucks, der sein Gesicht beherrscht – es ist die heftige, die wundersame, die ergreifende Unbestreitbarkeit so unfasslichen, so ungeheuren Alters, die in meinem Geist ein Empfinden weckt – ein unbenennbares Gefühl. Seiner Stirn, obwohl nur leicht gerunzelt, scheinen die Zeichen einer Myriade von Jahren eingeprägt zu sein. Seine grauen Haare sind Zeugnisse der Vergangenheit, und seine noch graueren Augen sind Sibyllen der Zukunft. Der Boden der Kajüte war dicht bedeckt mit seltsamen, eisenumschlossenen Folianten, zerfallenden wissenschaftlichen Instrumenten und hinfälligen, längst vergessenen Seekarten. Er hatte den Kopf in die Hände gesenkt und brütete mit glühendem, unstetem Blick über einem Schriftstück, das ich für einen Auftrag hielt und das jedenfalls die Unterschrift eines Monarchen trug. Er murmelte vor sich hin – ganz wie der erste Seemann, den ich im Schiffsraum gesehen hatte –, einige leise, verdrossene Silben eines unbekannten Zungenschlags; und obgleich der Sprechende sich dicht an meiner Seite befand, schien seine Stimme wie aus Meilenferne an mein Ohr zu dringen.

*

Das Schiff und alles darauf sind durchtränkt vom Geist des Alters. Die Männer der Besatzung wandeln auf und ab wie die Gespenster begrabener Jahrhunderte; ihre Augen haben einen gierigen, rastlosen Ausdruck; und wenn ihre Gestalten im wilden Glanz der Gefechtslaternen meinen Weg kreuzen, so beschleicht mich ein niemals zuvor gekanntes Gefühl, obwohl ich mich doch mein Leben lang mit Altertümern befasst habe und in Baalbek und Tadmor und Persepolis die Schatten zerfallener Säulen in mich aufsog, bis meine Seele selbst zur Ruine wurde.

*

When I look around me, I feel ashamed of my former apprehensions. If I trembled at the blast which has hitherto attended us, shall I not stand aghast at a warring of wind and ocean, to convey any idea of which, the words tornado and simoon are trivial and ineffective? All in the immediate vicinity of the ship is the blackness of eternal night, and a chaos of foamless water; but, about a league on either side of us, may be seen, indistinctly and at intervals, stupendous ramparts of ice, towering away into the desolate sky, and looking like the walls of the universe.

*

As I imagined, the ship proves to be in a current—if that appellation can properly be given to a tide which, howling and shrieking by the white ice, thunders on to the southward with a velocity like the headlong lashing of a cataract.

*

To conceive the horror of my sensations is, I presume, utterly impossible; yet a curiosity to penetrate the mysteries of these awful regions, predominates even over my despair, and will reconcile me to the most hideous aspect of death. It is evident that we are hurrying onwards to some exciting knowledge—some never-to-be-imparted secret, whose attainment is destruction. Perhaps this current leads us to the southern pole itself. It must be confessed that a supposition apparently so wild has every probability in its favor.

*

Wenn ich um mich schaue, so beschämen mich meine früheren Befürchtungen. Wenn ich schon zitterte vor dem Sturm, der uns bisher begleitet hat, werde ich dann nicht vor Entsetzen erstarren inmitten einer Schlacht zwischen Wind und Meer, von der auch nur eine Idee zu vermitteln Worte wie Tornado und Samum zu gering und ungeeignet sind? In nächster Nähe zum Schiff herrscht die Schwärze ewiger Nacht, und ein Chaos schaumlosen Wassers; doch etwa eine League zu beiden Seiten unseres Schiffs lassen sich, undeutlich nur und bisweilen, gewaltige Wälle aus Eis sehen, die hinauf in den trostlosen Himmel ragen und wie die Mauern des Universums wirken.

*

Wie ich mir schon dachte, befindet sich das Schiff in einer Strömung – falls diese Bezeichnung anwendbar ist auf einen Gezeitenstrom, der heulend und kreischend entlang des weißen Eises südwärts dahindonnert mit der Geschwindigkeit eines sich überstürzenden reißenden Wasserfalls.

*

Das Grauenhafte meiner Empfindungen zu begreifen, ist, wie ich annehme, völlig unmöglich; und doch, die Wissbegier, die Rätsel dieser schrecklichen Regionen zu durchdringen, wiegt schwerer noch als meine Verzweiflung, und sie wird mich auch mit dem abscheulichsten Aspekt des Todes versöhnen. Es ist offenkundig, dass wir auf irgendeine erregende Erkenntnis zueilen – irgendein niemals zu überlieferndes Geheimnis, das zu erreichen Zerstörung bedeutet. Vielleicht führt diese Strömung uns bis zum Südpol selbst. Man muss bekennen, dass eine offensichtlich so absurde Vermutung alle Wahrscheinlichkeit auf ihrer Seite hat.

*

The crew pace the deck with unquiet and tremulous step; but there is upon their countenance an expression more of the eagerness of hope than of the apathy of despair.

In the meantime the wind is still in our poop, and, as we carry a crowd of canvass, the ship is at times lifted bodily from out the sea! Oh, horror upon horror!–the ice opens suddenly to the right, and to the left, and we are whirling dizzily, in immense concentric circles, round and round the borders of a gigantic amphitheatre, the summit of whose walls is lost in the darkness and the distance. But little time will be left me to ponder upon my destiny! The circles rapidly grow small–we are plunging madly within the grasp of the whirlpool–and amid a roaring, and bellowing, and thundering of ocean and of tempest, the ship is quivering–oh God! and–going down!

Die Mannschaft läuft an Deck auf und ab, mit unruhigem und zitterndem Schritt; doch auf ihren Gesichtern liegt ein Ausdruck, der eher ein eiferndes Hoffen bezeugt denn mutlose Verzweiflung.

Derweil haben wir den Wind noch immer im Rücken, und da wir so maßlos mit Segeln bepackt sind, hebt sich das Schiff zuweilen gänzlich aus der See! Oh, Grauen über Grauen! – Das Eis öffnet sich plötzlich zur Rechten, und zur Linken, und wir wirbeln schwindelnd, in ungeheuren konzentrischen Kreisen, rund und rund um den Rand eines gigantischen Amphitheaters, dessen Wände sich in Dunkel und Ferne verlieren. Doch mir bleibt nur wenig Zeit, über mein Schicksal nachzugrübeln! Die Kreise werden sehr schnell enger – wir jagen im Wahn hinein in den Würgegriff des Strudels – und mitten im Tosen und Brüllen und Donnern von Ozean und Sturm erzittert das Schiff – o Gott! und – – fährt hinab!

The Fall of the House of Usher

Son cœur est un luth suspendu;
Sitôt qu 'on le touche il résonne.
De Béranger

During the whole of a dull, dark, and soundless day in the autumn of the year, when the clouds hung oppressively low in the heavens, I had been passing alone, on horseback, through a singularly dreary tract of country; and at length found myself, as the shades of the evening drew on, within view of the melancholy House of Usher. I know not how it was—but, with the first glimpse of the building, a sense of insufferable gloom pervaded my spirit. I say insufferable; for the feeling was unrelieved by any of that half-pleasurable, because poetic, sentiment, with which the mind usually receives even the sternest natural images of the desolate or terrible. I looked upon the scene before me—upon the mere house, and the simple landscape features of the domain—upon the bleak walls—upon the vacant eye-like windows—upon a few rank sedges—and upon a few white trunks of decayed trees—with an utter depression of soul which I can compare to no earthly sensation more properly than to the after-dream of the reveller upon opium—the bitter lapse into every-day life—the hideous dropping off of the veil. There was an iciness, a sinking, a sickening of the heart—an unredeemed dreariness of thought which no goading of the imagination could torture into aught of the sublime. What was it—I paused to think—what was it that so unnerved me in the

Der Untergang des Hauses Usher

Son cœur est un luth suspendu;
Sitôt qu'on le touche il résonne.
De Béranger

Einen ganzen Tag lang, einen trüben, dunklen und lautlosen Tag im Herbst des Jahres, während die Wolken bedrückend tief am Himmel hingen, war ich, allein und zu Pferd, durch einen seltsam trostlosen Landstrich geritten; und endlich kam ich, als eben die Schatten des Abends sich senkten, in Sichtweite des melancholischen Hauses Usher. Ich weiß nicht, wie es geschah – doch beim ersten flüchtigen Anblick seiner Mauern durchfloss ein Gefühl unerträglicher Schwermut meinen Geist. Ich sage unerträglich; denn diese Empfindung wurde durch keine jener halb-angenehmen, weil poetischen, Anwandlungen gemildert, mit denen das Gemüt für gewöhnlich selbst die finstersten Natureindrücke von Verlassenheit oder Schrecken in sich aufnimmt. Ich blickte auf die Szene vor mir – auf das Haus selbst und die reizlose Landschaft des Grundstücks – auf die abweisenden Mauern – auf die wie leere Augen starrenden Fenster – auf einige wuchernde Riedgrasbüschel – und auf ein paar weißliche Stümpfe abgestorbener Bäume – mit einer so völligen Bedrückung der Seele, dass ich sie mit keinem anderen irdischen Gefühl besser vergleichen kann als mit dem des aus träumerischem Rausch erwachenden Opiumzechers – der bittere Rückfall in die Alltäglichkeit – das grässliche Lüften des Schleiers. Es war eine eisige Kälte, eine Beschwernis, ein Siechtum des Herzens – eine unerlöste Düsterkeit des Gedankens, die kein noch so gewaltsamer Akt der Einbildungskraft zu irgendetwas Erhabenem umzwingen konnte. Was aber war es – ich hielt inne, um nachzudenken –, was war es, das

contemplation of the House of Usher? It was a mystery all insoluble; nor could I grapple with the shadowy fancies that crowded upon me as I pondered. I was forced to fall back upon the unsatisfactory conclusion, that while, beyond doubt, there *are* combinations of very simple natural objects which have the power of thus affecting us, still the analysis of this power lies among considerations beyond our depth. It was possible, I reflected, that a mere different arrangement of the particulars of the scene, of the details of the picture, would be sufficient to modify, or perhaps to annihilate its capacity for sorrowful impression; and, acting upon this idea, I reined my horse to the precipitous brink of a black and lurid tarn that lay in unruffled lustre by the dwelling, and gazed down—but with a shudder even more thrilling than before—upon the remodelled and inverted images of the gray sedge, and the ghastly tree-stems, and the vacant and eye-like windows.

Nevertheless, in this mansion of gloom I now proposed to myself a sojourn of some weeks. Its proprietor, Roderick Usher, had been one of my boon companions in boyhood; but many years had elapsed since our last meeting. A letter, however, had lately reached me in a distant part of the country—a letter from him—which, in its wildly importunate nature, had admitted of no other than a personal reply. The MS. gave evidence of nervous agitation. The writer spoke of acute bodily illness—of a mental disorder which oppressed him—and of an earnest desire to see me, as his best, and indeed his only personal friend, with a view of attempting, by the cheerfulness of my society, some alleviation of his malady. It was the manner in which all this, and much more, was said—

mich bei meinen Betrachtungen des Hauses Usher so bedrückte? Es war ein ganz und gar unlösbares Rätsel; auch konnte ich der schemenhaften Einbildungen nicht Herr werden, die mich in meiner Grübelei bestürmten. Zwangsläufig musste ich auf die unbefriedigende Schlussfolgerung zurückfallen, dass es zwar zweifellos Kombinationen von sehr simplen natürlichen Dingen *gibt*, die die Macht besitzen, uns auf solche Weise zu beeindrucken, dass aber die Analyse dieser Macht einer Gedankentiefe vorbehalten bleibt, die jenseits der unsrigen liegt. Möglicherweise, so erwog ich, würde bereits eine etwas andere Anordnung der einzelnen Teile dieser Szenerie, der Details dieses Bildes, genügen, um ihre schmerzliche Eindrücklichkeit abzuschwächen, vielleicht sogar vollständig aufzuheben; dieser Eingebung folgend, lenkte ich mein Pferd an das steil abfallende Ufer eines schwarzen grässlichen Tümpels, der unbewegt und schimmernd in unmittelbarer Nähe des Hauses lag, und blickte hinab – doch mit einem Schaudern, heftiger noch als zuvor – angesichts der verzerrten und verkehrten Abbilder des grauen Riedgrases, der gespenstischen Baumstümpfe und der leeren, wie Augen starrenden Fenster.

Nichtsdestotrotz hatte ich die Absicht, in diesem Haus der Schwermut für mehrere Wochen meinen Aufenthalt zu nehmen. Sein Eigentümer, Roderick Usher, war in Kindertagen einer meiner liebsten Kameraden gewesen; doch seit unserer letzten Begegnung waren viele Jahre vergangen. Kürzlich allerdings hatte mich in einem entlegenen Teil des Landes ein Brief erreicht – ein Brief von ihm –, dessen ungestüm bedrängender Charakter keine andere als eine persönliche Antwort zuließ. Die Handschrift trug Anzeichen nervöser Erregung. Der Verfasser sprach von einer akuten körperlichen Erkrankung – von einer ihn niederdrückenden Geistesverwirrung – und von dem dringenden Wunsch, mich, als seinen besten und tatsächlich einzigen persönlichen Freund, bei sich zu sehen, mit der Aussicht darauf, in der Heiterkeit meiner Gesellschaft eine gewisse Lin-

it was the apparent *heart* that went with his request—which allowed me no room for hesitation; and I accordingly obeyed forthwith, what I still considered a very singular summons.

Although, as boys, we had been even intimate associates, yet I really knew little of my friend. His reserve had been always excessive and habitual. I was aware, however, that his very ancient family had been noted, time out of mind, for a peculiar sensibility of temperament, displaying itself, through long ages, in many works of exalted art, and manifested, of late, in repeated deeds of munificent yet unobtrusive charity, as well as in a passionate devotion to the intricacies, perhaps even more than to the orthodox and easily recognisable beauties, of musical science. I had learned, too, the very remarkable fact, that the stem of the Usher race, all time-honored as it was, had put forth, at no period, any enduring branch; in other words, that the entire family lay in the direct line of descent, and had always, with very trifling and very temporary variation, so lain. It was this deficiency, I considered, while running over in thought the perfect keeping of the character of the premises with the accredited character of the people, and while speculating upon the possible influence which the one, in the long lapse of centuries, might have exercised upon the other—it was this deficiency, perhaps, of collateral issue, and the consequent undeviating transmission, from sire to son, of the patrimony with the name, which had, at length, so identified the two as to merge the original title of the estate in the quaint and equivocal *appellation of the* 'House of Usher'—an appellation which seemed to include, in the

derung seiner Leiden finden zu können. Es war die Art und Weise, in der dies, und vieles andere, gesagt war – es war die fühlbare *Herzensbedrängnis*, die in seiner Bitte mitschwang –, die mir keinerlei Zögern erlaubte; und daher gehorchte ich unverzüglich dieser Aufforderung, so äußerst seltsam sie mir auch vorkam.

Wir waren als Knaben zwar geradezu vertraute Gefährten gewesen, aber ich wusste im Grunde kaum etwas über meinen Freund. Seine Zurückhaltung war schon immer außerordentlich und gewohnheitsmäßig gewesen. Ich erinnerte mich jedoch, dass seine sehr alte Familie seit undenklicher Zeit für eine eigentümliche Reizbarkeit des Temperaments bekannt gewesen war, die, über Generationen hinweg, sich in vielen hochgelobten Kunstwerken zeigte und die sich in jüngster Zeit in wiederholten Akten großzügiger, doch unaufdringlicher Wohltätigkeit niederschlug, ebenso wie in einer leidenschaftlichen Hingabe an die Feinheiten – vielleicht sogar mehr noch als an die altbekannten und leicht erkennbaren Schönheiten – der Musikwissenschaft. Ich hatte auch von der sehr bemerkenswerten Tatsache gehört, dass der Stamm der Ushers, so altehrwürdig er auch war, zu keiner Zeit einen dauerhaften Zweig hervorgebracht hatte; dass also, mit anderen Worten, die gesamte Familie in einer direkten Abstammungslinie lag und, mit sehr unbedeutenden und nur kurzzeitigen Abweichungen, allezeit gelegen hatte. Es war wohl dieser Mangel, so überlegte ich, während ich in Gedanken den perfekten Einklang zwischen dem Charakter der Besitzungen und den offenkundigen Eigenheiten ihrer Bewohner konstatierte und über den möglichen Einfluss nachsann, den im Lauf der Jahrhunderte das eine auf das andere ausgeübt haben mochte – es war vielleicht eben dieser Mangel an Seitenlinien und die daraus folgende undurchbrochene Weitergabe des väterlichen Erbteils wie des Namens an den Sohn, was beide schließlich so miteinander verschmolzen hatte, dass der ursprüngliche Name des Anwesens

minds of the peasantry who used it, both the family and the family mansion.

I have said that the sole effect of my somewhat childish experiment—that of looking down within the tarn—had been to deepen the first singular impression. There can be no doubt that the consciousness of the rapid increase of my superstition—for why should I not so term it?—served mainly to accelerate the increase itself. Such, I have long known, is the paradoxical law of all sentiments having terror as a basis. And it might have been for this reason only, that, when I again uplifted my eyes to the house itself, from its image in the pool, there grew in my mind a strange fancy—a fancy so ridiculous, indeed, that I but mention it to show the vivid force of the sensations which oppressed me. I had so worked upon my imagination as really to believe that about the whole mansion and domain there hung an atmosphere peculiar to themselves and their immediate vicinity—an atmosphere which had no affinity with the air of heaven, but which had reeked up from the decayed trees, and the gray wall and the silent tarn—a pestilent and mystic vapor, dull, sluggish, faintly discernible, and leaden-hued.

Shaking off from my spirit what *must* have been a dream, I scanned more narrowly the real aspect of the building. Its principal feature seemed to be that of an excessive antiquity.The discoloration of ages had been great. Minute fungi overspread the whole exterior, hanging in a fine tangled web-work from the eaves. Yet all this

in der wunderlichen und doppeldeutigen Bezeichnung ›Haus Usher‹ aufgegangen war – einer Bezeichnung, die in den Köpfen des Landvolks, das sie verwendete, sowohl die Familie als auch den Familiensitz zu umfassen schien.

Ich erwähnte bereits, dass der einzige Effekt meines etwas kindischen Experiments – meines Hinabblickens in den Tümpel – der gewesen war, den ersten sonderbaren Eindruck noch zu verstärken. Es kann keinen Zweifel daran geben, dass das Bewusstsein der raschen Zunahme meines Aberglaubens – denn warum sollte ich ihn nicht so bezeichnen – in der Hauptsache dazu diente, eben diese Zunahme noch zu beschleunigen. Von solcher Art ist, wie ich seit Langem wusste, die paradoxe Gesetzmäßigkeit aller Empfindungen, die in Angst und Schrecken wurzeln. Und einzig dies mag der Grund dafür gewesen sein, dass, als ich meinen Blick von dem Abbild im Teich wieder hinauflenkte zum Haus selbst, in meinem Geist eine seltsame Einbildung heranwuchs – eine Einbildung, die in der Tat so lachhaft war, dass ich sie nur erwähne, um zu zeigen, wie kraftvoll-lebendig die Empfindungen waren, die mich bedrängten. Ich hatte meine Einbildungskraft so sehr übersteigert, dass ich wirklich zu glauben begann, das Haus mitsamt dem Grundstück sei von einer nur ihm und seiner unmittelbaren Umgebung eigentümlichen Atmosphäre überhangen – einer Atmosphäre, die keinerlei Ähnlichkeit mit der Himmelsluft hatte, sondern die heraufgequollen war aus den abgestorbenen Bäumen, den grauen Mauern und dem schweigsamen Tümpel – ein abscheulicher, mystischer Dunst, trüb, träge, kaum merklich und bleiern.

Von meinem Geist abschüttelnd, was ein Traum gewesen sein *musste*, untersuchte ich nun eingehender das wirkliche Aussehen des Gebäudes. Seine auffälligste Eigenschaft schien sein ungeheures Alter zu sein. Der Farbverlust über die Jahrhunderte war beträchtlich. Winzige Pilze hatten sich über die gesamte Fassade ausgebreitet und hingen in feinmaschigem Geflecht von den

was apart from an extraordinary dilapidation. No portion of the masonry had fallen; and there appeared to be a wild inconsistency between its still perfect adaptation of parts, and the crumbling condition of the individual stones. In this there was much that reminded me of the specious totality of old wood-work which has rotted for long years in some neglected vault, with no disturbance from the breath of the external air. Beyond this indication of extensive decay, however, the fabric gave little token of instability. Perhaps the eye of a scrutinizing observer might have discovered a barely perceptible fissure, which, extending from the roof of the building in front, made its way down the wall in a zigzag direction, until it became lost in the sullen waters of the tarn.

Noticing these things, I rode over a short causeway to the house. A servant in waiting took my horse, and I entered the Gothic archway of the hall. A valet, of stealthy step, thence conducted me, in silence, through many dark and intricate passages in my progress to the *studio* of his master. Much that I encountered on the way contributed, I know not how, to heighten the vague sentiments of which I have already spoken. While the objects around me—while the carvings of the ceilings, the sombre tapestries of the walls, the ebon blackness of the floors, and the phantasmagoric armorial trophies which rattled as I strode, were but matters to which, or to such as which, I had been accustomed from my infancy—while I hesitated not to acknowledge how familiar was all this—I still wondered to find how unfamiliar were the fancies which ordinary images were stirring up. On one of the staircases, I met the physician of the family. His countenance, I thought, wore a mingled expression of low cunning and perplexity. He accosted

Traufen. Doch all dies verriet noch keinen außergewöhnlichen Verfall. Kein Teil des Mauerwerks war eingestürzt; und es schien ein krasser Widerspruch zu bestehen zwischen der noch immer vorhandenen Passgenauigkeit der Teile und dem bröckeligen Zustand der einzelnen Steine. Vieles daran erinnerte mich an die trügerische Unversehrtheit alter Holzarbeiten, die lange Jahre in irgendeinem vergessenen Gewölbe vor sich hinmoderten, ohne dass je ein Lufthauch von draußen sie störte. Außer diesen Anzeichen fortgeschrittenen Verfalls jedoch besaß das Haus nur wenige Merkmale von Baufälligkeit. Vielleicht noch hätte das Auge eines scharf prüfenden Betrachters einen kaum wahrnehmbaren Riss entdecken können, der, ausgehend vom Dach des Gebäudes, an der Frontseite im Zickzack die Mauer hinunterlief, bis er sich in den trüben Wassern des Tümpels verlor.

Während ich noch all dies in mich aufnahm, ritt ich über einen kurzen Dammweg zum Haus. Ein schon bereitstehender Diener übernahm mein Pferd, und ich betrat den gotischen Bogengang der Halle. Ein Kammerdiener mit schleichendem Schritt begleitete mich schweigend durch viele dunkle und verschlungene Gänge auf meinem Weg zum *Studio* seines Herrn. Vieles, dem ich unterwegs begegnete, trug, ich weiß nicht wie, dazu bei, jene vagen Empfindungen, von denen ich schon gesprochen habe, zu verstärken. Wenngleich die Dinge um mich her – wenngleich die Schnitzereien an den Deckentäfelungen, die düsteren Teppiche an den Wänden, der ebenhölzerne Schwärze der Fußböden und die phantasmagorischen Wappenschilde, die rasselten, als ich vorüberschritt, nichts anderes als die Dinge waren oder ihnen doch wenigstens glichen, an die ich mich schon seit Kindertagen gewöhnt hatte – wenngleich ich nicht zögerte anzuerkennen, wie vertraut dies alles war –, so stellte ich doch mit Verwunderung fest, wie unvertraut die Vorstellungen waren, die von solch gewöhnlichen Bildern hervorgerufen wurden. Auf einer der Treppen begegnete ich dem Hausarzt der Familie. In seinem Ge-

me with trepidation and passed on. The valet now threw open a door and ushered me into the presence of his master.

The room in which I found myself was very large and lofty. The windows were long, narrow, and pointed, and at so vast a distance from the black oaken floor as to be altogether inaccessible from within. Feeble gleams of encrimsoned light made their way through the trellised panes, and served to render sufficiently distinct the more prominent objects around; the eye, however, struggled in vain to reach the remoter angles of the chamber, or the recesses of the vaulted and fretted ceiling. Dark draperies hung upon the walls. The general furniture was profuse, comfortless, antique, and tattered. Many books and musical instruments lay scattered about, but failed to give any vitality to the scene. I felt that I breathed an atmosphere of sorrow. An air of stern, deep, and irredeemable gloom hung over and pervaded all.

Upon my entrance, Usher arose from a sofa on which he had been lying at full length, and greeted me with a vivacious warmth which had much in it, I at first thought, of an overdone cordiality–of the constrained effort of the *ennuyé man* of the world. A glance, however, at his countenance, convinced me of his perfect sincerity. We sat down; and for some moments, while he spoke not, I gazed upon him with a feeling half of pity, half of awe. Surely, man had never before so terribly altered, in so brief a period, as had Roderick Usher! It was with difficulty that I could bring myself to admit the identity of the wan being before me with the companion of my early boyhood. Yet the character of his

sichtsausdruck, so schien es mir, mischten sich niedere Durchtriebenheit und Verblüffung. Er grüßte mich unruhig und ging vorüber. Der Kammerdiener öffnete nun eine Tür und entließ mich in die Gegenwart seines Herrn.

Der Raum, in dem ich mich befand, war sehr groß und überaus hoch. Die Spitzbogenfenster waren lang und schmal und befanden sich so weit oberhalb des schwarzen Eichenfußbodens, dass sie vom Inneren aus allesamt unerreichbar sein mussten. Schwache Schimmer tiefroten Lichts bahnten sich ihren Weg durch die vergitterten Scheiben und ließen die markanteren Gegenstände ringsumher ausreichend deutlich erkennbar werden; doch mühte sich das Auge vergebens, in die entfernteren Winkel des Zimmers oder die Vertiefungen der gewölbten und gitterartig verzierten Decke vorzudringen. Dunkle schwere Vorhänge bedeckten die Wände. Die allgemeine Einrichtung war üppig, unbehaglich, altertümlich und zerschlissen. Eine Menge Bücher und Musikinstrumente lagen verstreut umher, doch auch sie vermochten nicht, die Szenerie zu beleben. Ich fühlte, dass ich eine Atmosphäre des Leids atmete. Ein Hauch von ernster, tiefer und unauslöschlicher Schwermut hing über allem, durchdrang alles.

Als ich eintrat, erhob sich Usher von einem Sofa, auf dem er lang ausgestreckt gelegen hatte, und begrüßte mich mit einer lebhaften Wärme, die, so schien es mir zunächst, vieles von einer übertriebenen Herzlichkeit an sich hatte – von dem erzwungenen Bemühen des *ennuyé* Mannes von Welt. Doch ein Blick in sein Gesicht überzeugte mich von seiner völligen Aufrichtigkeit. Wir setzten uns; und einige Augenblicke lang, während derer er schwieg, betrachtete ich ihn mit einem halb mitleidigen, halb ehrfürchtig-scheuen Gefühl. Wahrlich, nie zuvor hatte ein Mensch sich in so kurzer Zeit so schrecklich verändert wie Roderick Usher! Nur mit Mühe konnte ich mich dazu überwinden, die Identität dieses bleichen Geschöpfs dort vor mir mit dem Gefährten meiner frühen Kindheit zuzugeben. Der Charakter seiner Gesichts-

face had been at all times remarkable. A cadaverousness of complexion; an eye large, liquid, and luminous beyond comparison; lips somewhat thin and very pallid, but of a surpassingly beautiful curve; a nose of a delicate Hebrew model, but with a breadth of nostril unusual in similar formations; a finely moulded chin, speaking, in its want of prominence, of a want of moral energy; hair of a more than web-like softness and tenuity; these features, with an inordinate expansion above the regions of the temple, made up altogether a countenance not easily to be forgotten. And now in the mere exaggeration of the prevailing character of these features, and of the expression they were wont to convey, lay so much of change that I doubted to whom I spoke. The now ghastly pallor of the skin, and the now miraculous lustre of the eye, above all things startled and even awed me. The silken hair, too, had been suffered to grow all unheeded, and as, in its wild gossamer texture, it floated rather than fell about the face, I could not, even with effort, connect its Arabesque expression with any idea of simple humanity.

In the manner of my friend I was at once struck with an incoherence–an inconsistency; and I soon found this to arise from a series of feeble and futile struggles to overcome an habitual trepidancy–an excessive nervous agitation. For something of this nature I had indeed been prepared, no less by his letter, than by reminiscences of certain boyish traits, and by conclusions deduced from his peculiar physical conformation and temperament. His action was alternately vivacious and sullen. His voice varied rapidly from a tremulous indecision (when the animal spirits seemed utterly in abeyance) to that species of energetic concision–that abrupt, weighty, unhurried, and

züge war doch seit jeher bemerkenswert gewesen. Eine leichenhafte Blässe der Haut; ein Paar großer, glänzender und unvergleichlich leuchtender Augen; Lippen, recht schmal und sehr bleich, aber von ausnehmend schönem Schwung; eine Nase von grazilem hebräischen Schnitt, doch mit für eine solche Form ungewöhnlich breiten Nüstern; ein zart gestaltetes Kinn, dessen geringes Hervorragen einen Mangel an Charakterstärke verriet; Haare von spinnwebhafter Weichheit und Feinheit; diese Merkmale, verbunden mit einer übermäßigen Wölbung oberhalb der Schläfenpartien, fügten sich zusammen zu einem Antlitz, das nicht leicht zu vergessen war. Und nun hatte die schiere Übersteigerung des vorherrschenden Charakters dieser Merkmale und des Ausdrucks, den sie gewöhnlich vermittelten, so viel mit einer Verwandlung gemein, dass ich mich fragte, mit wem ich eigentlich sprach. Vor allem die jetzt gespenstische Blässe der Haut und der jetzt übernatürliche Glanz der Augen erschreckten, ja ängstigten mich. Auch hatte das seidige Haar ungehemmt wachsen dürfen, und wie es da als wirres hauchdünnes Gespinst das Gesicht mehr umfloss als umrahmte, konnte ich selbst beim besten Willen dessen arabeskenhaften Ausdruck nicht in Einklang bringen mit irgendeinem Begriff des Nur-Menschlichen.

Im Betragen meines Freundes fiel mir sogleich eine gewisse Sprunghaftigkeit auf – eine Unbeständigkeit; und ich bemerkte bald, dass sie von einer Reihe kläglicher und vergeblicher Anstrengungen herrührte, ein gewohnheitsmäßiges Zittern – eine ausufernde nervöse Erregung zu unterdrücken. Ich war allerdings auf etwas Derartiges gefasst gewesen, ebenso sehr durch seinen Brief wie durch meine Erinnerungen an bestimmte Wesenszüge des Knaben und durch Schlussfolgerungen, die sich aus seinem eigentümlichen Körperbau und seinem Temperament ergaben. Sein Gebaren war abwechselnd lebhaft und mürrisch. Seine Stimme schwankte jäh zwischen einer zitternden Unentschlossenheit (wenn die Lebensgeister vollkommen in der Schwebe

hollow-sounding enunciation—that leaden, self-balanced and perfectly modulated guttural utterance, which may be observed in the lost drunkard, or the irreclaimable eater of opium, during the periods of his most intense excitement.

It was thus that he spoke of the object of my visit, of his earnest desire to see me, and of the solace he expected me to afford him. He entered, at some length, into what he conceived to be the nature of his malady. It was, he said, a constitutional and a family evil, and one for which he despaired to find a remedy—a mere nervous affection, he immediately added, which would undoubtedly soon pass. It displayed itself in a host of unnatural sensations. Some of these, as he detailed them, interested and bewildered me; although, perhaps, the terms, and the general manner of the narration had their weight. He suffered much from a morbid acuteness of the senses; the most insipid food was alone endurable; he could wear only garments of certain texture; the odors of all flowers were oppressive; his eyes were tortured by even a faint light; and there were but peculiar sounds, and these from stringed instruments which did not inspire him with horror.

To an anomalous species of terror I found him a bounden slave. 'I shall perish,' said he, 'I *must* perish in this deplorable folly. Thus, thus, and not otherwise, shall I be lost. I dread the events of the future, not in themselves, but in their results. I shudder at the thought of any, even the most trivial, incident, which may operate upon this intolerable agitation of soul. I have, indeed, no abhorrence of danger, except in its absolute effect—in terror. In this unnerved—in this pitiable condition—I feel that the

schienen) und jener kraftvollen Bestimmtheit – jener abrupten, gewichtigen, gemessenen und hohltönenden Aussprache – jenen bleiernen, ausgewogenen und tadellos modulierten kehligen Lauten, wie man sie bei einem besinnungslos Betrunkenen oder einem tiefberauschten Opiumesser in den Phasen höchster Erregung beobachten kann.

So also sprach er vom Zweck meines Besuchs, von seinem dringenden Wunsch, mich zu sehen, und von dem trostreichen Einfluss, den er sich von mir erwartete. Nach einer Weile kam er auf das zu sprechen, was er für die Natur seiner Krankheit hielt. Es sei, sagte er, ein körperlich bedingtes Übel, das in der Familie liege, ein Übel, für das ein Heilmittel zu finden er die Hoffnung aufgegeben habe – nichts weiter als eine nervöse Angegriffenheit, fügte er sogleich hinzu, die zweifellos bald vorübergehen werde. Sie äußere sich in einer Heerschar unnatürlicher Empfindungen. Einige derselben, die er mir nun beschrieb, interessierten und verwirrten mich, wenn auch die Wortwahl und die allgemeine Erzählweise ihr Übriges dazu beigetragen haben mochten. Er litt schwer unter einer krankhaften Verfeinerung der Sinne; nur die fadesten Speisen waren ihm erträglich; als Kleidung konnte er nur ganz bestimmte Stoffe tragen; jeglicher Blumenduft war ihm zuwider; selbst das schwächste Licht quälte seine Augen; und es gab nur wenige, besondere Geräusche, lediglich Klänge von Saiteninstrumenten, die ihn nicht mit Entsetzen erfüllten.

Ich sah, dass er einem absonderlichen Schrecken sklavisch unterworfen war. »Ich werde zugrunde gehen«, sagte er, »ich *muss* zugrunde gehen an dieser beklagenswerten Narrheit. So, so und nicht anders werde ich untergehen. Ich fürchte die Geschehnisse der Zukunft, zwar nicht sie selbst, wohl aber ihre Auswirkungen. Ich schaudere bei dem Gedanken an irgendein Ereignis, und sei es noch so unbedeutend, das sich auf die unerträgliche Erregung meiner Seele auswirken könnte. Ich schrecke wirklich nicht vor der Gefahr zurück, sondern vor ihrer unvermeidlichen Wir-

period will sooner or later arrive when I must abandon life and reason together, in some struggle with the grim phantasm, FEAR.'

I learned, moreover, at intervals, and through broken and equivocal hints, another singular feature of his mental condition. He was enchained by certain superstitious impressions in regard to the dwelling which he tenanted, and whence, for many years, he had never ventured forth—in regard to an influence whose supposititious force was conveyed in terms too shadowy here to be re-stated—an influence which some peculiarities in the mere form and substance of his family mansion, had, by dint of long sufferance, he said, obtained over his spirit—an effect which *the physique* of the gray walls and turrets, and of the dim tarn into which they all looked down, had, at length, brought about upon the *morale* of his existence.

He admitted, however, although with hesitation, that much of the peculiar gloom which thus afflicted him could be traced to a more natural and far more palpable origin—to the severe and long-continued illness—indeed to the evidently approaching dissolution—of a tenderly beloved sister—his sole companion for long years—his last and only relative on earth. 'Her decease,' he said, with a bitterness which I can never forget, 'would leave him (him the hopeless and the frail) the last of the ancient race of the Ushers.' While he spoke, the lady Madeline (for so was she called) passed slowly through a remote portion of the apartment, and, without having noticed my presence, disappeared. I regarded her with an utter astonishment not unmingled

kung – vor dem Grauen. In diesem nervlich zerütteten – in diesem jämmerlichen Zustand – fühle ich, dass früher oder später die Zeit kommen wird, da ich beides, Vernunft und Leben, zugleich hingeben muss in irgendeinem Kampf mit der grimmigen Schreckgestalt FURCHT.«

Überdies erfuhr ich, nach und nach und durch bruchstückhafte, unbestimmte Andeutungen, noch von einem anderen sonderbaren Zug seiner geistigen Verfassung. Er war gefangen in gewissen abergläubischen Vorstellungen hinsichtlich des Hauses, das er bewohnte und das er schon seit vielen Jahren nicht mehr zu verlassen gewagt hatte – eines Einflusses wegen, dessen vorgebliche Wirkkraft er mir in so schattendunklen Worten mitteilte, dass ich sie hier nicht wiedergeben kann – ein Einfluss, den einige Eigentümlichkeiten der bloßen Gestalt und des Materials seines Stammhauses, infolge zu langer Duldung, wie er sagte, auf seinen Geist erlangt hatten – eine Wirkung, die das *Physische* der grauen Mauern und Türme und auch des dunklen Tümpels, in den sie alle hinabstarrten, schließlich auf das *Geistig-Seelische* seiner Existenz ausübte.

Er gab jedoch, wenn auch nur zögernd, zu, dass ein großer Teil dieser seltsamen Schwermut, unter der er litt, einer natürlicheren, gewissermaßen weitaus handgreiflicheren Ursache zugeschrieben werden könne – nämlich der schweren und langwährenden Krankheit – ja der offenbar nahenden Auflösung – einer zärtlich geliebten Schwester – der einzigen Gefährtin während langer Jahre – seiner letzten und einzigen Verwandten auf Erden. Ihr Hinscheiden, sagte er mit einer Bitterkeit, die ich nie vergessen kann, würde ihn (ihn, den Hoffnungslosen, den Schwächlichen) als den Letzten des alten Geschlechts der Ushers zurücklassen. Noch während er sprach, schritt Lady Madeline (denn dies war ihr Name) langsam durch einen entlegenen Teil des Gemachs und, ohne meine Anwesenheit bemerkt zu haben, verschwand. Ich betrachtete sie mit äußerstem Erstaunen, das

with dread—and yet I found it impossible to account for such feelings. A sensation of stupor oppressed me, as my eyes followed her retreating steps. When a door, at length, closed upon her, my glance sought instinctively and eagerly the countenance of the brother—but he had buried his face in his hands, and I could only perceive that a far more than ordinary wanness had overspread the emaciated fingers through which trickled many passionate tears.

The disease of the lady Madeline had long baffled the skill of her physicians. A settled apathy, a gradual wasting away of the person, and frequent although transient affections of a partially cataleptical character, were the unusual diagnosis. Hitherto she had steadily borne up against the pressure of her malady, and had not betaken herself finally to bed; but, on the closing in of the evening of my arrival at the house, she succumbed (as her brother told me at night with inexpressible agitation) to the prostrating power of the destroyer; and I learned that the glimpse I had obtained of her person would thus probably be the last I should obtain—that the lady, at least while living, would be seen by me no more.

For several days ensuing, her name was unmentioned by either Usher or myself: and during this period I was busied in earnest endeavors to alleviate the melancholy of my friend. We painted and read together; or I listened, as if in a dream, to the wild improvisations of his speaking guitar. And thus, as a closer and still closer intimacy admitted me more unreservedly into the recesses of his spirit, the more bitterly did I perceive the futility of all attempt at cheering a mind from which darkness, as if an inherent positive quality, poured forth upon all objects of the moral and physical universe, in one unceasing radiation of gloom.

nicht ganz frei war von Furcht – und doch wäre es mir unmöglich gewesen, solcherlei Empfinden zu erklären. Ein Gefühl der Benommenheit durchfloss mich, da meine Augen ihren entschwebenden Schritten folgten. Als sich endlich eine Tür hinter ihr schloss, suchte mein Blick instinktiv und begierig das Antlitz des Bruders – aber er hatte das Gesicht in den Händen vergraben, und ich konnte nur wahrnehmen, dass eine weit mehr als gewöhnliche Blässe seine abgemagerten Finger überzogen hatte, durch die viele leidenschaftliche Tränen sickerten.

Die Krankheit der Lady Madeline hatte seit Langem die Fähigkeiten ihrer Ärzte genarrt. Eine beständige Apathie, ein langsames Dahinwelken und häufige, wenn auch vorübergehende Anfälle von teilweise kataleptischem Charakter, so lautete die sonderbare Diagnose. Bisher hatte die Lady standhaft dem Ansturm der Krankheit getrotzt und sich nicht endgültig an die Zuflucht des Bettes fesseln lassen; doch in der Abenddämmerung des Tages meiner Ankunft im Haus erlag sie (so berichtete mir ihr Bruder noch nachts in unsagbarer Erregung) der niederringenden Macht des Zerstörers; und ich erkannte, dass jener flüchtige Blick, den ich von ihrer Gestalt hatte erhaschen können, wohl auch der letzte mir gewährte war – dass ich die Lady, zumindest solange sie noch lebte, nicht wiedersehen würde.

In den nächsten Tagen wurde ihr Name weder von Usher noch von mir erwähnt; und während dieser Zeit war ich in ernsthaftem Bemühen davon in Anspruch genommen, die Schwermütigkeit meines Freundes zu lindern. Wir malten und lasen gemeinsam; oder ich lauschte wie traumverloren den wilden Improvisationen seines ausdrucksstarken Gitarrenspiels. Und so, während eine innige und noch inniger werdende Vertrautheit mich immer vorbehaltloser eindringen ließ in die verwinkelten Tiefen seiner Seele, erkannte ich umso schmerzlicher die Vergeblichkeit aller Versuche, ein Gemüt zu erheitern, das von Dunkelheit wie von einem ihm zugehörigen fassbar Wirklichen schier

I shall ever bear about me a memory of the many solemn hours I thus spent alone with the master of the House of Usher. Yet I should fail in any attempt to convey an idea of the exact character of the studies, or of the occupations, in which he involved me, or led me the way. An excited and highly distempered ideality threw a sulphureous lustre over all. His long improvised dirges will ring forever in my ears. Among other things, I hold painfully in mind a certain singular perversion and amplification of the wild air of the last waltz of Von Weber. From the paintings over which his elaborate fancy brooded, and which grew, touch by touch, into vaguenesses at which I shuddered the more thrillingly, because I shuddered knowing not why;—from these paintings (vivid as their images now are before me) I would in vain endeavor to educe more than a small portion which should lie within the compass of merely written words. By the utter simplicity, by the nakedness, of his designs, he arrested and overawed attention. If ever mortal painted an idea, that mortal was Roderick Usher. For me at least—in the circumstances then surrounding me—there arose out of the pure abstractions which the hypochondriac contrived to throw upon his canvass, an intensity of intolerable awe, no shadow of which felt I ever yet in the contemplation of the certainly glowing yet too concrete reveries of Fuseli.

One of the phantasmagoric conceptions of my friend, partaking not so rigidly of the spirit of abstraction, may be shadowed forth, although feebly, in words. A small picture presented the interior of an immensely long and rec-

überfloss und alle Dinge des geistigen und stofflichen Universums unaufhörlich mit Strahlen der Schwermut bedeckte.

Auf ewig werde ich eine Erinnerung mit mir herumtragen an die vielen feierlich-ernsten Stunden, die ich so allein mit dem Herrn des Hauses Usher verbrachte. Doch würde mir jeder Versuch misslingen, einen Begriff von dem Charakter der Studien oder der Beschäftigungen zu geben, in die er mich einbezog oder zu denen er mich anleitete. Seine übertriebene und höchst unbändige Vergeistigtheit warf einen schwefligen Glanz über alles. Seine langen improvisierten Grabgesänge werden mir für immer in den Ohren klingen. Neben anderem hält sich in meinem Gedächtnis schmerzhaft eine seltsame Verkehrung und Verstärkung des letzten Walzers aus der Feder von Webers. Von den Gemälden, die seine blühende Phantasie ausbrütete und die, Strich für Strich, in Verschwommenheiten hineinwuchsen, vor denen ich umso heftiger schauderte, da ich schauderte, ohne das Warum zu kennen – von diesen Gemälden (so lebhaft sie mir nun auch vor Augen stehen) mehr wiederzugeben als einen kleinen Teil, der in Reichweite der bloß geschriebenen Worte liegen müsste, würde ich mich vergeblich bemühen. Durch die äußerste Einfachheit, ja die Nacktheit seiner Bilder fesselte er, erzwang er die Aufmerksamkeit. Wenn je ein Sterblicher eine Idee gemalt hat, so war dieser Sterbliche Roderick Usher. Zumindest für mich entstieg – unter den damals herrschenden Umständen – den reinen Abstraktionen, die der Hypochonder auf seine Leinwand zu werfen verstand, ein überwältigendes und unerträgliches ehrfurchtgebietendes Gefühl, wie ich es nicht einmal ansatzweise hatte empfinden können bei der Betrachtung der sicherlich glühenden, aber doch allzu konkreten Träumereien Fuselis.

Einer der phantasmagorischen Entwürfe meines Freundes, der nicht ganz so streng dem Geist der Abstraktion verhaftet war, mag hier als Schattenriss nachgezeichnet werden, wenn auch kläglich. Ein kleines Bild zeigte das Innere eines ungeheuer lan-

tangular vault or tunnel, with low walls, smooth, white, and without interruption or device. Certain accessory points of the design served well to convey the idea that this excavation lay at an exceeding depth below the surface of the earth. No outlet was observed in any portion of its vast extent, and no torch, or other artificial source of light was discernible; yet a flood of intense rays rolled throughout, and bathed the whole in a ghastly and inappropriate splendor.

I have just spoken of that morbid condition of the auditory nerve which rendered all music intolerable to the sufferer with the exception of certain effects of stringed instruments. It was, perhaps, the narrow limits to which he thus confined himself upon the guitar, which gave birth, in great measure, to the fantastic character of his performances. But the fervid *facility* of his *impromptus* could not so be accounted for. They must have been and were, in the notes, as well as in the words of his wild fantasias (for he not unfrequently accompanied himself with rhymed verbal improvisations), the result of that intense mental collectedness and concentration to which I have previously alluded as observable only in particular moments of the highest artificial excitement. The words of one of these rhapsodies I have easily remembered. I was, perhaps, the more forcibly impressed with it, as he gave it, because, in the under or mystic current of its meaning, I fancied that I perceived, and for the first time, a full consciousness on the part of Usher, of the tottering of his lofty reason upon her throne. The verses, which were entitled 'The Haunted Palace,' ran very nearly, if not accurately, thus:

gen und rechtwinkligen Gewölbes oder Tunnels, mit niedrigen Mauern, glatt, weiß und ohne jegliche Unterbrechung oder Verzierung. Gewisse zusätzliche Details in der Bildgestaltung riefen glaubhaft den Eindruck hervor, dass dieser Höhlengang sich unermesslich tief unterhalb der Erdoberfläche befand. An keiner Stelle des sich weithin erstreckenden Gebildes war ein Ausgang zu sehen, und keine Fackel oder andere künstliche Lichtquelle war erkennbar; dennoch durchfluteten überhelle Strahlen das Ganze und tauchten es in einen gespenstischen und unangemessenen Glanz.

Ich habe schon vorhin von dem krankhaften Zustand der Gehörnerven gesprochen, der dem Leidenden alle Musik unerträglich machte, mit Ausnahme gewisser Klangwirkungen von Saiteninstrumenten. Vielleicht waren es die engen Beschränkungen, denen er sich deshalb beim Gitarrenspiel unterwarf, die seinen Darbietungen solch phantastischen Charakter verliehen. Aber die feurige *Leichtigkeit* seiner *Impromptus* ließ sich dadurch nicht erklären. Diese müssen – und waren es, sowohl was die Noten als auch was die Worte anbetraf (denn nicht selten begleitete er sein Spiel mit improvisierten Versgesängen) – das Resultat jener intensiven geistigen Gesammeltheit und Konzentration gewesen sein, von der ich schon früher erwähnte, dass sie nur in besonderen Augenblicken höchster künstlerischer Erregung bemerkbar war. Die Worte einer dieser Rhapsodien sind mir besonders gut im Gedächtnis geblieben. Sie machten, als er sie vortrug, vielleicht deshalb einen umso heftigeren Eindruck auf mich, weil ich mir einbildete, in der geheimnisvollen Unterströmung ihrer Bedeutung, und zwar zum ersten Mal, zu bemerken, dass Usher ein klares Bewusstsein davon hatte, dass seine erhabene Vernunft auf ihrem Thron ins Wanken geraten war. Die Verse, betitelt als ›Das Geisterschloss‹, lauteten fast genau, wenn nicht gar wörtlich, so:

I.

In the greenest of our valleys,
By good angels tenanted,
Once a fair and stately palace—
Radiant palace—reared its head.
In the monarch Thought's dominion—
It stood there!
Never seraph spread a pinion
Over fabric half so fair.

II.

Banners yellow, glorious, golden,
On its roof did float and flow;
(This—all this—was in the olden
Time long ago)
And every gentle air that dallied,
In that sweet day,
Along the ramparts plumed and pallid,
A winged odor went away.

III.

Wanderers in that happy valley
Through two luminous windows saw
Spirits moving musically
To a lute's well-tuned law,
Round about a throne, where sitting
(Porphyrogene!)
In state his glory well befitting,
The ruler of the realm was seen.

IV.

And all with pearl and ruby glowing
Was the fair palace door,

I.

In der Täler grünstem Tale
    Hat, von Engeln einst bewohnt,
Gleich des Himmels Kathedrale
    Golddurchstrahlt ein Schloss gethront.
Rings auf Erden diesem Schlosse
    Keines glich;
Herrschte dort mit reichem Trosse
    Der Gedanke – königlich.

II.

Gelber Fahnen Faltenschlagen
    Floß wie Sonnengold im Wind;
(Ach, es war in alten Tagen,
    Die nun längst vergangen sind)
Damals kosten süße Lüfte
    Lind den Ort,
Zogen als beschwingte Düfte
    Von des Schlosses Wällen fort.

III.

Wandrer in dem Tale schauten
    Durch der Fenster lichten Glanz,
Geister zu dem Sang der Lauten
    Schreiten in gemessnem Tanz
Um den Thron, auf dem erhaben,
    (Porphyrogen!)
Würdig solcher Weihegaben
    War des Reiches Herr zu sehn.

IV.

Von Perlen und Rubinen glutend
    War des stolzen Schlosses Tor,

Through which came flowing, flowing, flowing,
And sparkling evermore,
A troop of Echoes whose sweet duty
Was but to sing,
In voices of surpassing beauty,
The wit and wisdom of their king.

V.

But evil things, in robes of sorrow,
Assailed the monarch's high estate;
(Ah, let us mourn, for never morrow
Shall dawn upon him, desolate!)
And, round about his home, the glory
That blushed and bloomed
Is but dim-remembered story
Of the old time entombed.

VI.

And travellers now within that valley,
Through the red-litten windows, see
Vast forms that move fantastically
To a discordant melody;
While, like a rapid ghastly river,
Through the pale door,
A hideous throng rush out forever,
And laugh—but smile no more.

I well remember that suggestions arising from this ballad led us into a train of thought wherein there became manifest an opinion of Usher's which I mention not so much on account of its novelty, (for other men* have thought

* Watson, Dr. Percival, Spallanzani, and especially the Bishop of Landaff.—See 'Chemical Essays', vol. v.

Ihm entschwebten flutend, flutend
Frohe Echos, die im Chor,
Weithin klingend, froh besangen,
Süße Pflicht,
Ihres Königs hehres Prangen
In der Weisheit Himmelslicht.

V.

Doch Dämonen, schwarze Sorgen,
Stürzten roh des Königs Thron;
(Ach, lasst uns trauern, denn kein Morgen
Wird ihm gleißend mehr zum Lohn!)
Was da blühte, was da glühte,
Herrlichkeit,
Eine welke Märchenblüte
Ist's aus längst begrabner Zeit.

VI.

Und durch glutenrote Fenster
Werden heute Wandrer sehn
Ungeheure Wahngespenster
Grauenhaft im Tanz sich drehn;
Aus dem Tor in wilden Wellen,
Wie ein Meer,
mit Lachen ekle Geister quellen –
doch Lächeln zeigt sich nimmermehr!

Ich entsinne mich gut, dass wir durch Anregungen, die sich aus dieser Ballade ergaben, auf einen Gedankengang gebracht wurden, in dessen Folge eine seltsame Ansicht Ushers zutage kam, die ich weniger wegen ihrer Neuheit (denn andere* haben bereits solches

* Watson, Dr. Percival, Spallanzani und besonders der Bischof von Landaff. – Siehe ›Chemical Essays‹, Bd. V.

thus,) as on account of the pertinacity with which he maintained it. This opinion, in its general form, was that of the sentience of all vegetable things. But, in his disordered fancy, the idea had assumed a more daring character, and trespassed, under certain conditions, upon the kingdom of inorganization. I lack words to express the full extent, or the earnest *abandon* of his persuasion. The belief, however, was connected (as I have previously hinted) with the gray stones of the home of his forefathers. The conditions of the sentience had been here, he imagined, fulfilled in the method of collocation of these stones—in the order of their arrangement, as well as in that of the many *fungi* which overspread them, and of the decayed trees which stood around—above all, in the long undisturbed endurance of this arrangement, and in its reduplication in the still waters of the tarn. Its evidence—the evidence of the sentience—was to be seen, he said (and I here started as he spoke,) in the gradual yet certain condensation of an atmosphere of their own about the waters and the walls. The result was discoverable, he added, in that silent, yet importunate and terrible influence which for centuries had moulded the destinies of his family, and which made *him* what I now saw him—what he was. Such opinions need no comment, and I will make none.

Our books—the books which, for years, had formed no small portion of the mental existence of the invalid—were, as might be supposed, in strict keeping with this character of phantasm. We pored together over such works as the Ververt et Chartreuse of Gresset; the Belphegor of Machiavelli; the Heaven and Hell of Swedenborg; the Subterranean Voyage of Nicholas Klimm by Holberg; the Chi-

gedacht) als wegen der Beharrlichkeit erwähne, mit der Usher sie verfocht. Diese Ansicht bestand, ihrer allgemeinen Fassung nach, in der Annahme einer Beseeltheit der gesamten Pflanzenwelt. Doch in seiner verworrenen Phantasie hatte diese Vorstellung einen verwegeneren Charakter angenommen und dehnte sich, unter bestimmten Bedingungen, auch auf das Reich des Anorganischen aus. Mir fehlen die Worte, um das volle Ausmaß seiner Überzeugung oder die ernste *Hingabe*, mit der er sie vertrat, zu beschreiben. Jedenfalls hing dieser Glaube (wie ich schon früher andeutete) mit den grauen Steinen des Hauses seiner Vorväter zusammen. Die Voraussetzungen für jene Beseeltheit waren hier, wie er sich einbildete, erfüllt durch die methodische Anordnung dieser Steine – durch die Art und Weise ihrer Schichtung ebenso wie durch das Geflecht der vielen Pilze, das sie überwucherte, und die abgestorbenen Bäume, die das Haus umstanden – vor allem jedoch durch das lange Zeit ungestörte Fortdauern des Ganzen und seine Verdoppelung in den stillen Wassern des Tümpels. Ihr Beweis – der Beweis dieser Beseeltheit – sei, so sagte er (und hier schreckte ich auf, noch während er sprach), erkennbar in der langsamen, aber unleugbaren Verdichtung einer ihnen eigenen Atmosphäre, die sich über Wasser und Mauerwerk legte. Das Resultat zeige sich, fügte er hinzu, in jenem schleichenden, doch drängenden und schrecklichen Einfluss, der seit Jahrhunderten die Geschicke seiner Familie geprägt und der *ihn* zu dem gemacht habe, was ich nun vor mir sah – was er war. Solche Anschauungen bedürfen keines Kommentars, und ich werde auch keinen geben.

Unsere Bücher – die Bücher, die über Jahre einen nicht geringen Teil der geistigen Existenz des Kranken ausgemacht hatten – standen, wie man sich denken kann, in striktem Einklang mit dieser Art von Phantastik. Wir brüteten gemeinsam über solchen Werken wie ›Vert-Vert‹ und ›La Chartreuse‹ von Gresset; ›Belphegor‹ von Machiavelli; ›Himmel und Hölle‹ von Swedenborg; ›Die unterirdische Reise des Nikolas Klim‹ von Holberg;

romancy of Robert Flud, of Jean D'Indaginé, and of De la Chambre; the Journey into the Blue Distance of Tieck; and the City of the Sun of Campanella. One favorite volume was a small octavo edition of the *Directorium Inquisitorum,* by the Dominican Eymeric de Gironne; and there were passages in Pomponius Mela, about the old African Satyrs and Œgipans, over which Usher would sit dreaming for hours. His chief delight, however, was found in the perusal of an exceedingly rare and curious book in quarto Gothic–the manual of a forgotten church–the *Vigiliae Mortuorum secundum Chorum Ecclesiae Maguntinae.*

I could not help thinking of the wild ritual of this work, and of its probable influence upon the hypochondriac, when, one evening, having informed me abruptly that the lady Madeline was no more, he stated his intention of preserving her corpse for a fortnight, (previously to its final interment,) in one of the numerous vaults within the main walls of the building. The worldly reason, however, assigned for this singular proceeding, was one which I did not feel at liberty to dispute. The brother had been led to his resolution (so he told me) by consideration of the unusual character of the malady of the deceased, of certain obtrusive and eager inquiries on the part of her medical men, and of the remote and exposed situation of the burial-ground of the family. I will not deny that when I called to mind the sinister countenance of the person whom I met upon the staircase, on the day of my arrival at the house, I had no desire to oppose what I regarded as at best but a harmless, and by no means an unnatural, precaution.

At the request of Usher, I personally aided him in the arrangements for the temporary entombment. The body having been encoffined, we two alone bore it to its rest.

den Chiromantien von Robert Fludd, von Jean d'Indaginé und de la Chambre; ›Reise ins Blaue hinein‹ von Tieck; und dem ›Sonnenstaat‹ von Campanella. Ein bevorzugter Band war eine kleine Oktav-Ausgabe des *Directorium Inquisitorium* des Dominikaners Eymeric de Gironne; und es gab Stellen bei Pomponius Mela über die alten afrikanischen Satyrn und Aegipane, über denen Usher stundenlang träumend sitzen konnte. Sein größtes Vergnügen fand er jedoch in der aufmerksamen Lektüre eines äußerst seltenen und merkwürdigen gotischen Quartbandes – des Handbuchs einer vergessenen Kirche – der *Vigiliae Mortuorum secundum Chorum Ecclesiae Maguntinae*.

Ich musste unwillkürlich an das seltsame Ritual dieses Werkes und seinen wahrscheinlichen Einfluss auf den Hypochonder denken, als er mir eines Abends, nach der abrupten Nachricht, Lady Madeline sei nicht mehr, seine Absicht mitteilte, ihren Leichnam vierzehn Tage lang (bis zu seiner endgültigen Bestattung) in einem der zahlreichen Gewölbe innerhalb der Grundmauern des Gebäudes aufzubewahren. Der rein äußerliche Grund jedoch, den er für dieses eigenartige Vorgehen angab, war von solcher Art, dass ich mich nicht berechtigt fühlte, darüber zu diskutieren. Der Bruder war (wie er mir sagte) in Anbetracht der ungewöhnlichen Art der Krankheit der Verstorbenen sowie infolge gewisser drängender und eifriger Nachfragen vonseiten ihrer Ärzte und infolge der entfernten und ungeschützten Lage des Familienfriedhofs zu seinem Entschluss bewogen worden. Ich will nicht leugnen, dass, wenn ich mir das sinistre Antlitz des Mannes ins Gedächtnis rief, dem ich am Tag meiner Ankunft im Haus auf der Treppe begegnet war, ich keinerlei Lust verspürte, einer Sache zu widersprechen, die ich höchstens als eine harmlose und keineswegs unnatürliche Vorsichtsmaßnahme ansah.

Auf Bitten Ushers war ich ihm bei den Vorkehrungen für die vorläufige Bestattung behilflich. Nachdem der Leichnam eingesargt worden war, trugen wir beide allein ihn zu seiner Ruhe-

The vault in which we placed it (and which had been so long unopened that our torches, half smothered in its oppressive atmosphere, gave us little opportunity for investigation) was small, damp, and entirely without means of admission for light; lying, at great depth, immediately beneath that portion of the building in which was my own sleeping apartment. It had been used, apparently, in remote feudal times, for the worst purposes of a donjon-keep, and, in later days, as a place of deposit for powder, or some other highly combustible substance, as a portion of its floor, and the whole interior of a long archway through which we reached it, were carefully sheathed with copper. The door, of massive iron, had been, also, similarly protected. Its immense weight caused an unusually sharp grating sound, as it moved upon its hinges.

Having deposited our mournful burden upon tressels within this region of horror, we partially turned aside the yet unscrewed lid of the coffin, and looked upon the face of the tenant. A striking similitude between the brother and sister now first arrested my attention; and Usher, divining, perhaps, my thoughts, murmured out some few words from which I learned that the deceased and himself had been twins, and that sympathies of a scarcely intelligible nature had always existed between them. Our glances, however, rested not long upon the dead–for we could not regard her unawed. The disease which had thus entombed the lady in the maturity of youth, had left, as usual in all maladies of a strictly cataleptical character, the mockery of a faint blush upon the bosom and the face, and that suspiciously lingering smile upon the lip which is so terrible in death. We replaced and screwed down the lid, and, having secured

stätte. Das Gewölbe, in das wir ihn brachten (und das so lange nicht geöffnet worden war, dass unsere Fackeln in der drückenden Luft halb erstickten und uns kaum Möglichkeit gaben, es zu erkunden), war eng, dumpfig und besaß keinerlei Öffnung, die Licht hätte einlassen können; es lag in beträchtlicher Tiefe, exakt unter jenem Teil des Gebäudes, in dem sich mein eigenes Schlafzimmer befand. Offensichtlich war es in fernen Zeiten der Feudalherrschaft zu den übelsten Zwecken als Burgverlies verwendet worden und hatte später als Lagerraum für Schießpulver oder sonst einen höchst feuergefährlichen Stoff gedient, denn ein Teil seines Bodens sowie das ganze Innere eines langen Bogengangs, durch den wir es erreicht hatten, waren sorgfältig mit Kupfer ausgekleidet. Die Tür aus massivem Eisen war in ähnlicher Weise gesichert worden. Ihr ungeheures Gewicht verursachte ein ungewöhnlich scharfes kreischendes Geräusch, als sie sich in den Angeln bewegte.

Nachdem wir unsere traurige Bürde an diesem Ort des Grauens auf Böcken abgesetzt hatten, schoben wir den noch unverschraubten Deckel des Sargs ein wenig zur Seite und betrachteten das Gesicht der Bewohnerin. Als Erstes fesselte eine verblüffende Ähnlichkeit zwischen Bruder und Schwester meine Aufmerksamkeit; und Usher, vielleicht meine Gedanken erahnend, murmelte einige wenige Worte, denen ich entnahm, dass die Verstorbene und er Zwillinge gewesen waren und dass schon immer schwerlich begreifbare Sympathien zwischen ihnen existiert hatten. Unsere Blicke ruhten jedoch nicht lange auf der Toten – denn wir konnten sie nicht ohne ehrfürchtige Scheu betrachten. Das Leiden, dem die Lady in der Blüte der Jugend erlegen war, hatte, wie es bei Erkrankungen ausgesprochen kataleptischen Charakters gewöhnlich der Fall ist, gleichsam höhnisch eine schwache Röte auf Busen und Antlitz zurückgelassen und um die Lippen jenes trügerisch dauernde Lächeln, das so entsetzlich ist bei Toten. Wir setzten den Deckel wieder auf und schraubten ihn

the door of iron, made our way, with toil, into the scarcely less gloomy apartments of the upper portion of the house.

And now, some days of bitter grief having elapsed, an observable change came over the features of the mental disorder of my friend. His ordinary manner had vanished. His ordinary occupations were neglected or forgotten. He roamed from chamber to chamber with hurried, unequal, and objectless step. The pallor of his countenance had assumed, if possible, a more ghastly hue–but the luminousness of his eye had utterly gone out. The once occasional huskiness of his tone was heard no more; and a tremulous quaver, as if of extreme terror, habitually characterized his utterance. There were times, indeed, when I thought his unceasingly agitated mind was laboring with some oppressive secret, to divulge which he struggled for the necessary courage. At times, again, I was obliged to resolve all into the mere inexplicable vagaries of madness, for I beheld him gazing upon vacancy for long hours, in an attitude of the profoundest attention, as if listening to some imaginary sound. It was no wonder that his condition terrified–that it infected me. I felt creeping upon me, by slow yet certain degrees, the wild influences of his own fantastic yet impressive superstitions.

It was, especially, upon retiring to bed late in the night of the seventh or eighth day after the placing of the lady Madeline within the donjon, that I experienced the full power of such feelings. Sleep came not near my couch–while the hours waned and waned away. I struggled to reason off the nervousness which had dominion over me. I endeavored to believe that much, if not all of what I felt, was due to the bewildering influence of the gloomy fur-

fest, und nachdem wir die Eisentür verschlossen hatten, gingen wir mühevoll unseren Weg hinauf in die kaum weniger düsteren Räumlichkeiten im darüberliegenden Teil des Hauses.

Und nun, einige Tage bittersten Kummers waren verstrichen, zeigte sich eine deutliche Veränderung in den Merkmalen der geistigen Störung meines Freundes. Sein bisher gewohntes Gebaren war verschwunden. Seine üblichen Beschäftigungen wurden vernachlässigt oder vergessen. Er streifte umher von Zimmer zu Zimmer mit hastendem, unstetem, ziellosem Schritt. Die Blässe auf seinem Gesicht hatte womöglich einen noch gespenstischeren Farbton angenommen – der feurige Glanz seiner Augen jedoch war gänzlich erloschen. Die vormals gelegentliche Rauheit seiner Stimme war nicht mehr zu hören; und ein ungleichmäßiges furchtsames Zittern, wie von äußerstem Entsetzen, lag nun gewöhnlich in seinen Worten. Es gab tatsächlich Momente, in denen mir sein unausgesetzt erregter Geist mit irgendeinem drückenden Geheimnis beschäftigt schien, das preiszugeben er noch um den nötigen Mut rang. Dann wieder war ich gezwungen, alles den völlig unerklärlichen Launen des Wahnsinns zuzuschreiben, denn ich sah ihn stundenlang mit dem Ausdruck tiefster Aufmerksamkeit ins Leere starren, so als lausche er irgendeinem eingebildeten Geräusch. Es war kein Wunder, dass sein Zustand mich entsetzte – dass er mich ansteckte. Ich fühlte, wie seine phantastischen und doch eindrücklichen Wahngebilde schleichend, aber unbestreitbar auch von mir Besitz ergriffen.

Ganz besonders in der Nacht des siebten oder achten Tages, nachdem wir Lady Madeline in das Verlies gebracht hatten, erfuhr ich beim späten Zubettgehen die ganze Macht dieser Empfindungen. Der Schlaf wollte nicht an mein Lager treten – während Stunde um Stunde verging. Ich mühte mich, der Nervosität, die mich beherrschte, durch vernünftiges Denken Herr zu werden. Ich suchte mich zu überzeugen, dass vieles, wenn nicht gar alles, was ich fühlte, dem beklemmenden Einfluss der Zim-

niture of the room—of the dark and tattered draperies, which, tortured into motion by the breath of a rising tempest, swayed fitfully to and fro upon the walls, and rustled uneasily about the decorations of the bed. But my efforts were fruitless. An irrepressible tremor gradually pervaded my frame; and, at length, there sat upon my very heart an incubus of utterly causeless alarm. Shaking this off with a gasp and a struggle, I uplifted myself upon the pillows, and, peering earnestly within the intense darkness of the chamber, harkened—I know not why, except that an instinctive spirit prompted me—to certain low and indefinite sounds which came, through the pauses of the storm, at long intervals, I knew not whence. Overpowered by an intense sentiment of horror, unaccountable yet unendurable, I threw on my clothes with haste (for I felt that I should sleep no more during the night), and endeavored to arouse myself from the pitiable condition into which I had fallen, by pacing rapidly to and fro through the apartment.

I had taken but few turns in this manner, when a light step on an adjoining staircase arrested my attention. I presently recognised it as that of Usher. In an instant afterward he rapped, with a gentle touch, at my door, and entered, bearing a lamp. His countenance was, as usual, cadaverously wan—but, moreover, there was a species of mad hilarity in his eyes—an evidently restrained *hysteria* in his whole demeanor. His air appalled me—but anything was preferable to the solitude which I had so long endured, and I even welcomed his presence as a relief.

'And you have not seen it?' he said abruptly, after having stared about him for some moments in silence—'you have not then seen it?—but, stay! you shall.' Thus speaking, and having carefully shaded his lamp, he hurried to

mereinrichtung zuzuschreiben sei – den dunklen und zerschlissenen Wandvorhängen, die, vom Atem eines nahenden Sturms in Bewegung versetzt, stoßweise hin und her schwangen und ruhelos an den Verzierungen des Bettes raschelten. Doch meine Versuche blieben fruchtlos. Ein ununterdrückbares Beben durchfuhr allmählich meinen Körper; und schließlich drückte der Alp einer vollständig grundlosen Angst auf mein Herz. Keuchend und mich windend schüttelte ich ihn ab, richtete mich in den Kissen auf und lauschte, angestrengt in das undurchdringliche Dunkel des Zimmers spähend – ich weiß nicht weshalb, außer dass ein Instinkt mich dazu zwang –, auf gewisse leise, unbestimmbare Laute, die, sobald der Sturm innehielt, in langen Abständen zu mir drangen, ich wusste nicht woher. Überwältigt von einem ungeheuren Gefühl des Entsetzens, so unerklärlich wie unerträglich, warf ich mich hastig in meine Kleider (denn ich fühlte, dass ich in dieser Nacht doch keinen Schlaf finden würde) und versuchte, mich aus dem erbärmlichen Zustand, in den ich gefallen war, herauszuheben, indem ich rasch im Zimmer auf- und ablief.

Ich hatte erst einige Runden in dieser Weise hinter mich gebracht, als ein leichter Schritt auf der nahen Treppe mich aufhorchen ließ. Ich erkannte ihn sogleich als Ushers. Einen Augenblick später klopfte er, ganz sachte nur, an meine Tür und trat ein, eine Lampe in der Hand. Sein Antlitz war, wie gewöhnlich, leichenhaft blass – überdies jedoch blitzte eine Art wahnwitziger Ausgelassenheit in seinen Augen – lag eine offenbar mühsam gebändigte *Hysterie* in seinem Benehmen. Sein Aussehen entsetzte mich – doch war alles der Einsamkeit vorzuziehen, die ich so lange erduldet hatte, und ich begrüßte sein Kommen geradezu wie eine Erlösung.

»Und du hast es nicht gesehen?«, sagte er unvermittelt, nachdem er einige Augenblicke schweigend vor sich hingestarrt hatte – »du hast es also nicht gesehen? – Doch warte! Das sollst du!« Mit diesen Worten hastete er, indem er sorgsam seine

one of the casements, and threw it freely open to the storm.

The impetuous fury of the entering gust nearly lifted us from our feet. It was, indeed, a tempestuous yet sternly beautiful night, and one wildly singular in its terror and its beauty. A whirlwind had apparently collected its force in our vicinity; for there were frequent and violent alterations in the direction of the wind; and the exceeding density of the clouds (which hung so low as to press upon the turrets of the house) did not prevent our perceiving the life-like velocity with which they flew careering from all points against each other, without passing away into the distance. I say that even their exceeding density did not prevent our perceiving this—yet we had no glimpse of the moon or stars—nor was there any flashing forth of the lightning. But the under surfaces of the huge masses of agitated vapor, as well as all terrestrial objects immediately around us, were glowing in the unnatural light of a faintly luminous and distinctly visible gaseous exhalation which hung about and enshrouded the mansion.

'You must not—you shall not behold this!' said I, shudderingly, to Usher, as I led him, with a gentle violence, from the window to a seat. 'These appearances, which bewilder you, are merely electrical phenomena not uncommon—or it may be that they have their ghastly origin in the rank miasma of the tarn. Let us close this casement;—the air is chilling and dangerous to your frame. Here is one of your favorite romances. I will read, and you shall listen;—and so we will pass away this terrible night together.'

The antique volume which I had taken up was the 'Mad Trist' of Sir Launcelot Canning; but I had called it a favorite of Usher's more in sad jest than in earnest; for,

Lampe beschirmte, hinüber zu einem der Fensterflügel und öffnete ihn mit einem Stoß freimütig dem Sturm.

Die rasende Wut der eindringenden Böe hätte uns fast zu Boden geworfen. Es war wirklich eine stürmische, doch grausam erhabene Nacht, wild und einzigartig in ihrem Schrecken, ihrer Schönheit. Ganz in unserer Nähe hatte offenbar ein Wirbelwind seine Kräfte gesammelt; denn häufig und stark wechselte der Wind die Richtung; die ungeheure Dichte der Wolken (die so tief hingen, als wollten sie die Giebel des Hauses erdrücken) hinderte uns nicht daran, zu bemerken, dass sie wie lebendig mit großer Geschwindigkeit aus allen Richtungen heranjagten und sich ineinanderstürzten, ohne sich jedoch in der Ferne zu verlieren. Ich sage, selbst ihre ungeheure Dichte hinderte uns nicht daran, dies zu bemerken – obwohl Mond oder Sterne nicht einmal flüchtig zu sehen waren – und auch kein Blitz das Dunkel überstrahlte. Doch glühten die unteren Flächen der ungeheuren Massen aufgewühlten Dampfs, ebenso wie alle irdischen Dinge, die uns unmittelbar umgaben, im unnatürlichen Licht einer schwach leuchtenden und deutlich sichtbaren gasartigen Ausdünstung, die das Haus überhing und umhüllte.

»Du sollst – du darfst dir das nicht ansehen!«, sagte ich schaudernd zu Usher, als ich ihn mit sanfter Gewalt vom Fenster weg zu einem Sessel führte. »Diese Erscheinungen, die dich verwirren, sind elektrische Phänomene und nicht einmal ungewöhnlich – oder vielleicht haben sie ihren gespenstischen Ursprung in den widerlich stinkenden Dämpfen des Tümpels. Lass uns den Fensterflügel schließen – die Luft ist kalt und nicht gut für dich. – Hier habe ich einen deiner Lieblingsromane. Ich lese vor, und du hörst zu – und so werden wir diese schreckliche Nacht gemeinsam überstehen.«

Der antike Band, den ich zur Hand genommen hatte, war der ›Mad Trist‹ von Sir Launcelot Canning; doch ich hatte ihn eher in traurigem Scherz als im Ernst ein Lieblingsbuch Ushers ge-

in truth, there is little in its uncouth and unimaginative prolixity which could have had interest for the lofty and spiritual ideality of my friend. It was, however, the only book immediately at hand; and I indulged a vague hope that the excitement which now agitated the hypochondriac, might find relief (for the history of mental disorder is full of similar anomalies) even in the extremeness of the folly which I should read. Could I have judged, indeed, by the wild overstrained air of vivacity with which he harkened, or apparently harkened, to the words of the tale, I might well have congratulated myself upon the success of my design.

I had arrived at that well-known portion of the story where Ethelred, the hero of the Trist, having sought in vain for peaceable admission into the dwelling of the hermit, proceeds to make good an entrance by force. Here, it will be remembered, the words of the narrative run thus:

'And Ethelred, who was by nature of a doughty heart, and who was now mighty withal, on account of the powerfulness of the wine which he had drunken, waited no longer to hold parley with the hermit, who, in sooth, was of an obstinate and maliceful turn, but, feeling the rain upon his shoulders, and fearing the rising of the tempest, uplifted his mace outright, and, with blows, made quickly room in the plankings of the door for his gauntleted hand; and now pulling therewith sturdily, he so cracked, and ripped, and tore all asunder, that the noise of the dry and hollow-sounding wood alarummed and reverberated throughout the forest.'

At the termination of this sentence I started, and for a moment, paused; for it appeared to me (although I at once concluded that my excited fancy had deceived

nannt; denn in Wahrheit findet sich in seiner ungehobelten und phantasielosen Weitschweifigkeit wenig, das für den erhabenen und nach hehren Idealen strebenden Geist meines Freundes von Interesse sein konnte. Es war jedoch das einzige Buch, das ich sofort zur Hand hatte; und ich hegte eine vage Hoffnung, dass die Erregung, die nun den Hypochonder bestürmte, Linderung finden würde (denn die Geschichte geistiger Zerrüttung ist voll von solchen Widersprüchen) gerade in diesem Übermaß an Verrücktheiten, das ich vortragen wollte. Hätte ich tatsächlich nach dem wilden, überanstrengten Anschein der Lebhaftigkeit urteilen dürfen, mit der er den Worten der Erzählung lauschte, oder zu lauschen schien, so hätte ich mir wirklich zu dem Erfolg meines Versuchs gratulieren können.

Ich war bei der allbekannten Stelle der Geschichte angelangt, wo Ethelred, der Held des ›Trist‹, nachdem er vergeblich versucht hat, auf friedlichem Weg Einlass in die Hütte des Eremiten zu finden, sich anschickt, den Eintritt mit Gewalt zu erzwingen. Hier lautet der Text, wie man sich erinnern wird, so:

»Und Ethelred, der von Natur aus mannhaften Herzens und nun obendrein noch mächtig war, dank der Stärke des Weins, den er getrunken, begnügte sich nicht länger, mit dem Eremiten zu verhandeln, der wahrlich störrisch und boshaft war, sondern schwang, da er den Regen schon auf seinen Schultern fühlte und das Heraufziehen des Sturms fürchtete, auf der Stelle seine Keule und schaffte mit einigen Schlägen schnell Raum in den Planken der Tür für seine eisengepanzerte Hand; und während er damit nun kräftig rüttelte, zerbrach und zerriss und zerfetzte er alles in Stücke, dass der Lärm des dürren, hohl krachenden Holzes den ganzen Wald durchgellte und darin widerhallte.«

Bei Beendigung dieses Satzes fuhr ich auf und hielt einen Moment lang inne; denn es kam mir so vor (obwohl ich sofort folgerte, dass meine erhitzte Phantasie mich getäuscht haben

me)–it appeared to me that, from some very remote portion of the mansion, there came, indistinctly, to my ears, what might have been, in its exact similarity of character, the echo (but a stifled and dull one certainly) of the very cracking and ripping sound which Sir Launcelot had so particularly described. It was, beyond doubt, the coincidence alone which had arrested my attention; for, amid the rattling of the sashes of the casement, and the ordinary commingled noises of the still increasing storm, the sound, in itself, had nothing, surely, which should have interested or disturbed me. I continued the story:

'But the good champion Ethelred, now entering within the door, was sore enraged and amazed to perceive no signal of the maliceful hermit; but, in the stead thereof, a dragon of a scaly and prodigious demeanor, and of a fiery tongue, which sate in guard before a palace of gold, with a floor of silver; and upon the wall there hung a shield of shining brass with this legend enwritten–

Who entereth herein, a conqueror hath bin;
Who slayeth the dragon, the shield he shall win;

And Ethelred uplifted his mace, and struck upon the head of the dragon, which fell before him, and gave up his pesty breath, with a shriek so horrid and harsh, and withal so piercing, that Ethelred had fain to close his ears with his hands against the dreadful noise of it, the like whereof was never before heard.'

Here again I paused abruptly, and now with a feeling of wild amazement–for there could be no doubt whatever that, in this instance, I did actually hear (although from what direction it proceeded I found it impossible to say) a low and apparently distant, but harsh, pro-

musste) – es kam mir so vor, als ob, aus einem weit entfernten Teil des Hauses und undeutlich nur, etwas an mein Ohr gedrungen wäre, das, so vollkommen ähnlich klang es, ein Echo hätte sein können (wenn auch freilich ein ersticktes und dumpfes) von jenem Zerbrechen und Reißen, das Sir Launcelot derart genau beschrieben hatte. Ohne jeden Zweifel war es allein das zeitliche Zusammentreffen, das meine Aufmerksamkeit gefesselt hatte; denn inmitten des Klapperns der Fensterläden und des tosenden Durcheinanders des immer noch stärker werdenden Sturms hatte der Laut selbst gewiss nichts an sich, das mich hätte interessieren oder verstören können. Ich fuhr in der Erzählung fort:

»Doch der wackere Held Ethelred, der jetzt durch die Tür hineintrat, war schmerzlich erzürnt und erstaunt, keine Spur des boshaften Eremiten zu entdecken; jedoch an seiner Statt einen Drachen, schuppig und gewaltig und mit feuriger Zunge, der wachte vor einem Palast aus Gold mit einem Boden aus Silber; und an der Mauer hing ein Schild aus schimmerndem Messing, dem diese Worte eingeschrieben waren:

Wer hier herein will dringen, den Drachen muss bezwingen;
Ein Held wird er sein, den Schild sich erringen.

Und Ethelred schwang seine Keule und schmetterte sie dem Drachen aufs Haupt, der vor ihm niederging und seinen giftigen Atem aushauchte, mit einem Schrei, so grässlich und schrill und durchdringend, dass Ethelred sich hätte die Ohren mit seinen Händen verschließen mögen vor dem furchtbaren Laut, desgleichen allüberall niemals zuvor gehört worden war.«

Hier hielt ich erneut abrupt inne, diesmal in einem Gefühl wilder Bestürzung – denn es konnte überhaupt keinen Zweifel geben, dass ich in diesem Augenblick tatsächlich etwas hörte (wenngleich es mir unmöglich war, die Richtung anzugeben, aus der es kam), ein leises und offenbar entferntes, doch schrilles,

tracted, and most unusual screaming or grating sound—the exact counterpart of what my fancy had already conjured up for the dragon's unnatural shriek as described by the romancer.

Oppressed, as I certainly was, upon the occurrence of this second and most extraordinary coincidence, by a thousand conflicting sensations, in which wonder and extreme terror were predominant, I still retained sufficient presence of mind to avoid exciting, by any observation, the sensitive nervousness of my companion. I was by no means certain that he had noticed the sounds in question; although, assuredly, a strange alteration had, during the last few minutes, taken place in his demeanor. From a position fronting my own, he had gradually brought round his chair, so as to sit with his face to the door of the chamber; and thus I could but partially perceive his features, although I saw that his lips trembled as if he were murmuring inaudibly. His head had dropped upon his breast—yet I knew that he was not asleep, from the wide and rigid opening of the eye as I caught a glance of it in profile. The motion of his body, too, was at variance with this idea—for he rocked from side to side with a gentle yet constant and uniform sway. Having rapidly taken notice of all this, I resumed the narrative of Sir Launcelot, which thus proceeded:

'And now, the champion, having escaped from the terrible fury of the dragon, bethinking himself of the brazen shield, and of the breaking up of the enchantment which was upon it, removed the carcass from out of the way before him, and approached valorously over the silver pavement of the castle to where the shield was upon the wall; which in sooth tarried not for his full coming, but fell down at his feet upon the silver floor, with a mighty great and terrible ringing sound.'

langgezogenes und ganz ungewöhnlich schreiendes oder kreischendes Geräusch – das exakte Gegenstück zu dem, was meine Einbildungskraft schon heraufbeschworen hatte als das unnatürliche Geschrei des Drachen, das der Dichter beschrieb.

So niedergedrückt ich sicherlich war von tausenderlei widerstreitenden Empfindungen, hervorgerufen durch dieses zweite und höchst seltsame Zusammentreffen und beherrscht von Erstaunen und äußerstem Entsetzen, so hatte ich mir dennoch genügend Geistesgegenwart bewahrt, um zu vermeiden, mit solchen Beobachtungen die nervöse Empfindlichkeit meines Gefährten noch zu schüren. Ich war keineswegs sicher, dass er die fraglichen Laute vernommen hatte; obschon allerdings während der letzten Minuten eine sonderbare Veränderung in seinem Verhalten eingetreten war. Hatte er mir anfangs noch direkt gegenübergesessen, so hatte er nach und nach seinen Stuhl so herumgedreht, dass er nun sein Gesicht der Zimmertür zuwandte; ich konnte daher seine Züge nur teilweise erkennen, doch ich sah, dass seine Lippen zitterten, als flüstere er unhörbar vor sich hin. Sein Kopf war ihm auf die Brust gesunken – aber ich wusste, dass er nicht schlief, denn wie mir ein flüchtiger Blick auf sein Profil verriet, waren seine Augen weit und starr geöffnet. Auch die Bewegtheit seines Körpers widersprach jener Annahme – denn er wiegte sich hin und her, mit einem sanften, aber stetigen und gleichförmigen Schaukeln. Dies alles rasch bemerkend, nahm ich nun die Erzählung Sir Launcelots wieder auf, die folgendermaßen weiterging:

»Und nun, da der Held der schrecklichen Wut des Drachen entronnen war, besann er sich auf den messingnen Schild und auf den darauf liegenden Zauber, den es zu brechen galt, räumte den Kadaver aus seinem Weg und schritt tapfer über das silberne Pflaster des Palastes hin zu dem Schild an der Wand; der fürwahr aber wartete nicht, bis er herangekommen war, sondern stürzte zu seinen Füßen auf den silbernen Boden nieder, mit mächtig großem, furchtbar schepperndem Getöse.«

No sooner had these syllables passed my lips, than–as if a shield of brass had indeed, at the moment, fallen heavily upon a floor of silver–I became aware of a distinct, hollow, metallic, and clangorous, yet apparently muffled reverberation. Completely unnerved, I leaped to my feet; but the measured rocking movement of Usher was undisturbed. I rushed to the chair in which he sat. His eyes were bent fixedly before him, and throughout his whole countenance there reigned a stony rigidity. But, as I placed my hand upon his shoulder, there came a strong shudder over his whole person; a sickly smile quivered about his lips; and I saw that he spoke in a low, hurried and gibbering murmur, as if unconscious of my presence. Bending closely over him, I at length drank in the hideous import of his words.

'Not hear it?–yes, I hear it, and *have* heard it. Long–long–long–many minutes, many hours, many days, have I heard it–yet I dared not–oh, pity me, miserable wretch that I am!–I dared *not*–I *dared* not speak! *We have put her living in the tomb!* Said I not that my senses were acute? I *now* tell you that I heard her first feeble movements in the hollow coffin. I heard them–many, many days ago–yet I dared not–*I dared not speak!* And now–to-night–Ethelred–ha! ha!–the breaking of the hermit's door, and the death-cry of the dragon, and the clangor of the shield!–say, rather, the rending of her coffin, and the grating of the iron hinges of her prison, and her struggles within the coppered archway of the vault! Oh whither shall I fly? Will she not be here anon? Is she not hurrying to upbraid me for my haste? Have I not heard her footstep on the stair? Do I not distinguish that heavy and horrible beating of her heart? Madman!'–here he sprang furiously to his feet, and shrieked out his syllables, as if in the

Kaum waren diese Worte über meine Lippen gekommen, da vernahm ich – als wäre wirklich in diesem Augenblick ein Schild von Messing schwer auf einen silbernen Boden gestürzt – einen deutlichen, hohlen, metallisch scheppernden, aber scheinbar gedämpften Widerhall. Völlig entnervt sprang ich auf die Füße; doch Ushers gemessen schaukelnde Bewegung dauerte unbeirrt fort. Ich hastete zu dem Stuhl, auf dem er saß. Sein Blick war starr geradeaus gerichtet, und steinerne Härte beherrschte seine Züge. Aber als ich meine Hand auf seine Schulter legte, befiel ein heftiger Schauder seine ganze Gestalt; ein kränkliches Lächeln umzuckte seine Lippen; und ich sah, dass er leise, gehetzt und stammelnd vor sich hinmurmelte, so als wisse er nichts von meiner Anwesenheit. Mich tief zu ihm hinabbeugend, erfasste ich schließlich die grässliche Bedeutung seiner Worte.

»Es nicht hören? – ja, ich höre es, und ich *habe* es gehört. Lang – lang – lang – viele Minuten, viele Stunden, viele Tage habe ich es gehört – doch wagte ich nicht – oh, bedaure mich, erbärmlicher Schuft, der ich bin! – Ich wagte nicht – ich *wagte* nicht zu reden! *Wir haben sie lebendig ins Grab gelegt!* Sagte ich nicht, meine Sinne seien scharf? *Jetzt* sage ich dir, dass ich ihre ersten kläglichen Regungen im dumpfen Sarge hörte. Ich hörte sie – vor vielen, vielen Tagen schon – doch ich wagte nicht – *ich wagte nicht zu reden!* – Und jetzt – heute Nacht – Ethelred – ha! ha! – das Zerschmettern der Tür des Eremiten, der Todesschrei des Drachen, das Scheppern des Schildes! – sag doch gleich: das Bersten ihres Sargs, das Kreischen der eisernen Angeln ihrer Kerkertür, ihr mühevolles Vorwärtstasten im kupfernen Gang des Gewölbes! Oh, wohin soll ich fliehen? Wird sie nicht gleich hier sein? Eilt sie nicht herbei, um mir meine Hast vorzuwerfen? Hab ich ihn nicht schon gehört, ihren Schritt auf der Treppe? Kann ich nicht bereits den schweren und schrecklichen Schlag ihres Herzens ausmachen? Wahnsinniger!« – hier sprang er wie rasend auf und schrie seine Silben he-

effort he were giving up his soul–*'Madman! I tell you that she now stands without the door!'*

As if in the superhuman energy of his utterance there had been found the potency of a spell–the huge antique pannels to which the speaker pointed, threw slowly back, upon the instant, their ponderous and ebony jaws. It was the work of the rushing gust–but then without those doors there *did* stand the lofty and enshrouded figure of the lady Madeline of Usher. There was blood upon her white robes, and the evidence of some bitter struggle upon every portion of her emaciated frame. For a moment she remained trembling and reeling to and fro upon the threshold–then, with a low moaning cry, fell heavily inward upon the person of her brother, and in her violent and now final deathagonies, bore him to the floor a corpse, and a victim to the terrors he had anticipated.

From that chamber, and from that mansion, I fled aghast. The storm was still abroad in all its wrath as I found myself crossing the old causeway. Suddenly there shot along the path a wild light, and I turned to see whence a gleam so unusual could have issued; for the vast house and its shadows were alone behind me. The radiance was that of the full, setting, and blood-red moon, which now shone vividly through that once barely-discernible fissure, of which I have before spoken as extending from the roof of the building, in a zigzag direction, to the base. While I gazed, this fissure rapidly widened–there came a fierce breath of the whirlwind–the entire orb of the satellite burst at once upon my sight–my brain reeled as I saw the mighty walls rushing asunder–there was a long tumultuous shouting sound like the voice of a thousand waters–and the deep and dank tarn at my feet closed sullenly and silently over the fragments of the *'House of Usher.'*

raus, als ließe er dabei seine Seele fahren – *»Wahnsinniger! Ich sage dir, genau jetzt steht sie draußen vor der Tür!«*

Als hätte sich in der übermenschlichen Energie seines Aufschreis die Macht eines Zaubers entfaltet – so öffneten im selben Augenblick die riesigen alten Türflügel, auf die der Sprecher wies, langsam ihre gewaltigen ebenhölzernen Kiefer. Es war das Werk des tosenden Sturms – draußen vor der Tür jedoch stand *leibhaftig* die hohe verhüllte Gestalt der Lady Madeline Usher. Blut war auf ihren weißen Gewändern, und die Spuren eines erbitterten Kampfes bedeckten jeden Teil ihres ausgezehrten Körpers. Sie blieb für einen Augenblick zitternd und taumelnd auf der Schwelle stehen – dann, mit einem leisen klagenden Schrei, sank sie schwer ins Zimmer an die Brust ihres Bruders, und in ihrem heftigen und nunmehr endgültigen Todeskampf riss sie ihn tot mit sich zu Boden – eine Leiche, und ein Opfer der Schrecken, die er vorausgeahnt hatte.

Ich floh aus jenem Zimmer und aus jenem Haus, gepackt von blankem Entsetzen. Noch immer tobte draußen der Sturm in all seiner Wut, als ich mich auf dem alten Dammweg wiederfand. Plötzlich schoss ein grell-wildes Licht den Pfad entlang, und ich wandte mich um, um zu sehen, woher ein so ungewöhnlicher Schimmer wohl kommen mochte; denn hinter mir lagen allein das riesige Haus und seine Schatten. Die Strahlen entstammten dem vollen, untergehenden und blutroten Mond, der jetzt hell durch den einst kaum erkennbaren Riss schien, der, wie ich schon vorher sagte, ausgehend vom Dach des Hauses, im Zickzack bis zu den Grundmauern lief. Noch während ich ihn anstarrte, weitete dieser Riss sich ungemein rasch – ein grimmiger Stoß des Wirbelsturms rauschte heran – das volle Rund des Erdtrabanten brach auf einmal sichtbar hervor – mir drehte sich alles im Kopf, als ich die gewaltigen Mauern entzweibersten sah – ich hörte ein langes tosendes Brüllen, das der Stimme von tausend Wassern glich – und der tiefe und sumpfige Tümpel zu meinen Füßen schloss sich düster und schweigend über den Trümmern des *›Hauses Usher‹*.

William Wilson

What say of it? What say of CONSCIENCE grim,
That spectre in my path?
Chamberlayne's *Pharonnida*

Let me call myself, for the present, William Wilson. The fair page now lying before me need not be sullied with my real appellation. This has been already too much an object for the scorn—for the horror—for the detestation of my race. To the uttermost regions of the globe have not the indignant winds bruited its unparalleled infamy? Oh, outcast of all outcasts most abandoned!—to the earth art thou not forever dead? to its honors, to its flowers, to its golden aspirations?—and a cloud, dense, dismal, and limitless, does it not hang eternally between thy hopes and heaven?

I would not, if I could, here or to-day, embody a record of my later years of unspeakable misery, and unpardonable crime. This epoch—these later years—took unto themselves a sudden elevation in turpitude, whose origin alone it is my present purpose to assign. Men usually grow base by degrees. From me, in an instant, all virtue dropped bodily as a mantle. From comparatively trivial wickedness I passed, with the stride of a giant, into more than the enormities of an Elah-Gabalus. What chance—what one event brought this evil thing to pass, bear with me while I relate. Death approaches; and the shadow which foreruns him has thrown a softening influence over my spirit. I long, in passing through the dim valley, for the sympathy—I had nearly said for the

William Wilson

Was nur sagen? Was vom grimm GEWISSEN,
Gespenst auf meinem Weg?
Chamberlayne, *Pharonnida*

Erlaubt, dass ich mich für diesmal William Wilson nenne. Das schöne Blatt, das hier vor mir liegt, braucht nicht mit meinem wahren Namen besudelt zu werden. Dieser ist schon allzu sehr ein Gegenstand der Schmähung – des Schreckens – des Abscheus gegenüber meinem Geschlecht gewesen. Haben nicht die aufgebrachten Winde seine beispiellose Schande bis in die entlegensten Regionen des Erdballs getragen? Oh, ausgestoßen noch aus den verworfensten aller Ausgestoßenen! – bist du der Welt nicht auf immer gestorben? ihren Ehren, ihren Blumen, ihren goldenen Sehnsüchten? – und eine Wolke, dicht, düster und grenzenlos, hängt sie nicht auf ewig zwischen deinen Hoffnungen und dem Himmel?

Selbst wenn ich es könnte, würde ich vermeiden, hier und heute einen Bericht zu geben von dem unaussprechlichen Elend und den unverzeihlichen Verbrechen meiner späteren Jahre. Diese Epoche – diese späteren Jahre – brachten eine plötzliche Steigerung der Schändlichkeit mit sich, allein deren Ursprung nachzugehen gegenwärtig meine Aufgabe ist. Für gewöhnlich wird der Mensch nur schrittweise schlechter. Von mir jedoch fiel alle Tugend schlagartig ab, buchstäblich wie ein Mantel. Von recht harmloser Schlechtigkeit ging ich mit riesenhaften Schritten über zu den Ungeheuerlichkeiten eines Elagabal. Welcher Zufall – welches eine Ereignis dieses Übel herbeiführte, habt Geduld, während ich davon berichte. Mir naht der Tod; und der Schatten, der ihm vorangeht, hat besänftigend auf meinen Geist eingewirkt. Ich sehne mich, da ich nun das düstere Tal durchschreite, nach der Anteil-

pity–of my fellow men. I would fain have them believe that I have been, in some measure, the slave of circumstances beyond human control. I would wish them to seek out of me, in the details I am about to give, some little oasis of *fatality* amid a wilderness of error. I would have them allow–what they cannot refrain from allowing–that, although temptation may have ere-while existed as great, man was never *thus,* at least, tempted before–certainly, never *thus* fell. And is it therefore that he has never thus suffered? Have I not indeed been living in a dream? And am I not now dying a victim to the horror and the mystery of the wildest of all sublunary visions?

I am the descendant of a race whose imaginative and easily excitable temperament has at all times rendered them remarkable; and, in my earliest infancy, I gave evidence of having fully inherited the family character. As I advanced in years it was more strongly developed; becoming, for many reasons, a cause of serious disquietude to my friends, and of positive injury to myself. I grew self-willed, addicted to the wildest caprices, and a prey to the most ungovernable passions. Weak-minded, and beset with constitutional infirmities akin to my own, my parents could do but little to check the evil propensities which distinguished me. Some feeble and ill-directed efforts resulted in complete failure on their part, and, of course, in total triumph on mine. Thenceforward my voice was a household law; and at an age when few children have abandoned their leading-strings, I was left to the guidance of my own will, and became, in all but name, the master of my own actions.

nahme – ich hätte fast gesagt, nach dem Mitleid – meiner Mitmenschen. Ich würde ihnen gern glaubhaft versichern, dass ich in gewissem Grad der Sklave von Umständen gewesen bin, die jenseits menschlicher Kontrolle liegen. Ich würde mir wünschen, dass sie, durch die Einzelheiten, die ich hier schildern will, an mir eine kleine Oase der *Verhängnisses* ausfindig machen inmitten einer Wüstenei der Verfehlung. Ich würde wollen, dass sie zugeben – was zuzugeben sie nicht umhinkönnen –, dass, wenngleich ähnlich große Versuchungen auch schon vordem existiert haben mögen, zumindest kein Mensch vor mir *so* versucht wurde – sicher aber nie auf *solche* Weise fiel. Und liegt es daran, dass nie jemand so gelitten hat? Habe ich nicht tatsächlich in einem Traum gelebt? Und sterbe ich nun nicht als ein Opfer des Schreckens und der Rätselhaftigkeit der wildesten aller weltlichen Visionen?

Ich bin der Abkömmling eines Geschlechts, dessen erfinderisches und leicht erregbares Temperament es seit jeher bemerkenswert gemacht hat; und schon in frühster Kindheit zeigten sich Hinweise, dass ich ein echter Erbe dieser Familienveranlagung war. Während ich älter wurde, prägte sie sich immer stärker aus; und sie wurde, aus vielerlei Gründen, zu einer Quelle ernster Beunruhigung für meine Freunde und tatsächlichen Schadens für mich. Ich wurde eigensinnig, war den wildesten Launen ausgeliefert und wurde zur Beute der unbeherrschbarsten Leidenschaften. Meine Eltern, wankelmütig und befallen von einer grundsätzlichen Schwächlichkeit ganz ähnlich der meinen, konnten nur wenig tun, um die üblen Neigungen, die mich auszeichneten, in Schranken zu halten. Einige kümmerliche und ungeschickte Versuche endeten für sie in völligen Fehlschlägen und, natürlich, für mich im totalen Triumph. Von nun an galt mein Wort als Gesetz im Haus; und in einem Alter, in dem nur wenige Kinder sich von ihren Gängelbändern losgemacht haben, war ich der Führung meines eigenen Willens überlassen und wurde in allem, bis auf den Namen, der Herr meines Tuns.

My earliest recollections of a school-life are connected with a large, rambling, Elizabethan house, in a misty-looking village of England, where were a vast number of gigantic and gnarled trees, and where all the houses were excessively ancient. In truth, it was a dream-like and spirit-soothing place, that venerable old town. At this moment, in fancy, I feel the refreshing chilliness of its deeply-shadowed avenues, inhale the fragrance of its thousand shrubberies, and thrill anew with undefinable delight, at the deep hollow note of the church-bell, breaking, each hour, with sullen and sudden roar, upon the stillness of the dusky atmosphere in which the fretted Gothic steeple lay imbedded and asleep.

It gives me, perhaps, as much of pleasure as I can now in any manner experience, to dwell upon minute recollections of the school and its concerns. Steeped in misery as I am—misery, alas! only too real—I shall be pardoned for seeking relief, however slight and temporary, in the weakness of a few rambling details. These, moreover, utterly trivial, and even ridiculous in themselves, assume, to my fancy, adventitious importance, as connected with a period and a locality when and where I recognise the first ambiguous monitions of the destiny which afterwards so fully over-shadowed me. Let me then remember.

The house, I have said, was old and irregular. The grounds were extensive, and a high and solid brick wall, topped with a bed of mortar and broken glass, encompassed the whole. This prison-like rampart formed the limit of our domain; beyond it we saw but thrice a week—once every Saturday afternoon, when, attended by two ushers, we were permitted to take brief walks in a body through some of the neighboring fields—and twice during

Meine ersten Erinnerungen an ein Schulleben sind mit einem großen, weitläufigen elisabethanischen Haus in einem vernebelt wirkenden Dorf in England verknüpft, wo es eine ungeheure Anzahl gigantischer und knorriger Bäume gab und sämtliche Häuser uralt waren. Wirklich, es war ein traumhafter und beruhigender Ort, dieses ehrwürdige alte Städtchen. Selbst jetzt noch spüre ich die erfrischende Kühle seiner tiefverschatteten Alleen, atme ich den Duft seiner tausend Büsche und Hecken und erschauere ich erneut mit unbeschreiblicher Wonne unter dem tiefdunklen Ton der dröhnenden Kirchenglocke, der jede Stunde düster und jäh die Stille des dämmrigen Dunstes zerbrach, in den eingebettet der verzierte gotische Kirchturm schlafend dalag.

Vielleicht bereitet mir das Verweilen bei diesen minuziösen Erinnerungen an die Schule und ihre Belange genau das Maß an Freude, dessen ich jetzt überhaupt noch fähig bin. Mir, der ich so tief im Elend stecke – ein Elend, ach! nur allzu wirklich –, wird man wohl verzeihen, dass ich, so klein und befristet sie auch sein mag, Erholung suche in der Flüchtigkeit einiger nur lose verbundener Details. Mehr noch, eben diese erlangen, so äußerst banal und sogar lächerlich sie eigentlich sind, in meiner Einbildung eine Art wildwachsende Bedeutsamkeit, da sie verknüpft sind mit einer Zeit und einem Ort, in der und in dem ich die ersten verschwommenen Warnzeichen jenes Schicksals erkenne, das mich später so völlig überschattete. Erlaubt mir also, mich zu erinnern.

Das Haus war, ich sagte es schon, alt und unregelmäßig gebaut. Das Grundstück dehnte sich weithin aus und war umschlossen von einer hohen soliden Backsteinmauer, darauf Glasbruch in einem Mörtelbett. Dieser gefängnisartige Wall bildete die Grenze unseres Reichs; was jenseits lag, sahen wir nur dreimal in der Woche – einmal jeden Samstagnachmittag, wenn wir, begleitet von zwei Hilfslehrern, in Reih und Glied kurze Spaziergänge in die angrenzenden Felder machen durften – und zwei-

Sunday, when we were paraded in the same formal manner to the morning and evening service in the one church of the village. Of this church the principal of our school was pastor. With how deep a spirit of wonder and perplexity was I wont to regard him from our remote pew in the gallery, as, with step solemn and slow, he ascended the pulpit! This reverend man, with countenance so demurely benign, with robes so glossy and so clerically flowing, with wig so minutely powdered, so rigid and so vast,—could this be he who, of late, with sour visage, and in snuffy habiliments, administered, ferule in hand, the Draconian Laws of the academy? Oh, gigantic paradox, too utterly monstrous for solution!

At an angle of the ponderous wall frowned a more ponderous gate. It was riveted and studded with iron bolts, and surmounted with jagged iron spikes. What impressions of deep awe did it inspire! It was never opened save for the three periodical egressions and ingressions already mentioned; then, in every creak of its mighty hinges, we found a plenitude of mystery—a world of matter for solemn remark, or for more solemn meditation.

The extensive enclosure was irregular in form, having many capacious recesses. Of these, three or four of the largest constituted the play-ground. It was level, and covered with fine hard gravel. I well remember it had no trees, nor benches, nor anything similar within it. Of course it was in the rear of the house. In front lay a small parterre, planted with box and other shrubs; but through this sacred division we passed only upon rare occasions indeed—such as a first advent to school or final departure thence, or perhaps, when a parent or friend having called for us, we joyfully took our way home for the Christmas or Midsummer holydays.

mal des Sonntags, wenn man uns in der gleichen Ordnung zum Morgen- und Abendgottesdienst in die einzige Kirche im Dorf marschieren ließ. Der Pfarrer dieser Kirche war unser Schulvorsteher. Mit welch tiefer Verwunderung und Verblüffung pflegte ich ihn von unseren entlegenen Bänken auf der Empore aus zu betrachten, wenn er, mit feierlich gemessenem Schritt, zur Kanzel hinaufstieg! Dieser ehrwürdige Mann mit den so sittsam-gütigen Zügen, mit den so glanzvollen, geistlich wallenden Gewändern, mit der so sorgsam gepuderten, so steifen und so riesigen Perücke – konnte das derselbe sein, der kurz zuvor noch mit säuerlicher Miene und in tabakbeschmutzter Kleidung, den Rohrstock in der Hand, die drakonischen Gesetze der Lehranstalt verwaltete? Oh, ungeheures Paradox, allzu monströs für eine Lösung!

In einem Winkel der gewaltigen Mauer drohte ein noch gewaltigeres Tor. Es war vernietet und beschlagen mit eisernen Bolzen und von gezackten Eisenspießen überragt. Welche Gefühle tiefer Ehrfurcht es einflößte! Es wurde nie geöffnet, außer für die drei bereits erwähnten regelmäßigen Aus- und Einzüge; dann aber fanden wir in jedem Kreischen seiner mächtigen Angeln eine Fülle des Geheimnisvollen – eine Welt voller Stoff für ernste Äußerungen oder noch ernstere Einkehr.

Die weitläufige Einfriedung war von unregelmäßiger Form und bot so etliche geräumige Nischen. Von diesen bildeten drei oder vier der größten den Schulhof. Er war eben und mit feinem harten Kies bedeckt. Ich erinnere mich gut, weder Bäume noch Bänke noch sonst etwas Ähnliches befanden sich dort. Natürlich lag er hinter dem Haus. Davor lag ein kleines Parterregärtchen, mit Buchsbaum und anderen Sträuchern bepflanzt; doch diesen geheiligten Teil durchschritten wir nur zu wirklich seltenen Anlässen – etwa bei der ersten Ankunft in der Schule oder der endgültigen Abreise von dort, oder vielleicht, wenn Eltern oder Freunde uns abholten und wir uns freudestrahlend zu den Weihnachts- oder Sommerferien auf den Heimweg machten.

But the house!–how quaint an old building was this!–to me how veritably a palace of enchantment! There was really no end to its windings–to its incomprehensible subdivisions. It was difficult, at any given time, to say with certainty upon which of its two stories one happened to be. From each room to every other there were sure to be found three or four steps either in ascent or descent. Then the lateral branches were innumerable–inconceivable–and so returning in upon themselves, that our most exact ideas in regard to the whole mansion were not very far different from those with which we pondered upon infinity. During the five years of my residence here, I was never able to ascertain with precision, in what remote locality lay the little sleeping apartment assigned to myself and some eighteen or twenty other scholars.

The school-room was the largest in the house–I could not help thinking, in the world. It was very long, narrow, and dismally low, with pointed Gothic windows and a ceiling of oak. In a remote and terror-inspiring angle was a square enclosure of eight or ten feet, comprising the *sanctum,* 'during hours,' of our principal, the Reverend Dr Bransby. It was a solid structure, with massy door, sooner than open which in the absence of the 'Dominie,' we would all have willingly perished by the *peine forte et dure* In other angles were two other similar boxes, far less reverenced, indeed, but still greatly matters of awe. One of these was the pulpit of the 'classical' usher, one of the 'English and mathematical.' Interspersed about the room, crossing and recrossing in endless irregularity, were innumerable benches and desks, black, ancient, and time-worn, piled desperately with much-bethumbed books, and so beseamed with intitial letters, names at full length, grotesque figures, and other multiplied efforts of the

Aber das Haus! – was war das für ein wunderlicher alter Bau! – und was für ein wahrhafter Zauberpalast für mich! Es nahm wirklich kein Ende mit seinen Windungen – mit seinen unbegreiflichen Unterteilungen. Stets war es schwierig, mit Gewissheit zu sagen, in welchem seiner beiden Stockwerke man sich denn nun gerade befand. Man konnte sicher sein, von einem Zimmer zum anderen immer drei oder vier Stufen hinauf oder hinunter zu müssen. Dann gab es zahllose Seitengänge – unüberschaubar –, die derart in- und umeinanderliefen, dass die exaktesten Vorstellungen, die wir hinsichtlich des ganzen Hauses hatten, nicht allzu verschieden waren von denen, die wir uns von der Unendlichkeit machten. Während der fünf Jahre, die ich hier verlebte, konnte ich niemals präzise ermitteln, in welchem entlegenen Winkel der kleine Schlafsaal lag, der mir und etwa achtzehn oder zwanzig anderen Schülern zugewiesen war.

Das Schulzimmer war das größte im Haus – sogar, wie ich dachte, in der ganzen Welt! Es war sehr lang, schmal und bedrückend niedrig, mit gotischen Spitzbogenfenstern und einer Decke aus Eichenholz. In einer entfernten, Schrecken einflößenden Ecke befand sich ein Verschlag von acht oder zehn Fuß im Quadrat, der während der Unterrichtsstunden das *sanctum* unseres Schulvorstehers, des Reverend Dr. Bransby, umschloss. Jener war solide gebaut, mit einer massiven Tür, und bevor wir gewagt hätten, diese in Abwesenheit des ›Dominie‹ zu öffnen, wären wir lieber unter der *peine forte et dure* zugrunde gegangen. In anderen Winkeln standen zwei ähnliche Kästen, weit weniger verehrt zwar, doch noch immer gehörig geachtet. Einer davon war das Katheder des ›klassischen‹ Hilfslehrers, der andere das für den Hilfslehrer ›Englisch und Mathematik‹. Im Raum verstreut, kreuz und quer in endloser Unordnung, standen zahllose Bänke und Pulte, schwarz, alt und abgenutzt, rettungslos überhäuft mit abgegriffenen Büchern und derart mit Initialen, ganzen Namen, grotesken Figuren und einer Vielzahl anderer Schnitzübungen

knife, as to have entirely lost what little of original form might have been their portion in days long departed. A huge bucket with water stood at one extremity of the room, and a clock of stupendous dimensions at the other.

Encompassed by the massy walls of this venerable academy, I passed, yet not in tedium or disgust, the years of the third lustrum of my life. The teeming brain of childhood requires no external world of incident to occupy or amuse it; and the apparently dismal monotony of a school was replete with more intense excitement than my riper youth has derived from luxury, or my full manhood from crime. Yet I must believe that my first mental development had in it much of the uncommon–even much of the *outré*. Upon mankind at large the events of very early existence rarely leave in mature age any definite impression. All is gray shadow–a weak and irregular remembrance–an indistinct regathering of feeble pleasures and phantasmagoric pains. With me this is not so. In childhood I must have felt with the energy of a man what I now find stamped upon memory in lines as vivid, as deep, and as durable as the *exergues* of the Carthaginian medals.

Yet in fact–in the fact of the world's view–how little was there to remember! The morning's awakening, the nightly summons to bed; the connings, the recitations; the periodical half-holidays, and perambulations; the play-ground, with its broils, its pastimes, its intrigues;–these, by a mental sorcery long forgotten, were made to involve a wilderness of sensation, a world of rich incident, an universe of varied emotion, of excitement the most

übersät, dass sie das bisschen an ursprünglicher Form, das sie in längst vergangenen Tagen besessen haben mochten, vollständig eingebüßt hatten. Am einen Ende des Saals stand ein riesiger Eimer mit Wasser, am anderen eine Uhr von erstaunlichen Ausmaßen.

Umschlossen von den massigen Mauern dieser ehrwürdigen Lehranstalt, verbrachte ich, doch weder in Überdruss noch Widerwillen, die Jahre des dritten Lustrums meines Lebens. Der quirlige Verstand der Kindheit bedarf keiner äußerlichen Welt der Ereignisse, um sich zu beschäftigen oder zu amüsieren; und die scheinbar so trübe Eintönigkeit einer Schule war gesättigt mit intensiveren Erregungen, als sie meine reifere Jugend aus dem Luxus oder mein volles Mannesalter aus dem Verbrechen schöpfte. Ich muss allerdings annehmen, dass meine frühe geistige Entwicklung viel des Ungewöhnlichen – sogar des *outré* – in sich trug. Bei den meisten Menschen hinterlassen die Erlebnisse der frühesten Kindheit kaum irgendwelche genauen Eindrücke, die sich bis ins Erwachsenenalter erhalten. Alles ist schattenhaft grau – ein schwaches und flatterhaftes Erinnern – ein unbestimmtes Zusammensuchen matter Freuden und eingebildeter Schmerzen. Bei mir ist das nicht so. Ich muss schon als Kind mit der Energie eines Mannes all das empfunden haben, was ich noch jetzt meinem Gedächtnis mit solch lebendigen, solch tiefen und dauerhaften Linien eingeprägt finde wie die *exergues* auf den karthagischen Gedenkmünzen.

Doch wie wenig – wenig nur in den Augen der Welt – gab es eigentlich da zu erinnern! Das allmorgendliche Wecken, am Abend der Aufruf zur Bettruhe; das Auswendiglernen und Herunterbeten; die regelmäßigen schulfreien Nachmittage und Wanderausflüge; der Schulhof mit seinem Gezänk, seinem Zeitvertreib, seinen Intrigen – all dies war, durch einen längst vergessenen Gedankenzauber, wie dafür geschaffen, einen Ozean von Sinneseindrücken zu umspannen, eine Welt reichen Gesche-

passionate and spirit-stirring. *'Oh, le bon tempi, que ce siècle de fer!'*

In truth, the ardor, the enthusiasm, and the imperiousness of my disposition, soon rendered me a marked character among my schoolmates, and by slow, but natural gradations, gave me an ascendancy over all not greatly older than myself;–over all with a single exception. This exception was found in the person of a scholar, who, although no relation, bore the same Christian and surname as myself;–a circumstance, in fact, little remarkable; for, notwithstanding a noble descent, mine was one of those everyday appellations which seem, by prescriptive right, to have been, time out of mind, the common property of the mob. In this narrative I have therefore designated myself as William Wilson,–a fictitious title not very dissimilar to the real. My namesake alone, of those who in school-phraseology constituted 'our set,' presumed to compete with me in the studies of the class–in the sports and broils of the play-ground–to refuse implicit belief in my assertions, and submission to my will–indeed, to interfere with my arbitrary dictation in any respect whatsoever. If there is on earth a supreme and unqualified despotism, it is the despotism of a master-mind in boyhood over the less energetic spirits of its companions.

Wilson's rebellion was to me a source of the greatest embarrassment; the more so as, in spite of the bravado with which in public I made a point of treating him and his pretensions, I secretly felt that I feared him, and could not help thinking the equality which he maintained so easily with myself, a proof of his true superiority; since not to be overcome cost me a perpetual struggle. Yet this

hens, ein ganzes Universum mannigfaltiger Gefühle, höchst leidenschaftlicher und den Geist beflügelnder Erregung. ›*Oh, le bon temps, que ce siècle de fer!*‹

Es ist wahr, der Feuereifer, der Enthusiasmus und die Herrschsucht meiner Veranlagung machten mich bald zu einer hervorstechenden Figur unter meinen Schulkameraden und verschafften mir nach und nach, langsam, aber ganz natürlich, eine Vorrangstellung gegenüber allen, die nicht viel älter waren als ich selbst – gegenüber allen, mit einer einzigen Ausnahme. Diese Ausnahme war ein Schüler, der, obwohl kein Verwandter, doch den gleichen Vor- und Zunamen führte wie ich selbst – ein eigentlich nicht allzu bedeutender Umstand; denn ungeachtet der adligen Abstammung trug ich einen jener Allerweltsnamen, die seit undenklichen Zeiten durch irgendeine Rechtsvorschrift das Gemeingut des Pöbels zu sein scheinen. In dieser Erzählung habe ich mich daher William Wilson genannt – ein fiktiver Name, meinem wirklichen nicht unähnlich. Von all denen, die, wie es im Schuljargon heißt, ›unsere Bande‹ bildeten, wagte es allein mein Namensvetter, mit mir im Unterricht zu wetteifern – ebenso beim Sport und bei den Raufereien auf dem Schulhof –, meinen Behauptungen keinen Glauben zu schenken, sich meinem Willen zu widersetzen – sich tatsächlich in jeder erdenklichen Hinsicht gegen meine ehrgeizige Führerschaft aufzulehnen. Wenn es aber auf Erden einen überlegenen und unumschränkten Despotismus gibt, so ist es der eines kindlichen Herrschergeistes über seine weniger willensstarken Gefährten.

Wilsons Widerstand war für mich eine Quelle der größten Verlegenheit; umso mehr, da ich trotz der prahlerischen Großtuerei, mit der ich ihn und seine Anmaßungen vor den anderen behandelte, im Geheimen fühlte, dass ich ihn fürchtete und nicht anders konnte, als seine so mühelos behauptete Ebenbürtigkeit für einen Beweis seiner eigentlichen Überlegenheit zu halten; denn nicht von ihm überflügelt zu werden, kostete mich beständige An-

superiority—even this equality—was in truth acknowledged by no one but myself; our associates, by some unaccountable blindness, seemed not even to suspect it. Indeed, his competition, his resistance, and especially his impertinent and dogged interference with my purposes, were not more pointed than private. He appeared to be destitute alike of the ambition which urged, and of the passionate energy of mind which enabled me to excel. In his rivalry he might have been supposed actuated solely by a whimsical desire to thwart, astonish, or mortify myself; although there were times when I could not help observing, with a feeling made up of wonder, abasement, and pique, that he mingled with his injuries, his insults, or his contradictions, a certain most inappropriate, and assuredly most unwelcome *affectionateness* of manner. I could only conceive this singular behavior to arise from a consummate self-conceit assuming the vulgar airs of patronage and protection.

Perhaps it was this latter trait in Wilson's conduct, conjoined with our identity of name, and the mere accident of our having entered the school upon the same day, which set afloat the notion that we were brothers, among the senior classes in the academy. These do not usually inquire with much strictness into the affairs of their juniors. I have before said, or should have said, that Wilson was not, in the most remote degree, connected with my family. But assuredly if we *had* been brothers we must have been twins; for, after leaving Dr Bransby's, I casually learned that my namesake was born on the nineteenth of January, 1813—and this is a somewhat remarkable coincidence; for the day is precisely that of my own nativity.

strengung. Doch diese Überlegenheit – oder auch nur Ebenbürtigkeit – wurde in Wahrheit von niemandem außer mir selbst bemerkt; unsere Kameraden schienen sie in unerklärlicher Blindheit nicht einmal zu erahnen. Allerdings waren sein Wetteifer, sein Widerstand und besonders sein impertinentes und hartnäckiges Durchkreuzen meiner Pläne ebenso zielgerichtet wie unauffällig. Es hatte den Anschein, als mangelte es ihm sowohl an dem Ehrgeiz, der mich umtrieb, als auch an der leidenschaftlichen Willenskraft, die mich fähig machte, andere auszustechen. Man hätte glauben können, seine Rivalität sei nur in Gang gesetzt worden durch das launische Bedürfnis, mir in die Quere zu kommen, mein Erstaunen zu wecken oder mich zu kränken; obwohl ich beizeiten mit einem Gefühl von Verwunderung, Erniedrigung und Verletztheit feststellen musste, dass er seine Angriffe, Beleidigungen und Widerreden mit einer gewissen äußerst unangebrachten und ganz sicher höchst unwillkommenen *Zuneigung* vermischte. Ich konnte mir dieses eigenartige Benehmen nur als die Folge eines ausgeprägten Eigendünkels erklären, der in der gemeinen Maske des Gönners und Beschützers auftrat.

Vielleicht war es dieser letztere Zug in Wilsons Verhalten, verbunden mit der Übereinstimmung unserer Namen und dem bloß zufälligen Umstand, dass wir beide am gleichen Tag in die Schule eingetreten waren, was bei den oberen Klassen der Lehranstalt die Meinung in Umlauf gebracht hatte, wir seien Brüder. Jene pflegten sich im Allgemeinen nicht allzu genau mit den Angelegenheiten der Jüngeren zu befassen. Ich habe schon vorher gesagt, oder hätte es sagen sollen, dass Wilson nicht im Entferntesten mit meiner Familie verwandt war. Doch *wären* wir Brüder gewesen, so hätten wir Zwillinge sein müssen; denn nachdem ich Dr. Bransbys Anstalt verlassen hatte, erfuhr ich ganz beiläufig, dass mein Namensvetter am 19. Januar 1813 geboren war – und das ist nun ein einigermaßen merkwürdiger Zufall; denn dies ist exakt das Datum meiner eigenen Geburt.

It may seem strange that in spite of the continual anxiety occasioned me by the rivalry of Wilson, and his intolerable spirit of contradiction, I could not bring myself to hate him altogether. We had, to be sure, nearly every day a quarrel in which, yielding me publicly the palm of victory, he, in some manner, contrived to make me feel that it was he who had deserved it; yet a sense of pride on my part, and a veritable dignity on his own, kept us always upon what are called 'speaking terms,' while there were many points of strong congeniality in our tempers, operating to awake in me a sentiment which our position alone, perhaps, prevented from ripening into friendship. It is difficult, indeed, to define, or even to describe, my real feelings towards him. They formed a motley and heterogeneous admixture;–some petulant animosity, which was not yet hatred, some esteem, more respect, much fear, with a world of uneasy curiosity. To the moralist it will be unnecessary to say, in addition, that Wilson and myself were the most inseparable of companions.

It was no doubt the anomalous state of affairs existing between us, which turned all my attacks upon him, (and they were many, either open or covert) into the channel of banter or practical joke (giving pain while assuming the aspect of mere fun) rather than into a more serious and determined hostility. But my endeavors on this head were by no means uniformly successful, even when my plans were the most wittily concocted; for my namesake had much about him, in character, of that unassuming and quiet austerity which, while enjoying the poignancy of its own jokes, has no heel of Achilles in itself, and absolutely refuses to be laughed at. I could find, indeed, but one vulnerable

Es mag seltsam erscheinen, dass ich es trotz der ständigen Besorgnis, in die mich die Rivalität Wilsons versetzte, und trotz seines unerträglichen Widerspruchsgeistes nicht über mich bringen konnte, ihn wirklich zu hassen. Gewiss, wir hatten fast täglich Streit miteinander, und auch wenn er dann öffentlich mir die Siegespalme überließ, so verstand er sich trotzdem darauf, mich irgendwie fühlen zu lassen, dass eigentlich er derjenige war, der sie verdiente; doch ein gewisser Stolz meinerseits und wahrhafte Würde seinerseits hielten uns im Bereich der sogenannten ›Bekanntschaft‹, während unsere Gemüter doch so manche Anzeichen einer Seelenverwandtschaft zeigten und dadurch in mir eine Empfindung geweckt wurde, die vielleicht bloß unser Rang daran hinderte, zur Freundschaft heranzureifen. Es ist in der Tat schwierig, die wahren Gefühle, die ich ihm entgegenbrachte, zu bestimmen oder auch nur zu beschreiben. Es war ein buntes und widersprüchliches Gemisch – ein wenig trotzige Feindseligkeit, die dennoch kein Hass war, ein bisschen Achtung, mehr Respekt, viel Furcht und eine ganze Welt voll unruhiger Neugier. Für den Seelenkenner ist es unnötig hinzuzufügen, dass Wilson und ich die unzertrennlichsten Gefährten waren.

Zweifellos lag es an diesem außergewöhnlichen Stand der Dinge zwischen uns, dass alle meine Angriffe auf ihn (und es gab deren genug, sowohl offene als auch versteckte) eher ins Gleis harmloser Neckereien oder Streiche gelenkt wurden (die wehtaten, auch wenn sie als bloßer Scherz daherkamen), als dass sie zu einer ernsthafteren und entschiedeneren Feindschaft führten. Doch meine Bestrebungen in dieser Richtung waren keineswegs immer erfolgreich, selbst wenn meine Pläne noch so geistreich ausgeheckt waren; denn im Wesen meines Namensvetters lag viel von jener bescheidenen und ruhigen Zurückhaltung, die zwar sichtlich die Schärfe des eigenen Witzes genießt, dabei jedoch selbst keine Achillesferse hat und sich daher schlicht nicht auslachen lässt. Ich konnte tatsächlich nur einen wunden Punkt

point, and that, lying in a personal peculiarity, arising, perhaps, from constitutional disease, would have been spared by any antagonist less at his wit's end than myself;–my rival had a weakness in the faucial or guttural organs, which precluded him from raising his voice at any time *above a very low whisper.* Of this defect I did not fail to take what poor advantage lay in my power.

Wilson's retaliations in kind were many; and there was one form of his practical wit that disturbed me beyond measure. How his sagacity first discovered at all that so petty a thing would vex me, is a question I never could solve; but, having discovered, he habitually practised the annoyance. I had always felt aversion to my uncourtly patronymic, and its very common, if not plebeian prænomen. The words were venom in my ears; and when, upon the day of my arrival, a second William Wilson came also to the academy, I felt angry with him for bearing the name, and doubly disgusted with the name because a stranger bore it, who would be the cause of its twofold repetition, who would be constantly in my presence, and whose concerns, in the ordinary routine of the school business, must inevitably, on account of the detestable coincidence, be often confounded with my own.

The feeling of vexation thus engendered grew stronger with every circumstance tending to show resemblance, moral or physical, between my rival and myself. I had not then discovered the remarkable fact that we were of the same age; but I saw that we were of the same height, and I perceived that we were even singularly alike in general contour of person and outline of feature. I was galled, too, by the rumor touching a relationship, which had

an ihm entdecken, der, in einer körperlichen Eigenheit liegend, die vielleicht von einem angeborenen Leiden herrührte, wohl von jedem anderen Gegner verschont worden wäre, der weniger am Ende seiner Weisheit war als ich – mein Rivale litt an einer Schwäche der Kehl- oder Sprechorgane, die ihn daran hinderte, seine Stimme jemals *über ein sehr leises Flüstern* zu erheben. Ich versäumte nicht, aus diesem Gebrechen so viel erbärmlichen Vorteil zu ziehen, wie in meiner Macht stand.

Wilson zahlte es mir vielfach mit gleicher Münze zurück; und es gab eine Form seines handfesten Witzes, die mich über alle Maßen ärgerte. Wie sein Scharfsinn überhaupt erst darauf kam, dass eine solch nichtige Winzigkeit mich ärgern würde, ist eine Frage, die ich nie zu lösen vermochte; als er die Sache aber einmal entdeckt hatte, machte er es sich zur Gewohnheit, mich damit zu plagen. Schon immer hatte ich eine Abneigung gegen meinen unfeinen Familiennamen und den sehr gewöhnlichen, wenn nicht gar plebejischen Vornamen empfunden. Die Worte waren Gift in meinen Ohren; und als am Tag meiner Ankunft noch ein zweiter William Wilson in die Lehranstalt eintrat, war ich wütend auf ihn, weil er diesen Namen trug, und doppelt angewidert vom Namen selbst, weil ein Fremder ihn führte, der die Ursache seiner zweifachen Wiederholung sein würde, den ich beständig um mich hätte und dessen Angelegenheiten, im normalen Ablauf des Schulalltags, infolge jenes abscheulichen Zufalls ganz unvermeidlich mit den meinigen durcheinandergebracht werden mussten.

Die solcherart entstandene Verärgerung wuchs mit jedem Umstand, der auch nur ansatzweise eine Ähnlichkeit, ob geistig oder körperlich, zwischen meinem Rivalen und mir zutage brachte. Ich hatte damals noch nicht die bemerkenswerte Tatsache entdeckt, dass wir gleichaltrig waren; aber ich sah, dass wir die gleiche Größe hatten, und ich bemerkte, dass wir uns sogar im allgemeinen Körperbau und in den Gesichtszügen auffällig ähnelten. Auch ärgerte mich das in den oberen Klassen umlau-

grown current in the upper forms. In a word, nothing could more seriously disturb me, (although I scrupulously concealed such disturbance,) than any allusion to a similarity of mind, person, or condition existing between us. But, in truth, I had no reason to believe that (with the exception of the matter of relationship, and in the case of Wilson himself), this similarity had ever been made a subject of comment, or even observed at all by our schoolfellows. That *he* observed it in all its bearings, and as fixedly as I, was apparent; but that he could discover in such circumstances so fruitful a field of annoyance, can only be attributed, as I said before, to his more than ordinary penetration.

His cue, which was to perfect an imitation of myself, lay both in words and in actions; and most admirably did he play his part. My dress it was an easy matter to copy; my gait and general manner were, without difficulty, appropriated; in spite of his constitutional defect, even my voice did not escape him. My louder tones were, of course, unattempted, but then the key, it was identical; *and his singular whisper, it grew the very echo of my own.*

How greatly this most exquisite portraiture harassed me, (for it could not justly be termed a caricature,) I will not now venture to describe. I had but one consolation—in the fact that the imitation, apparently, was noticed by myself alone, and that I had to endure only the knowing and strangely sarcastic smiles of my namesake himself. Satisfied with having produced in my bosom the intended effect, he seemed to chuckle in secret over the sting he had inflicted, and was characteristically disregardful of the public applause which the success of his witty endeavors might have so easily

fende Gerücht, wir seien miteinander verwandt. Mit einem Wort, nichts konnte mich ernsthafter verstören (wenngleich ich diese Verstörung sorgfältig verbarg) als irgendeine Anspielung auf eine geistige, körperliche oder in der Herkunft begründete Ähnlichkeit zwischen uns. Eigentlich jedoch hatte ich keinen Grund anzunehmen, dass (mit Ausnahme des Gerüchts unserer Verwandtschaft und abgesehen von Wilson selbst) diese Ähnlichkeit von unseren Schulkameraden jemals zum Thema gemacht oder überhaupt nur von ihnen bemerkt wurde. Dass *er* sie bemerkte in all ihrer Tragweite, und zwar ebenso deutlich wie ich selbst, war offensichtlich; dass er aber in diesen Dingen ein so fruchtbares Feld für seine Quälereien fand, kann, wie ich schon sagte, nur seinem außergewöhnlichen Scharfsinn zugeschrieben werden.

Der Trick, mit dem er eine perfekte Imitation von mir erzeugen wollte, lag in beidem, in Worten und in Bewegungen; und er spielte seine Rolle wirklich höchst bewundernswert. Meine Kleidung zu kopieren, war ein Leichtes; mein Gang und mein allgemeines Verhalten ließen sich ohne Schwierigkeit nachahmen; und trotz seines angeborenen Mankos entging ihm nicht einmal meine Stimme. Meine lauteren Töne blieben ihm natürlich versagt, doch der Tonfall, er war identisch; *und sein seltsames Geflüster, es wurde das vollkommene Echo meines eigenen.*

Wie sehr dieses vortrefflich gelungene Porträt mich quälte (denn als Karikatur konnte man es gerechterweise nicht bezeichnen), will ich jetzt nicht zu beschreiben wagen. Ich hatte lediglich einen Trost – die Tatsache, dass diese Imitation anscheinend nur von mir selbst wahrgenommen wurde und dass ich einzig das wissende und seltsam sarkastische Lächeln meines Namensvetters zu erdulden hatte. Befriedigt darüber, in meiner Brust die gewünschte Wirkung erzielt zu haben, schien er insgeheim in sich hineinzulachen über den glücklich gesetzten Stich und war bezeichnenderweise gleichgültig gegen den öffentlichen Beifall, den der Erfolg seiner geistreich-witzigen Bemühungen doch so leicht

elicited. That the school, indeed, did not feel his design, perceive its accomplishment, and participate in his sneer, was, for many anxious months, a riddle I could not resolve. Perhaps the *gradation* of his copy rendered it not so readily perceptible; or, more possibly, I owed my security to the masterly air of the copyist, who, disdaining the letter, (which in a painting is all the obtuse can see,) gave but the full spirit of his original for my individual contemplation and chagrin.

I have already more than once spoken of the disgusting air of patronage which he assumed toward me, and of his frequent officious interference with my will. This interference often took the ungracious character of advice; advice not openly given, but hinted or insinuated. I received it with a repugnance which gained strength as I grew in years. Yet, at this distant day, let me do him the simple justice to acknowledge that I can recall no occasion when the suggestions of my rival were on the side of those errors or follies so usual to his immature age and seeming inexperience; that his moral sense, at least, if not his general talents and worldly wisdom, was far keener than my own; and that I might, today, have been a better, and thus a happier man, had I less frequently rejected the counsels embodied in those meaning whispers which I then but too cordially hated and too bitterly despised.

As it was, I at length grew restive in the extreme under his distasteful supervision, and daily resented more and more openly what I considered his intolerable arrogance. I have said that, in the first years of our connexion as

hätte hervorlocken können. Dass in der ganzen Schule tatsächlich nicht einer seine Absicht fühlte, deren vollendete Durchführung bemerkte und sich seinem höhnischen Grinsen anschloss, war mir viele bange Monate lang ein unlösbares Rätsel. Vielleicht war es die *Abtönung* seiner Kopie, die diese so wenig erkennbar machte; oder, was wahrscheinlicher ist, ich verdankte meine Sicherheit dem meisterlichen Auftritt des Kopisten, der, den Buchstaben verschmähend (der das einzige ist, was der Begriffsstutzige in einem Gemälde erkennen kann), nur den vollen Geist seines Originals wiedergab, zu meiner persönlichen Betrachtung und Qual.

Ich habe bereits mehr als einmal von der widerlichen Gönnerhaftigkeit gesprochen, die er sich mir gegenüber anmaßte, und von seinem häufigen, aufdringlichen Durchkreuzen meiner Absichten. Solche Einmischung nahm oft den ungnädigen Charakter von Ratschlägen an; Ratschläge, die nicht offen gegeben, sondern nur angedeutet oder eingeflüstert wurden. Ich nahm sie mit einem Widerwillen entgegen, der mit den Jahren immer heftiger wurde. Doch heute, nach so langer Zeit, möchte ich ihm die schlichte Gerechtigkeit widerfahren lassen und bekennen, dass ich mich keiner Gelegenheit erinnere, da die Anregungen meines Rivalen auf Seiten jener Irrtümer und Eseleien zu finden waren, die doch so typisch gewesen wären für sein unreifes Alter und seine scheinbare Unerfahrenheit; dass zumindest sein sittliches Empfinden, wenn nicht gar seine allgemeine Begabung und Weltklugheit, weit ausgeprägter war als das meine; und dass ich heute wohl ein besserer und darum glücklicherer Mensch sein könnte, hätte ich weniger oft die Ratschläge zurückgewiesen, die jenes bedeutsame Flüstern in sich trug, das ich damals nur allzu leidenschaftlich hasste und allzu bitter verachtete.

Wie die Dinge lagen, wurde ich schließlich störrisch bis zum Äußersten gegen seine widerwärtige Bevormundung und verübelte ihm von Tag zu Tag immer offener, was ich für seine unerträgliche Anmaßung hielt. Ich sagte schon, dass in den ersten

schoolmates, my feelings in regard to him might have been easily ripened into friendship: but, in the latter months of my residence at the academy, although the intrusion of his ordinary manner had, beyond doubt, in some measure, abated, my sentiments, in nearly similar proportion, partook very much of positive hatred. Upon one occasion he saw this, I think, and afterwards avoided, or made a show of avoiding me.

It was about the same period, if I remember aright, that, in an altercation of violence with him, in which he was more than usually thrown off his guard, and spoke and acted with an openness of demeanor rather foreign to his nature, I discovered, or fancied I discovered, in his accent, his air, and general appearance, a something which first startled, and then deeply interested me, by bringing to mind dim visions of my earliest infancy–wild, confused and thronging memories of a time when memory herself was yet unborn. I cannot better describe the sensation which oppressed me, than by saying that I would with difficulty shake off the belief of my having been acquainted with the being who stood before me, at some epoch very long ago–some point of the past even infinitely remote. The delusion, however, faded rapidly as it came; and I mention it at all but to define the day of the last conversation I there held with my singular namesake.

The huge old house, with its countless subdivisions, had several large chambers communicating with each other, where slept the greater number of the students. There were, however, (as must necessarily happen in a building so awkwardly planned,) many little nooks or recesses, the odds and ends of the structure; and these the economic ingenuity of Dr Bransby had also fitted up

Jahren unserer Schulkameradschaft meine Gefühle für ihn leicht zur Freundschaft hätten heranreifen können; in den letzten Monaten meines Aufenthalts in der Lehranstalt aber, wenngleich die Zudringlichkeit seines gewöhnlichen Benehmens zweifellos ein wenig abgeklungen war, nahmen meine Empfindungen, in etwa demselben Verhältnis, sehr viel vom Charakter echten Hasses an. Bei irgendeiner Gelegenheit merkte er das, glaube ich, und mied mich von da an, oder bot ein Schauspiel, als meide er mich.

Es war etwa um dieselbe Zeit, wenn ich mich recht erinnere, dass ich während eines heftigen Wortgefechts mit ihm – in dem er weniger als gewöhnlich auf der Hut war und mit einer seiner Natur eigentlich fremden Freimütigkeit sprach und sich verhielt – in seinem Tonfall, seinem Auftreten und seiner allgemeinen Erscheinung etwas bemerkte, oder zu bemerken mir einbildete, das mich zunächst erschreckte und dann zutiefst interessierte, da es mir verschwommene Visionen meiner frühesten Kindheit ins Bewusstsein rief – wilde, ungeordnete und drängende Erinnerungen aus einer Zeit, da die Erinnerung selbst noch ungeboren war. Die Empfindung, die mich niederdrückte, kann ich nicht besser beschreiben, als indem ich sage, dass ich nur sehr mühsam die Vorstellung abschüttelte, mit diesem Wesen, das da vor mir stand, vor sehr langer Zeit einmal vertraut gewesen zu sein – in irgendeiner unendlich fernen Vergangenheit. Das Trugbild schwand jedoch so schnell, wie es gekommen war; und ich erwähne es überhaupt nur, um den Tag des letzten Gesprächs zu bestimmen, das ich dort mit meinem sonderbaren Namensvetter führte.

Das riesige alte Haus mit seinen zahllosen Unterteilungen hatte mehrere große Räume, die miteinander in Verbindung standen und in denen die Mehrzahl der Schüler schlief. Doch gab es auch (wie es notwendig der Fall sein muss bei einem so ungeschickt entworfenen Gebäude) viele kleine Schlupfwinkel und Nischen, gleichsam die Makulatur des Bauwerks; und diese hatte der haushälterisch findige Dr. Bransby ebenfalls als Schlaf-

as dormitories; although, being the merest closets, they were capable of accommodating but a single individual. One of these small apartments was occupied by Wilson.

One night, about the close of my fifth year at the school, and immediately after the altercation just mentioned, finding every one wrapped in sleep, I arose from bed, and, lamp in hand, stole through a wilderness of narrow passages from my own bedroom to that of my rival. I had long been plotting one of those ill-natured pieces of practical wit at his expense in which I had hitherto been so uniformly unsuccessful. It was my intention, now, to put my scheme in operation, and I resolved to make him feel the whole extent of the malice with which I was imbued. Having reached his closet, I noiselessly entered, leaving the lamp, with a shade over it, on the outside. I advanced a step, and listened to the sound of his tranquil breathing. Assured of his being asleep, I returned, took the light, and with it again approached the bed. Close curtains were around it, which, in the prosecution of my plan, I slowly and quietly withdrew, when the bright rays fell vividly upon the sleeper, and my eyes, at the same moment, upon his countenance. I looked;—and a numbness, an iciness of feeling instantly pervaded my frame. My breast heaved, my knees tottered, my whole spirit became possessed with an objectless yet intolerable horror. Gasping for breath, I lowered the lamp in still nearer proximity to the face. Were these,—*these* the lineaments of William Wilson? I saw, indeed, that they were his, but I shook as if with a fit of the ague, in fancying they were not. What *was* there about them to confound me in this manner? I gazed;—while my brain reeled with a multitude of incoherent thoughts. Not thus he appeared—assuredly not *thus*—in the vivacity of his waking hours. The same

räume herrichten lassen, obwohl sie, da sie die reinsten Wandschränke waren, nur eine einzige Person beherbergen konnten. Eines dieser kleinen Kämmerchen belegte Wilson.

Eines Nachts, gegen Ende meines fünften Jahres an der Schule und unmittelbar nach dem eben erwähnten Wortgefecht, erhob ich mich, als alles in Schlaf gehüllt lag, vom Bett und stahl mich, mit einer Lampe in der Hand, aus meinem eigenen Schlafsaal durch ein Labyrinth von schmalen Gängen zur Kammer meines Rivalen. Ich hatte schon lange an einem jener bösartigen Streiche gefeilt, mit denen ich bisher so gleichbleibend erfolglos gewesen war. Und nun hatte ich die Absicht, meinen Plan in die Tat umzusetzen, und ich war entschlossen, ihn das ganze Ausmaß der Heimtücke spüren zu lassen, von der ich durchdrungen war. Als ich sein Kämmerchen erreicht hatte, ging ich geräuschlos hinein, während ich die abgeblendete Lampe draußen zurückließ. Ich trat einen Schritt vor und lauschte dem Klang seines ruhigen Atmens. Als ich sicher war, dass er schlief, ging ich zurück, holte die Lampe und näherte mich mit ihr wieder dem Bett. Dichte Vorhänge umschlossen es, die ich, meinem Plan folgend, langsam und leise beiseite zog, sodass die lichten Strahlen grell auf den Schlafenden fielen und, im selben Moment, mein Blick auf sein Gesicht. Ich schaute – und eine Taubheit, eine Eiseskälte des Gefühls durchkroch meinen Körper. Meine Brust hob und senkte sich schwer, meine Knie zitterten, ein gegenstandsloses und doch unerträgliches Entsetzen ergriff von meiner Seele Besitz. Nach Atem ringend, brachte ich die Lampe dem Gesicht noch näher. Waren dies – *dies* die Züge William Wilsons? Ich sah wohl, dass es die seinen waren, doch es schauderte mich wie im Fieberwahn bei der Vorstellung, sie wären es nicht. Was *war* nur an ihnen, das mich derart bestürzte? Ich starrte – während sich mir im Kopf alles drehte vor lauter zusammenhanglosen Gedanken. So sah er nicht aus – ganz sicher nicht *so* – in seinen lebhaft wachen Stunden. Derselbe Name! dieselbe Ge-

name! the same contour of person! the same day of arrival at the academy! And then his dogged and meaningless imitation of my gait, my voice, my habits, and my manner! Was it, in truth, within the bounds of human possibility, that *what I now saw* was the result, merely, of the habitual practice of this sarcastic imitation? Awestricken, and with a creeping shudder, I extinguished the lamp, passed silently from the chamber, and left, at once, the halls of that old academy, never to enter them again.

After a lapse of some months, spent at home in mere idleness, I found myself a student at Eton. The brief interval had been sufficient to enfeeble my remembrance of the events at Dr Bransby's, or at least to effect a material change in the nature of the feelings with which I remembered them. The truth–the tragedy–of the drama was no more. I could now find room to doubt the evidence of my senses; and seldom called up the subject at all but with wonder at the extent of human credulity, and a smile at the vivid force of the imagination which I hereditarily possessed. Neither was this species of skepticism likely to be diminished by the character of the life I led at Eton. The vortex of thoughtless folly into which I there so immediately and so recklessly plunged, washed away all but the froth of my past hours, ingulfed at once every solid or serious impression, and left to memory only the veriest levities of a former existence.

I do not wish, however, to trace the course of my miserable profligacy here–a profligacy which set at defiance the laws, while it eluded the vigilance of the institution. Three years of folly, passed without profit, had but given me rooted habits of vice, and added, in a somewhat unusual degree, to my bodily stature, when, after a week

stalt! derselbe Ankunftstag in der Lehranstalt! Und dann sein verbissenes und sinnloses Nachahmen meines Gangs, meiner Stimme, meiner Angewohnheiten und meines Gebarens! Lag es denn wirklich im Bereich des Menschenmöglichen, dass das, *was ich jetzt sah*, lediglich das Ergebnis dieser zur Gewohnheit gewordenen sarkastischen Nachahmung war? Angsterfüllt und von Schauder beschlichen löschte ich das Licht, trat leise aus der Kammer und verließ auf der Stelle die Hallen jener alten Lehranstalt, um sie nie wieder zu betreten.

Nach einigen Monaten, die ich daheim in bloßem Müßiggang zugebracht hatte, fand ich mich als Student in Eton wieder. Die kurze Zeit hatte genügt, um die Erinnerung an die Ereignisse im Hause Dr. Bransbys verblassen zu lassen oder doch zumindest eine erhebliche Veränderung in der Natur jener Gefühle herbeizuführen, die meine Erinnerung begleiteten. Der wahre Hergang – die Tragik – des Dramas existierte nicht mehr. Ich war jetzt fähig, das Zeugnis meiner Sinne anzuzweifeln; und ich dachte überhaupt nur selten an die Sache zurück, ohne mich über das Ausmaß menschlicher Leichtgläubigkeit zu wundern und lächeln zu müssen über die lebhafte Einbildungskraft, die ich geerbt hatte. Auch war es eher unwahrscheinlich, dass sich diese besondere Art der Skepsis durch das Leben, das ich in Eton führte, abschwächen würde. Der Strudel gedankenloser Tollheit, in den ich dort so unverzüglich und sorglos hinabtauchte, spülte alles hinweg bis auf den Schaumrest der letzten Stunden, verschlang sofort jeden tiefen oder ernsten Eindruck und beließ im Gedächtnis nur die Ungezwungenheit eines früheren Daseins.

Ich will hier jedoch nicht den Werdegang meiner erbärmlichen Lasterhaftigkeit nachzeichnen – einer Lasterhaftigkeit, die alle Gesetze missachtete und sich zugleich der Wachsamkeit der Einrichtung entzog. Drei törichte Jahre, nutzlos vertan, hatten mir nichts eingetragen außer einer tiefverwurzelten Durchtriebenheit und einem allerdings recht ungewöhnlichen Zugewinn

of soulless dissipation, I invited a small party of the most dissolute students to a secret carousal in my chambers. We met at a late hour of the night; for our debaucheries were to be faithfully protracted until morning. The wine flowed freely, and there were not wanting other and perhaps more dangerous seductions; so that the gray dawn had already faintly appeared in the east, while our delirious extravagance was at its height. Madly flushed with cards and intoxication, I was in the act of insisting upon a toast of more than wonted profanity, when my attention was suddenly diverted by the violent, although partial unclosing of the door of the apartment, and by the eager voice of a servant from without. He said that some person, apparently in great haste, demanded to speak with me in the hall.

Wildly excited with wine, the unexpected interruption rather delighted than surprised me. I staggered forward at once, and a few steps brought me to the vestibule of the building. In this low and small room there hung no lamp; and now no light at all was admitted, save that of the exceedingly feeble dawn which made its way through the semi-circular window. As I put my foot over the threshold, I became aware of the figure of a youth about my own height, and habited in a white kerseymere morning frock, cut in the novel fashion of the one I myself wore at the moment. This the faint light enabled me to perceive; but the features of his face I could not distinguish. Upon my entering, he strode hurriedly up to me, and, seizing me by the arm with a gesture of petulant impatience, whispered the words 'William Wilson!' in my ear.

I grew perfectly sober in an instant.

There was that in the manner of the stranger, and in the tremulous shake of his uplifted finger, as he held it

an körperlicher Stärke, als ich, nach einer Woche seelenloser Ausschweifung, einen kleinen Trupp der liederlichsten Studenten zu einem heimlichen Zechgelage auf meine Zimmer einlud. Wir trafen uns zu später Nachtstunde; denn unsere Exzesse sollten tapfer bis zum Morgen ausgedehnt werden. Der Wein floss in Strömen, und es herrschte kein Mangel an anderen und vielleicht gefährlicheren Versuchungen, sodass im Osten schon schwach die graue Dämmerung erschienen war, als unsere abseitigen Kapriolen ihren Höhepunkt erreicht hatten. Maßlos erhitzt von Kartenspiel und Rausch, war ich gerade dabei, einen ungewöhnlich ruchlosen Toast auszubringen, als meine Aufmerksamkeit plötzlich abgelenkt wurde durch das heftige, wenn auch nur teilweise Öffnen der Zimmertür und die hereindringende eifernde Stimme eines Dieners. Er sagte, dass jemand, der es anscheinend sehr eilig habe, mich in der Vorhalle zu sprechen verlange.

In meiner ausgelassenen Weinlaune war ich über die unerwartete Unterbrechung eher erfreut als erstaunt. Ich taumelte sogleich hinaus, und wenige Schritte brachten mich ins Vestibül des Gebäudes. In diesem niedrigen und schmalen Raum hing keine Lampe; und gegenwärtig fiel überhaupt kein Licht hinein, ausgenommen das der äußerst kläglichen Dämmerung, das sich seinen Weg durch das halbrunde Fenster bahnte. Als ich meinen Fuß über die Schwelle setzte, gewahrte ich die Gestalt eines Jünglings etwa meiner Größe, der in einen nach neumodischem Schnitt gearbeiteten Hausrock aus weißem Kaschmir gekleidet war, ganz ähnlich dem, den ich selbst gerade trug. So viel ließ mich jenes matte Licht wahrnehmen; seine Gesichtszüge jedoch konnte ich nicht erkennen. Als ich eintrat, schritt er eilig auf mich zu und, während er mich mit einer Geste herrischer Ungeduld am Arm packte, flüsterte mir die Worte »William Wilson!« ins Ohr.

Augenblicklich wurde ich stocknüchtern.

Es lag da etwas im Verhalten des Fremden und im bedrohlichen Zittern seines erhobenen Fingers – als er ihn so zwischen

between my eyes and the light, which filled me with unqualified amazement; but it was not this which had so violently moved me. It was the pregnancy of solemn admonition in the singular, low, hissing utterance; and, above all, it was the character, the tone, *the key,* of those few, simple, and familiar, yet *whispered* syllables, which came with a thousand thronging memories of by-gone days, and struck upon my soul with the shock of a galvanic battery. Ere I could recover the use of my senses he was gone.

Although this event failed not of a vivid effect upon my disordered imagination, yet was it evanescent as vivid. For some weeks, indeed, I busied myself in earnest inquiry, or was wrapped in a cloud of morbid speculation. I did not pretend to disguise from my perception the identity of the singular individual who thus perseveringly interfered with my affairs, and harassed me with his insinuated counsel. But who and what was this Wilson?–and whence came he?–and what were his purposes? Upon neither of these points could I be satisfied–merely ascertaining, in regard to him, that a sudden accident in his family had caused his removal from Dr Bransby's academy on the afternoon of the day in which I myself had eloped. But in a brief period I ceased to think upon the subject, my attention being all absorbed in a contemplated departure for Oxford. Thither I soon went, the uncalculating vanity of my parents furnishing me with an outfit and annual establishment, which would enable me to indulge at will in the luxury already so dear to my heart–to vie in profuseness of expenditure with the haughtiest heirs of the wealthiest earldoms in Great Britain.

meine Augen und das Licht hielt –, das mich mit grenzenloser Bestürzung erfüllte; doch nicht dies war es, was mich so heftig bewegte. Es war die Bedeutungsschwere feierlich-ernster Ermahnung, die in der sonderbaren, leise gezischelten Äußerung lag; und vor allem war es der Charakter, die Klangfarbe, *der Tonfall* jener wenigen simplen und vertrauten, wenn auch *geflüsterten* Silben, der mit tausend Erinnerungen an vergangene Tage auf mich einstürmte und meine Seele traf wie der Stromstoß einer galvanischen Batterie. Und noch ehe ich wieder zu Sinnen kam, war er verschwunden.

So lebhaft die Wirkung dieses Ereignisses auf meine zügellose Einbildungskraft war, so flüchtig war es auch. Einige Wochen lang beschäftigte ich mich tatsächlich mit ernsten Untersuchungen oder war von krankhaften Grübeleien umdüstert. Ich versuchte gar nicht erst, mir die Identität des seltsamen Individuums zu verschleiern, das sich so beharrlich in meine Angelegenheiten mischte und mich mit seinem eingeflüsterten Rat belästigte. Doch wer und was war dieser Wilson? – und wo kam er her? – und was waren seine Absichten? Auf keine dieser Fragen hatte ich eine befriedigende Antwort – nur das eine fand ich über ihn heraus, dass ein plötzlicher Unglücksfall in seiner Familie sein Ausscheiden aus Dr. Bransbys Lehranstalt am Nachmittag desselben Tages zur Folge gehabt hatte, an dem ich selbst von dort weggelaufen war. Nach kurzer Zeit aber ließ ich davon ab, über die Sache nachzudenken, da ich vollauf in Anspruch genommen war von meiner beabsichtigten Übersiedlung nach Oxford. Schon bald zog ich dorthin, und die bedenkenlose Eitelkeit meiner Eltern verschaffte mir eine Ausstattung und einen jährlichen Wechsel, die es mir ermöglichen würden, ganz nach Belieben in all dem mir schon so ans Herz gewachsenen Luxus zu schwelgen – und in meiner Verschwendungssucht mit den hochmütigsten Erben der reichsten Grafschaften Großbritanniens zu wetteifern.

Excited by such appliances to vice, my constitutional temperament broke forth with redoubled ardor, and I spurned even the common restraints of decency in the mad infatuation of my revels. But it were absurd to pause in the detail of my extravagance. Let it suffice, that among spendthrifts I out-Heroded Herod, and that, giving name to a multitude of novel follies, I added no brief appendix to the long catalogue of vices then usual in the most dissolute university of Europe.

It could hardly be credited, however, that I had, even here, so utterly fallen from the gentlemanly estate, as to seek acquaintance with the vilest arts of the gambler by profession, and, having become an adept in his despicable science, to practise it habitually as a means of increasing my already enormous income at the expense of the weak-minded among my fellow-collegians. Such, nevertheless, was the fact. And the very enormity of this offence against all manly and honorable sentiment proved, beyond doubt, the main if not the sole reason of the impunity with which it was committed. Who, indeed, among my most abandoned associates, would not rather have disputed the clearest evidence of his senses, than have suspected of such courses, the gay, the frank, the generous William Wilson–the noblest and most liberal commoner at Oxford–him whose follies (said his parasites) were but the follies of youth and unbridled fancy–whose errors but inimitable whim–whose darkest vice but a careless and dashing extravagance?

I had been now two years successfully busied in this way, when there came to the university a young *parvenu* nobleman, Glendinning–rich, said report, as Herodes

Durch meine reichen Mittel zum Laster angespornt, brach mein angeborenes Temperament mit doppelter Leidenschaft hervor, und in der wahnwitzigen Verblendung meiner Ausgelassenheit missachtete ich selbst die einfachsten Regeln des Anstands. Doch es wäre unsinnig, wenn ich mich bei den Einzelheiten meines verlotterten Lebens aufhalten wollte. Mag das Bekenntnis genügen, dass ich als Verschwender selbst den Herodes in den Schatten stellte und dass ich dem langen Katalog der Laster, die damals an der liederlichsten Universität Europas üblich waren, durch Erfindung einer Fülle von neuen Verrücktheiten einen umfangreichen Anhang hinzufügte.

Es mag wohl schwer zu glauben sein, dass ich selbst dort so tief unter jede Würde eines Ehrenmannes gesunken war, mir die gemeinsten Schliche des Berufsspielers anzueignen und sie als Adept seiner verächtlichen Wissenschaft gewohnheitsmäßig dazu zu benutzen, auf Kosten meiner geistig schwächeren Mitstudenten meine ohnehin schon riesigen Einnahmen zu vergrößern. Und doch, so war es. Und gerade die Ungeheuerlichkeit dieses Verbrechens gegen alles männliche und ehrenhafte Empfinden war zweifellos der hauptsächliche, wenn nicht einzige Grund dafür, dass es so straflos begangen werden konnte. Wer unter meinen verkommensten Kameraden hätte denn nicht eher das sicherste Zeugnis seiner Sinne bezweifelt, als den heiteren, freimütigen, großzügigen William Wilson – den nobelsten und aufgeschlossensten Studenten von Oxford – solcher Dinge für fähig zu halten – ihn, dessen Tollheiten (so sagten seine Schmarotzer) nichts als die Tollheiten der Jugend und ungezügelten Phantasie waren – dessen Irrtümer nur unnachahmliche Launen – dessen dunkelstes Laster nur eine sorglose und ungehemmte Verschwendungssucht war?

Ich war schon zwei Jahre lang in dieser Weise erfolgreich tätig gewesen, als ein junger adliger *Parvenü* namens Glendinning an die Universität kam – wie man hörte, besaß er Reich-

Atticus—his riches, too, as easily acquired. I soon found him of weak intellect, and, of course, marked him as a fitting subject for my skill. I frequently engaged him in play, and contrived, with the gambler's usual art, to let him win considerable sums, the more effectually to entangle him in my snares. At length, my schemes being ripe, I met him (with the full intention that this meeting should be final and decisive) at the chambers of a fellow-commoner, (Mr Preston,) equally intimate with both, but who, to do him justice, entertained not even a remote suspicion of my design. To give to this a better coloring, I had contrived to have assembled a party of some eight or ten, and was solicitously careful that the introduction of cards should appear accidental, and originate in the proposal of my contemplated dupe himself. To be brief upon a vile topic, none of the low finesse was omitted, so customary upon similar occasions that it is a just matter for wonder how any are still found so besotted as to fall its victim.

We had protracted our sitting far into the night, and I had at length effected the manoeuvre of getting Glendinning as my sole antagonist. The game, too, was my favorite *écarte*. The rest of the company, interested in the extent of our play, had abandoned their own cards, and were standing around us as spectators. The *parvenu,* who had been induced by my artifices in the early part of the evening, to drink deeply, now shuffled, dealt, or played, with a wild nervousness of manner for which his intoxication, I thought, might partially, but could not altogether account. In a very short period he had become my debtor to a large amount, when, hav-

tümer wie Herodes Atticus – Reichtümer, zu denen er wohl ebenso leicht wie dieser gekommen war. Ich entdeckte bald, dass er kein großer Schlaukopf war, und erkor ihn daher natürlich zum geeigneten Objekt für meine Kunst. Ich forderte ihn des Öfteren zum Spiel auf, und mit der üblichen List des Falschspielers ließ ich ihn zunächst beträchtliche Summen gewinnen, um ihn später desto sicherer mit meinen Fallstricken einzufangen. Als mein Plan schließlich ausgereift war, traf ich ihn (in der bestimmten Absicht, dass diese Begegnung die letzte und entscheidende sein sollte) in den Räumen eines Mitstudenten (Mr. Preston), der mit uns beiden gleichermaßen vertraut war, der aber, gerechterweise sei es gesagt, nicht die leiseste Ahnung von meinem Vorhaben hatte. Um der Sache einen harmloseren Anstrich zu geben, hatte ich es so eingerichtet, dass eine Gesellschaft von acht oder zehn jungen Leuten sich dort zusammenfand, und war peinlich darauf bedacht, dass die Karten nur wie zufällig und auch nur auf Anregung meines auserkorenen Opfers auf den Tisch kamen. Um mich bei diesem widerwärtigen Thema kurz zu fassen: Ich hatte keinen jener gemeinen Kunstgriffe ausgelassen, die bei solchen Gelegenheiten so regelmäßig angewendet werden, dass es nur verwundern kann, wie sich überhaupt noch genügend Törichte finden, die ihnen zum Opfer fallen.

Wir hatten unsere Sitzung schon bis tief in die Nacht ausgedehnt, und ich war schließlich durch einiges Manövrieren an mein Ziel gelangt, Glendinning als einzigen Gegner vor mir zu haben. Auch war das Spiel mein bevorzugtes *Écarté*. Der Rest der Gruppe hatte, gespannt darauf, wie weit wir wohl gehen würden, die eigenen Karten beiseitegelegt und stand nun als Zuschauerschaft um uns herum. Der *Parvenü*, von meiner Kunstfertigkeit schon zu Beginn des Abends zu reichlichem Trinken verführt, mischte, gab oder spielte nun mit einer wilden Nervosität, für die sein Rauschzustand, wie mir schien, vielleicht zum Teil, jedoch nicht ausschließlich verantwortlich sein konnte. Nur

ing taken a long draught of port, he did precisely what I had been coolly anticipating-he proposed to double our already extravagant stakes. With a well-feigned show of reluctance, and not until after my repeated refusal had seduced him into some angry words which gave a color of *pique* to my compliance, did I finally comply. The result, of course, did but prove how entirely the prey was in my toils: in less than an hour he had quadrupled his debt. For some time his countenance had been losing the florid tinge lent it by the wine; but now, to my astonishment, I perceived that it had grown to a pallor truly fearful. I say, to my astonishment. Glendinning had been represented to my eager inquiries as immeasurably wealthy; and the sums which he had as yet lost, although in themselves vast, could not, I supposed, very seriously annoy, much less so violently affect him. That he was overcome by the wine just swallowed, was the idea which most readily presented itself; and, rather with a view to the preservation of my own character in the eyes of my associates, than from any less interested motive, I was about to insist, peremptorily, upon a discontinuance of the play, when some expressions at my elbow from among the company, and an ejaculation evincing utter despair on the part of Glendinning, gave me to understand that I had effected his total ruin under circumstances which, rendering him an object for the pity of all, should have protected him from the ill offices even of a fiend.

What now might have been my conduct it is difficult to say. The pitiable condition of my dupe had thrown an air of embarrassed gloom over all; and, for some moments, a profound silence was maintained, during which I could not help feeling my cheeks tingle with the

wenig später schuldete er mir bereits eine beträchtliche Summe, als er, nach einem großen Schluck Portwein, exakt das tat, was ich kühl vorausgeahnt hatte – er schlug vor, unsere bereits wahnwitzig hohen Einsätze noch zu verdoppeln. Mit gut gespieltem Widerstreben und nicht ehe meine wiederholte Weigerung ihn zu ein paar ärgerlichen Worten verleitet hatte, die meinem Nachgeben einen Beigeschmack von *pique* gaben, willigte ich schließlich ein. Das Resultat bewies selbstverständlich nur, wie rettungslos das Opfer mir in die Fänge geraten war: In weniger als einer Stunde hatte er seine Schuld vervierfacht. Seit einer Weile schon verlor sein Gesicht zusehends den rosigen Farbton, den ihm der Wein verliehen hatte; jetzt aber sah ich zu meinem Erstaunen, dass er einer wahrhaft beängstigenden Blässe gewichen war. Ich sage, zu meinem Erstaunen. Denn man hatte mir Glendinning bei meinen eifrigen Nachforschungen als unermesslich reich hingestellt; und die Summen, die er bis jetzt verloren hatte, konnten, obwohl an sich riesig, ihn meiner Ansicht nach nicht ernsthaft beunruhigen und noch viel weniger derart heftig erschüttern. Der nächstliegende Gedanke war, dass der soeben genossene Wein ihn überwältigt hatte; und ich wollte gerade, eher im Hinblick auf die Wahrung meines persönlichen Ansehens in den Augen meiner Kameraden als aus irgendeinem weniger eigennützigen Grund, nachdrücklich auf einem Abbruch des Spiels bestehen, als mir einige Äußerungen der nah bei uns stehenden Zuschauer und ein Ausruf äußerster Verzweiflung aus dem Munde Glendinnings zu verstehen gaben, dass ich seinen vollständigen Ruin herbeigeführt hatte, und zwar unter Umständen, die ihn zum Gegenstand allseitigen Mitleids machten und ihn wohl vor den Bosheiten selbst eines Teufels hätten bewahren müssen.

Wie ich mich nun weiter verhalten haben würde, ist schwer zu sagen. Der bedauernswerte Zustand meines Opfers hatte alle in eine betreten-düstere Stimmung versetzt; für einige Momente herrschte tiefes Schweigen, und unterdessen fühlte ich, wie mir

many burning glances of scorn or reproach cast upon me by the less abandoned of the party. I will even own that an intolerable weight of anxiety was for a brief instant lifted from my bosom by the sudden and extraordinary interruption which ensued. The wide, heavy folding doors of the apartment were all at once thrown open, to their full extent, with a vigorous and rushing impetuosity that extinguished, as if by magic, every candle in the room. Their light, in dying, enabled us just to perceive that a stranger had entered, about my own height, and closely muffled in a cloak. The darkness, however, was now total; and we could only *feel* that he was standing in our midst. Before any one of us could recover from the extreme astonishment into which this rudeness had thrown all, we heard the voice of the intruder.

'Gentlemen,' he said, in a low, distinct, and never-to-be-forgotten *whisper* which thrilled to the very marrow of my bones, 'Gentlemen, I make no apology for this behavior, because in thus behaving, I am but fulfilling a duty. You are, beyond doubt, uninformed of the true character of the person who has to-night won at *écarté* a large sum of money from Lord Glendinning. I will therefore put you upon an expeditious and decisive plan of obtaining this very necessary information. Please to examine, at your leisure, the inner linings of the cuff of his left sleeve, and the several little packages which may be found in the somewhat capacious pockets of his embroidered morning wrapper.'

While he spoke, so profound was the stillness that one might have heard a pin drop upon the floor. In ceasing, he departed at once, and as abruptly as he had entered. Can I–shall I describe my sensations? Must I say that I felt all the horrors of the damned? Most assuredly I had little

die Wangen brannten unter den vielen verächtlich und vorwurfsvoll sengenden Blicken, die die weniger Verdorbenen unter den Umstehenden mir zuwarfen. Ich will sogar zugeben, dass eine unerträgliche Last der Beklommenheit für einen kurzen Augenblick von meiner Brust genommen wurde durch die jähe und außerordentliche Unterbrechung, die nun folgte. Die breiten, schweren Flügeltüren des Zimmers wurden mit einemmal sperrangelweit aufgestoßen, mit einem solch heftigen und drängenden Ungestüm, dass wie von Zauberhand alle Kerzen im Raum erloschen. Im letzten Aufflackern ihres Lichts konnten wir gerade noch erkennen, dass ein Fremder eingetreten war, ungefähr von meiner Größe und dicht in einen Mantel gehüllt. Dann aber war es schlagartig stockfinster; und wir konnten nur noch *spüren*, dass er in unserer Mitte stand. Bevor auch nur einer sich von der ungeheuren Verblüffung erholen konnte, in die diese Grobheit uns alle versetzt hatte, vernahmen wir die Stimme des Eindringlings.

»Meine Herren«, sagte er mit einem leisen, deutlichen und für alle Zeit unvergesslichen *Flüstern*, das bis ins Mark meine Glieder durchfuhr, »meine Herren, ich bitte nicht um Verzeihung für mein Benehmen, denn ich erfülle dadurch nur meine Pflicht. Sie sind zweifellos nicht über den wahren Charakter der Person unterrichtet, die heute Nacht beim *Écarté* dem Lord Glendinning eine große Summe abgewonnen hat. Ich will Ihnen daher mitteilen, wie Sie sich rasch und sicher die unbedingt nötige Aufklärung verschaffen können. Bitte, untersuchen Sie in aller Ruhe das Innenfutter seines linken Ärmelaufschlags und die verschiedenen kleinen Päckchen, die sich in den recht großen Taschen seines bestickten Hausrocks finden werden.«

Während er sprach, herrschte eine so abgrundtiefe Stille, dass man eine Stecknadel zu Boden hätte fallen hören. Er hatte kaum geendet, da entfernte er sich auch schon ebenso plötzlich, wie er hereingekommen war. Kann ich – soll ich meine Empfindungen

time for reflection. Many hands roughly seized me upon the spot, and lights were immediately re-procured. A search ensued. In the lining of my sleeve were found all the court cards essential in *écarté,* and, in the pockets of my wrapper, a number of packs, fac-similes of those used at our sittings, with the single exception that mine were of the species called, technically, *arrondées;* the honors being slightly convex at the ends, the lower cards slightly convex at the sides. In this disposition, the dupe who cuts, as customary, at the length of the pack, will invariably find that he cuts his antagonist an honor; while the gambler, cutting at the breadth, will, as certainly, cut nothing for his victim which may count in the records of the game.

Any burst of indignation upon this discovery would have affected me less than the silent contempt, or the sarcastic composure, with which it was received.

'Mr Wilson,' said our host, stooping to remove from beneath his feet an exceedingly luxurious cloak of rare furs, 'Mr Wilson, this is your property.' (The weather was cold; and, upon quitting my own room, I had thrown a cloak over my dressing wrapper, putting it off upon reaching the scene of play.) 'I presume it is supererogatory to seek here (eyeing the folds of the garment with a bitter smile) for any farther evidence of your skill. Indeed, we have had enough. You will see the necessity, I hope, of quitting Oxford–at all events, of quitting instantly my chambers.'

Abased, humbled to the dust as I then was, it is probable that I should have resented this galling language by immediate personal violence, had not my whole attention been at the moment arrested by a fact of the most

schildern? Muss ich sagen, dass ich alle Schrecken des Verdammten durchlitt? Sicher ist, dass mir kaum Zeit zum Nachdenken blieb. Augenblicklich und grob packten mich viele Hände, und sofort wurde wieder Licht herbeigeschafft. Eine Durchsuchung folgte. Im Futter meines Ärmels fand man alle beim *Écarté* wichtigen Bildkarten und in den Taschen meines Hausrocks eine Anzahl Kartenspiele, exakte Pendants zu denen, die wir bei unseren Sitzungen verwendeten, mit der einzigen Ausnahme, dass meine der Gattung der sogenannten *arrondées* angehörten; die Honneurs waren oben und unten, die niedrigeren Karten an den Seiten leicht konvex. Bei dieser Beschaffenheit wird der Betrogene, der die Karten, wie üblich, der Länge nach abhebt, seinem Gegner unweigerlich ein Honneur aufdecken; hingegen wird der Falschspieler, der Breite nach abhebend, ebenso gewiss seinem Opfer nichts aufdecken, was in der Wertung des Spiels auch nur das Geringste zählt.

Selbst ein Sturm der Entrüstung angesichts dieser Entdeckung hätte mich weniger getroffen als die schweigende Verachtung, die sarkastische Gelassenheit, mit der man die Sache aufnahm.

»Mr. Wilson«, sagte unser Gastgeber, während er sich bückte und einen ausnehmend kostbaren Mantel aus seltenen Pelzen aufhob, der zu seinen Füßen gelegen hatte, »Mr. Wilson, das gehört wohl Ihnen.« (Es war kalt draußen; und beim Verlassen meines eigenen Zimmers hatte ich mir daher einen Mantel über meinen Hausrock geworfen und ihn dann abgelegt, als ich den Schauplatz des Spiels erreicht hatte.) »Ich vermute, es ist überflüssig, auch hier noch« (er beäugte die Falten des Kleidungsstücks mit bitterem Lächeln) »nach weiteren Beweisen Ihrer Kunstfertigkeit zu suchen. Wir hatten wahrlich genug davon. Sie erkennen wohl hoffentlich selbst die Notwendigkeit, Oxford – in jedem Fall aber unverzüglich meine Räumlichkeiten zu verlassen.«

So erniedrigt und aufs Tiefste gedemütigt, wie ich damals war, hätte ich diese galligen Worte wahrscheinlich auf der Stelle mit körperlicher Gewalt vergolten, wäre nicht im selben Augenblick

startling character. The cloak which I had worn was of a rare description of fur; how rare, how extravagantly costly, I shall not venture to say. Its fashion, too, was of my own fantastic invention; for I was fastidious to an absurd degree of coxcombry, in matters of this frivolous nature. When, therefore, Mr Preston reached me that which he had picked up upon the floor, and near the folding-doors of the apartment, it was with an astonishment nearly bordering upon terror, that I perceived my own already hanging on my arm, (where I had no doubt unwittingly placed it,) and that the one presented me was but its exact counterpart in every, in even the minutest possible particular. The singular being who had so disastrously exposed me, had been muffled, I remember, in a cloak; and none had been worn at all by any of the members of our party, with the exception of myself. Retaining some presence of mind, I took the one offered me by Preston; placed it, unnoticed, over my own; left the apartment with a resolute scowl of defiance; and, next morning ere dawn of day, commenced a hurried journey from Oxford to the continent, in a perfect agony of horror and of shame.

I fled in vain. My evil destiny pursued me as if in exultation, and proved, indeed, that the exercise of its mysterious dominion had as yet only begun. Scarcely had I set foot in Paris, ere I had fresh evidence of the detestable interest taken by this Wilson in my concerns. Years flew, while I experienced no relief. Villain!–at Rome, with how untimely, yet with how spectral an officiousness, stepped he in between me and my ambition! At Vienna, too–at Berlin–and at Moscow! Where, in truth, had I *not* bitter cause to curse him within my heart? From his inscrutable tyranny did I at length flee,

meine ganze Aufmerksamkeit durch eine in höchstem Maß erschreckende Tatsache gefesselt worden. Der Mantel, den ich getragen hatte, war aus sehr seltenem Pelzwerk; wie selten, wie schrankenlos kostbar es war, wage ich gar nicht zu sagen. Auch war seine Machart meine eigene, geradezu phantastische Erfindung; denn ich war in solch nichtigen Belangen wählerisch bis zu absurder Geckenhaftigkeit. Als daher Mr. Preston mir jenen Mantel reichte, den er in der Nähe der Flügeltür des Zimmers vom Boden aufgehoben hatte, bemerkte ich mit einer beinah an Entsetzen grenzenden Verwunderung, dass der meinige bereits über meinem Arm hing (wohin ich ihn zweifellos ganz unwillkürlich gelegt hatte) und dass der mir dargebotene in jedem, selbst im allerwinzigsten Detail nichts anderes war als sein exaktes Gegenstück. Das sonderbare Wesen, das mich so verheerend bloßgestellt hatte, war, wie ich mich erinnerte, in einen Mantel gehüllt gewesen; und ganz sicher hatte niemand aus unserer Gesellschaft einen solchen getragen, mit Ausnahme von mir selbst. Mit der letzten verbliebenen Geistesgegenwart nahm ich den Mantel, den Preston mir reichte; legte ihn unbemerkt über meinen eigenen; verließ das Zimmer mit einem finster-entschlossenen Blick der Verachtung; und trat am anderen Morgen noch vor Tagesanbruch eine überstürzte Reise von Oxford nach dem Kontinent an, entsetzlich gequält von Schrecken und Scham.

Ich floh vergebens. Mein böses Geschick verfolgte mich wie mit Frohlocken und bewies nur allzu deutlich, dass es mit der Ausübung seiner geheimnisvollen Herrschaft gerade erst begonnen hatte. Kaum war ich in Paris angelangt, als sich mir aufs Neue zeigte, welch abscheuliches Interesse dieser Wilson meinen Angelegenheiten entgegenbrachte. Jahre vergingen, ich aber fand keine Erlösung. Schurke! – mit welch ungelegener und doch gespenstischer Aufdringlichkeit trat er in Rom zwischen mich und meine ehrgeizigen Pläne! Ebenso in Wien – in Berlin – und in Moskau! Wo, fürwahr, hatte ich *nicht* bitteren Grund, ihn aus

panic-stricken, as from a pestilence; and to the very ends of the earth *I fled in vain.*

And again, and again, in secret communion with my own spirit, would I demand the questions 'Who is he?–whence came he?–and what are his objects?' But no answer was there found. And now I scrutinized, with a minute scrutiny, the forms, and the methods, and the leading traits of his impertinent supervision. But even here there was very little upon which to base a conjecture. It was noticeable, indeed, that, in no one of the multiplied instances in which he had of late crossed my path, had he so crossed it except to frustrate those schemes, or to disturb those actions, which, if fully carried out, might have resulted in bitter mischief. Poor justification this, in truth, for an authority so imperiously assumed! Poor indemnity for natural rights of self-agency so pertinaciously, so insultingly denied!

I had also been forced to notice that my tormentor, for a very long period of time, (while scrupulously and with miraculous dexterity maintaining his whim of an identity of apparel with myself,) had so contrived it, in the execution of his varied interference with my will, that I saw not, at any moment, the features of his face. Be Wilson what he might, *this,* at least, was but the veriest of affectation, or of folly. Could he, for an instant, have supposed that, in my admonisher at Eton–in the destroyer of my honor at Oxford,–in him who thwarted my ambition at Rome, my revenge at Paris, my passionate love at Naples, or what he falsely termed my avarice in Egypt,–that in this, my arch-enemy and evil genius, I could fail to recognise the William Wilson of my schoolboy days,–the namesake, the companion, the rival,–the

tiefstem Herzen zu verfluchen? Schließlich floh ich, von Panik ergriffen, vor seiner unerforschlichen Tyrannei wie vor einer Seuche – bis ans äußerste Ende der Welt, doch *ich floh vergebens*.

Wieder und wieder, in heimlicher Zwiesprache mit meinem eigenen Geist, verhandelte ich über die Fragen: »Wer ist er? – woher kam er? – und was sind seine Absichten?« Doch darauf war keine Antwort zu finden. Und nun durchforschte ich mit peinlichster Genauigkeit die Art, die Methode und die Hauptmerkmale seiner unverschämten Überwachung. Aber selbst hier gab es nur wenig, worauf sich eine Vermutung hätte stützen lassen. Es war allerdings auffallend, dass er bei keiner der zahlreichen Gelegenheiten, zu denen er in letzter Zeit meinen Weg gekreuzt hatte, mit diesem Durchkreuzen etwas anderes getan hätte, als solche Pläne zu vereiteln oder solche Handlungen zu stören, die, wären sie zur vollen Ausführung gelangt, in schlimmem Unheil geendet hätten. Eine wahrhaftig armselige Rechtfertigung für eine so selbstherrlich angemaßte Autorität! Eine armselige Entschädigung für ein derart hartnäckig und beleidigend vorenthaltenes natürliches Recht auf Handlungsfreiheit!

Auch war ich gezwungen zu bemerken, dass mein Peiniger (wenngleich er gewissenhaft und mit wundersamer Geschicklichkeit seine Laune beibehielt, die gleiche Kleidung zu tragen wie ich selbst) es schon seit geraumer Zeit bei seinen verschiedenartigen Störungen meiner Absichten so einzurichten gewusst hatte, dass ich niemals, nicht für einen Moment, seine Gesichtszüge zu sehen bekam. Mochte Wilson sein, was er wollte, *dies* jedenfalls war nichts weiter als pure Ziererei oder Albernheit. Konnte er nur einen Augenblick annehmen, dass ich in meinem Mahner von Eton – in dem Zerstörer meiner Ehre zu Oxford – in ihm, der in Rom meinen hochfliegenden Plänen, in Paris meiner Rache, in Neapel meiner leidenschaftlichen Liebe in die Quere kam oder in Ägypten dem, was er fälschlicherweise meine Habsucht nannte – dass ich in ihm, meinem Erzfeind und bösen Geist, den

hated and dreaded rival at Dr Bransby's? Impossible!– But let me hasten to the last eventful scene of the drama.

Thus far I had succumbed supinely to this imperious domination. The sentiment of deep awe with which I habitually regarded the elevated character, the majestic wisdom, the apparent omnipresence and omnipotence of Wilson, added to a feeling of even terror, with which certain other traits in his nature and assumptions inspired me, had operated, hitherto, to impress me with an idea of my own utter weakness and helplessness, and to suggest an implicit, although bitterly reluctant submission to his arbitrary will. But, of late days, I had given myself up entirely to wine; and its maddening influence upon my hereditary temper rendered me more and more impatient of control. I began to murmur,–to hesitate,–to resist. And was it only fancy which induced me to believe that, with the increase of my own firmness, that of my tormentor underwent a proportional diminution? Be this as it may, I now began to feel the inspiration of a burning hope, and at length nurtured in my secret thoughts a stern and desperate resolution that I would submit no longer to be enslaved.

It was at Rome, during the Carnival of 18–, that I attended a masquerade in the palazzo of the Neapolitan Duke Di Broglio. I had indulged more freely than usual in the excesses of the winetable; and now the suffocating atmosphere of the crowded rooms irritated me beyond endurance. The difficulty, too, of forcing my way through the mazes of the company contributed not a little to the ruffling of my temper; for I was anxiously seeking (let me not say with what unworthy motive) the young, the gay,

William Wilson meiner Schuljungenzeit nicht wiedererkennen würde – den Namensvetter, den Kameraden, den Rivalen – den verhassten und gefürchteten Rivalen in Dr. Bransbys Anstalt? Unmöglich! – Doch lassen Sie uns schnell zur letzten ereignisreichen Szene des Dramas kommen.

Bis jetzt hatte ich mich seiner gebieterischen Herrschaft tatenlos ergeben. Das Empfinden tiefer Ehrfurcht, mit dem ich wie aus Gewohnheit den erhabenen Charakter, die majestätische Weisheit, die scheinbare Allgegenwart und Allmacht Wilsons betrachtete, dazu noch ein Gefühl blanken Entsetzens, mit dem gewisse andere Züge seines Wesens und Auftretens mich erfüllten, hatten mich durch ihr bisheriges Zusammenwirken von meiner eigenen Schwäche und Hilflosigkeit überzeugt und mir eine bedingungslose, wenn auch widerstrebende Unterwerfung unter seinen despotischen Willen auferlegt. Doch in den letzten Tagen hatte ich mich völlig dem Wein ergeben; und dessen aufreizender Einfluss auf mein ererbtes Temperament machte mir ein Überwachtwerden immer unerträglicher. Ich begann zu murren – zu zögern – mich zu widersetzen. Und ließ nur Einbildung mich glauben, dass mit der Zunahme meiner eigenen Festigkeit diejenige meines Peinigers in entsprechendem Verhältnis abnahm? Wie dem auch sei, ich spürte nun immer mehr das Aufflammen einer glühenden Hoffnung und nährte schließlich in meinen geheimen Gedanken den festen und verzweifelten Entschluss, mich nicht länger zu unterwerfen, mich nicht versklaven zu lassen.

Es war in Rom, während des Karnevals 18.., dass ich einen Maskenball im Palazzo des neapolitanischen Herzogs di Broglio besuchte. Ich hatte mich noch hemmungsloser als gewöhnlich dem übermäßigen Angebot an Weinen hingegeben; und jetzt reizte mich die erstickende Luft der überfüllten Räume in unerträglicher Weise. Auch trug die Anstrengung, mir durch das labyrinthische Gewühl der Gäste meinen Weg zu bahnen, nicht wenig zur Verschlechterung meiner Stimmung bei; denn ich

the beautiful wife of the aged and doting Di Broglio. With a too unscrupulous confidence she had previously communicated to me the secret of the costume in which she would be habited, and now, having caught a glimpse of her person, I was hurrying to make my way into her presence. At this moment I felt a light hand placed upon my shoulder, and that ever-remembered, low, damnable *whisper* within my ear.

In an absolute frenzy of wrath, I turned at once upon him who had thus interrupted me, and seized him violently by the collar. He was attired, as I had expected, in a costume altogether similar to my own; wearing a Spanish cloak of blue velvet, begirt about the waist with a crimson belt sustaining a rapier. A mask of black silk entirely covered his face.

'Scoundrel!' I said, in a voice husky with rage, while every syllable I uttered seemed as new fuel to my fury; 'scoundrel! impostor! accursed villain! you shall not–you *shall not* dog me unto death! Follow me, or I stab you where you stand!'–and I broke my way from the ballroom into a small ante-chamber adjoining, dragging him unresistingly with me as I went.

Upon entering, I thrust him furiously from me. He staggered against the wall, while I closed the door with an oath, and commanded him to draw. He hesitated but for an instant; then, with a slight sigh, drew in silence, and put himself upon his defence.

The contest was brief indeed. I was frantic with every species of wild excitement, and felt within my single arm the energy and power of a multitude. In a few seconds I forced him by sheer strength against the wainscoting, and thus, getting him at mercy, plunged my sword, with brute

suchte fieberhaft (man erlasse mir das Bekenntnis, mit welch unwürdigem Motiv dies geschah) nach der jungen, der heiteren, der schönen Gattin des alten und kindisch-senilen di Broglio. In allzu sorglosem Vertrauen hatte sie mir zuvor das Geheimnis verraten, welches Kostüm sie tragen würde, und nun hatte ich ihre Gestalt flüchtig erspäht und beeilte mich, in ihre Nähe zu gelangen. In diesem Augenblick fühlte ich eine leichte Hand auf meiner Schulter und vernahm jenes nie vergessene, leise, verfluchte *Geflüster* in meinem Ohr.

In einem wahren Ausbruch des Zorns fuhr ich jäh herum zu ihm, der mich auf diese Weise unterbrochen hatte, und packte ihn heftig beim Kragen. Er war, wie ich es erwartet hatte, in ein Kostüm gekleidet, das dem meinen völlig glich; er trug einen spanischen Mantel aus blauem Samt und um die Taille einen karmesinroten Gürtel, in dem ein Rapier steckte. Eine Maske aus schwarzer Seide bedeckte gänzlich sein Gesicht.

»Schuft!«, sagte ich mit vor Wut heiserer Stimme, während jede Silbe, die ich sprach, meinen Zorn mit neuer Glut zu schüren schien. »Schuft! Betrüger! Verfluchter Halunke! du sollst – du *wirst* mich *nicht* zu Tode hetzen! Folge mir, oder ich ersteche dich hier auf der Stelle!« – und ihn widerstandslos mit mir fortziehend, schlug ich mir eine Gasse aus dem Ballsaal hinein in ein angrenzendes kleines Vorzimmer.

Kaum waren wir eingetreten, schleuderte ich ihn wutentbrannt von mir. Er taumelte gegen die Wand, während ich fluchend die Tür schloss und ihm befahl, zu ziehen. Er zögerte nur einen Augenblick; dann, mit einem leisen Seufzer, zog er schweigend und brachte sich in Verteidigungsstellung.

Der Kampf allerdings war kurz. Ich raste schier vor jeder Art wilder Erregung und fühlte in meinem einzelnen Arm die Kraft und die Macht von Hunderten. Innerhalb weniger Sekunden drängte ich ihn durch bloße Stärke gegen die Wandtäfelung, und

ferocity, repeatedly through and through his bosom.

At that instant some person tried the latch of the door. I hastened to prevent an intrusion, and then immediately returned to my dying antagonist. But what human language can adequately portray *that* astonishment, *that* horror which possessed me at the spectacle then presented to view? The brief moment in which I averted my eyes had been sufficient to produce, apparently, a material change in the arrangements at the upper or farther end of the room. A large mirror,–so at first it seemed to me in my confusion–now stood where none had been perceptible before; and, as I stepped up to it in extremity of terror, mine own image, but with features all pale and dabbled in blood, advanced to meet me with a feeble and tottering gait.

Thus it appeared, I say, but was not. It was my antagonist–it was Wilson, who then stood before me in the agonies of his dissolution. His mask and cloak lay, where he had thrown them, upon the floor. Not a thread in all his raiment–not a line in all the marked and singular lineaments of his face which was not, even in the most absolute identity, *mine own!*

It was Wilson; but he spoke no longer in a whisper, and I could have fancied that I myself was speaking while he said:

'You have conquered, and I yield. Yet, henceforward art thou also dead–dead to the World, to Heaven and to Hope! In me didst thou exist–and, in my death, see by this image, which is thine own, how utterly thou hast murdered thyself.'

da er mir so völlig ausgeliefert war, stach ich ihm die Klinge mit grausamer Wucht wieder und wieder in die Brust.

In diesem Augenblick bewegte jemand die Türklinke. Ich beeilte mich, ein Eindringen zu verhindern, und kehrte dann sofort zu meinem sterbenden Gegner zurück. Doch welche menschliche Sprache kann *jenes* Erstaunen, *jenes* Entsetzen angemessen wiedergeben, das mich bei dem Schauspiel ergriff, das sich nun dem Betrachter darbot? Der kurze Moment, in dem ich den Blick abwandte, hatte offensichtlich genügt, um am oberen, entfernteren Ende des Raums eine wesentliche Veränderung der Einrichtung herbeizuführen. Ein großer Spiegel – so schien es mir zunächst in meiner Verwirrung – stand jetzt dort, wo vorher keiner sichtbar gewesen war; und als ich in maßlosem Schrecken darauf zutrat, näherte sich mir mein eigenes Abbild – doch seine Züge ganz bleich und blutbespritzt – mit kraftlosen, wankenden Schritten.

So schien es, sage ich, doch es war nicht so. Es war mein Widersacher – es war Wilson, der da im Todeskampf vor mir stand. Seine Maske und sein Mantel lagen auf dem Boden, wo er sie hingeworfen hatte. Kein Faden an all seinen Kleidern – keine Linie in all den ausgeprägten und sonderbaren Zügen seines Gesichts, die nicht bis zur allervollkommensten Identität *mein eigen* gewesen wären!

Es war Wilson; doch sprach er nicht länger im Flüsterton, und ich hätte mir einbilden können, dass ich selbst es war, als er sagte:

»Du hast gesiegt, und ich gebe auf. Doch von nun an bist auch du tot – tot für die Welt, für den Himmel und für die Hoffnung! In mir warst du lebendig – und nun, in meinem Tod, sieh an diesem Abbild, das dein eigenes ist, wie gänzlich du dich selbst gemordet hast.«

The Man of the Crowd

Ce grand malheur, de ne pouvoir être seul.
La Bruyère

It was well said of a certain German book that *'er lässt sich nicht lesen'*–it does not permit itself to be read. There are some secrets which do not permit themselves to be told. Men die nightly in their beds, wringing the hands of ghostly confessors, and looking them piteously in the eyes–die with despair of heart and convulsion of throat, on account of the hideousness of mysteries which will not *suffer themselves* to be revealed. Now and then, alas, the conscience of man takes up a burthen so heavy in horror that it can be thrown down only into the grave. And thus the essence of all crime is undivulged.

Not long ago, about the closing in of an evening in autumn, I sat at the large bow window of the D–Coffee-House in London. For some months I had been ill in health, but was now convalescent, and, with returning strength, found myself in one of those happy moods which are so precisely the converse of *ennui*–moods of the keenest appetency, when the film from the mental vision departs–the αχλυζ οζ πριν επηεν–and the intellect, electrified, surpasses as greatly its every-day condition, as does the vivid yet candid reason of Leibnitz, the mad and flimsy rhetoric of Gorgias. Merely to breathe was enjoyment; and I derived positive pleasure even from many of the legitimate sources of pain. I felt a calm but inquisitive interest in every thing. With a cigar in my mouth and a newspaper in my lap, I had been amusing

Der Mann in der Menge

Ce grand malheur, de ne pouvoir être seul.
La Bruyère

Von einem gewissen deutschen Buch ist recht treffend gesagt worden, *»es lässt sich nicht lesen«*. Es gibt so manche Geheimnisse, die sich nicht aussprechen lassen. Menschen sterben des Nachts in ihren Betten, während sie heftig die Hände gespenstischer Beichtväter drücken und ihnen flehentlich in die Augen blicken – sterben mit verzweifeltem Herzen und verkrampfter Kehle angesichts der Entsetzlichkeit von Mysterien, die es nicht *dulden*, offenbart zu werden. Hin und wieder, ach, lädt sich das menschliche Gewissen eine Bürde auf, die so schwer wiegt in ihrem Schrecken, dass sie nur im Grab abgeworfen werden kann. Und so bleibt das innerste Wesen allen Verbrechens unenthüllt.

Vor nicht allzu langer Zeit saß ich in der Dämmerung eines Herbstabends am großen Bogenfenster des Kaffeehauses D... in London. Ich war einige Monate lang krank gewesen, nun aber auf dem Wege der Besserung, und durch die Rückkehr meiner Kräfte befand ich mich in einer jener glücklichen Stimmungen, die das genaue Gegenteil des *ennui* sind – Stimmungen der heftigsten Gier nach Eindrücken, wenn der Nebelschleier vor dem geistigen Auge sich zerteilt – das αχλυζ οζ πριν επηεν – und der elektrisierte Verstand so hoch über sein alltägliches Vermögen hinausragt wie die lebhafte und doch redliche Vernunft eines Leibniz über die wahnwitzige und fadenscheinige Rhetorik eines Gorgias. Schon das Atmen allein war ein Vergnügen; und selbst aus regelrechten Quellen des Leids wusste ich echten Genuss zu schöpfen. An allem und jedem hatte ich ein ruhiges, doch eindringliches Interesse. Mit einer Zigarre im Mund und einer Zeitung auf

myself for the greater part of the afternoon, now in poring over advertisements, now in observing the promiscuous company in the room, and now in peering through the smoky panes into the street.

This latter is one of the principal thoroughfares of the city, and had been very much crowded during the whole day. But, as the darkness came on, the throng momently increased; and, by the time the lamps were well lighted, two dense and continuous tides of population were rushing past the door. At this particular period of the evening I had never before been in a similar situation, and the tumultuous sea of human heads filled me, therefore, with a delicious novelty of emotion. I gave up, at length, all care of things within the hotel, and became absorbed in contemplation of the scene without.

At first my observations took an abstract and generalizing turn. I looked at the passengers in masses, and thought of them in their aggregate relations. Soon, however, I descended to details, and regarded with minute interest the innumerable varieties of figure, dress, air, gait, visage, and expression of countenance.

By far the greater number of those who went by had a satisfied business-like demeanor, and seemed to be thinking only of making their way through the press. Their brows were knit, and their eyes rolled quickly; when pushed against by fellow-wayfarers they evinced no symptom of impatience, but adjusted their clothes and hurried on. Others, still a numerous class, were restless in their movements, had flushed faces, and talked and gesticulated to themselves, as if feeling in solitude on account of the very denseness of the company around. When impeded in their progress, these people suddenly

dem Schoß hatte ich mich den größeren Teil des Nachmittags über vergnügt, indem ich mal die Annoncen studierte, mal die buntgemischte Gesellschaft im Gastraum beobachtete und bisweilen durch die rauchverhangenen Scheiben auf die Straße spähte.

Letztere ist eine der Hauptdurchgangsstraßen der Stadt und war schon den ganzen Tag über äußerst belebt gewesen. Doch mit zunehmender Dunkelheit wuchs das Gedränge minütlich, und als die Laternen im vollen Licht erstrahlten, wälzten sich zwei dichte und stetige Ströme von Menschen an der Tür vorüber. Noch nie zuvor hatte ich mich zu dieser Abendstunde in einer ähnlichen Umgebung befunden, und das ungestüme Meer menschlicher Köpfe erfüllte mich daher mit köstlich-neuartigen Empfindungen. Schließlich kümmerte ich mich gar nicht mehr um die Dinge im Inneren des Hotels und versank immer tiefer in die Betrachtung des Schauplatzes draußen.

Zunächst waren meine Beobachtungen von abstrakter und verallgemeinernder Natur. Ich besah mir die Passanten als Masse und stellte sie mir im Beziehungsgeflecht eines massenhaften Gefüges vor. Bald jedoch ging ich zu Einzelheiten über und prüfte mit eingehendem Interesse die unzähligen Verschiedenheiten in Gestalt, Kleidung, Verhalten, Gang, Gesichtszügen und Mienenspiel.

Die weitaus größere Zahl der Vorübergehenden vermittelte den Eindruck zufriedener Geschäftigkeit und schien nur daran zu denken, sich einen Weg durch das Gedränge zu bahnen. Ihre Stirnen waren gerunzelt, und ihre Augen bewegten sich rasch; wenn sie von anderen Fußgängern angerempelt wurden, zeigten sie keinerlei Anzeichen von Ungeduld, sondern richteten ihre Kleidung und eilten weiter. Andere, auch sie noch recht zahlreich, waren rastlos in ihren Bewegungen, hatten gerötete Gesichter und sprachen und gestikulierten mit sich selbst, als fühlten sie sich gerade wegen der drängenden Enge des Gewimmels um sie herum in größter Einsamkeit. Wurden sie am Weiter-

ceased muttering, but redoubled their gesticulations, and awaited, with an absent and overdone smile upon the lips, the course of the persons impeding them. If jostled, they bowed profusely to the jostlers, and appeared overwhelmed with confusion.–There was nothing very distinctive about these two large classes beyond what I have noted. Their habiliments belonged to that order which is pointedly termed the decent. They were undoubtedly noblemen, merchants, attorneys, tradesmen, stock-jobbers–the Eupatrids and the common-places of society–men of leisure and men actively engaged in affairs of their own–conducting business upon their own responsibility. They did not greatly excite my attention.

The tribe of clerks was an obvious one and here I discerned two remarkable divisions. There were the junior clerks of flash houses–young gentlemen with tight coats, bright boots, well-oiled hair, and supercilious lips. Setting aside a certain dapperness of carriage, which may be termed *deskism* for want of a better word, the manner of these persons seemed to me an exact facsimile of what had been the perfection of *bon ton* about twelve or eighteen months before. They wore the cast-off graces of the gentry;–and this, I believe, involves the best definition of the class.

The division of the upper clerks of staunch firms, or of the 'steady old fellows,' it was not possible to mistake. These were known by their coats and pantaloons of black or brown, made to sit comfortably, with white cravats and waistcoats, broad solid-looking shoes, and thick hose or gaiters.–They had all slightly bald heads, from which the right ears, long used to pen-holding, had an odd habit of standing off on end. I observed that they

gehen gehindert, stellten sie ihr Gemurmel plötzlich ein, verdoppelten jedoch ihre Gestikulationen und warteten, mit einem abwesenden und übertriebenen Lächeln, bis die sie hindernden Personen ihren Weg fortsetzten. Rempelte jemand sie an, so verneigten sie sich ausgiebig vor ihm und schienen ganz bestürzt vor Verlegenheit. – Es gab nichts sonderlich Bemerkenswertes an den beiden großen Gruppen über das hinaus, was ich angemerkt habe. Ihre Kleidung gehörte zu jener Art, die man treffend als dezent bezeichnet. Unzweifelhaft waren es Adlige, Kaufleute, Anwälte, Händler, Börsenmakler – Eupatriden und Allerweltsleute –, Männer des Müßiggangs und solche, die eifrig ihren eigenen Angelegenheiten nachgingen – die eigenverantwortlich ihr Geschäft betrieben. Sie erregten meine Aufmerksamkeit nicht allzu sehr.

Die Gruppe der Angestellten ließ sich leicht erkennen, und hier unterschied ich zwei auffallende Abteilungen. Da waren die niederen Angestellten schicker Handelshäuser – junge Herren mit engsitzenden Röcken, blitzenden Schuhen, gut geöltem Haar und stolzumspielten Lippen. Abgesehen von einer gewissen gediegenen Betriebsamkeit, die man in Ermangelung eines besseren Ausdrucks als *Rezeptionistentum* bezeichnen könnte, schien mir das Benehmen dieser Leute ein getreues Abbild dessen zu sein, was etwa zwölf oder achtzehn Monate zuvor der Inbegriff des *bon ton* gewesen war. Sie trugen den abgelegten Zierrat der Gentry zur Schau – und darin liegt, glaube ich, bereits die beste Definition dieser Klasse.

Die Abteilung der höheren Angestellten solider Firmen, oder der ›guten alten Kameraden‹, ließ sich unmöglich übersehen. Man erkannte sie an ihren bequem geschnittenen schwarzen oder braunen Röcken und Beinkleidern, an ihren weißen Krawatten und Westen, den breiten, stabil wirkenden Schuhen und dicken Strümpfen oder Gamaschen. – Sie alle hatten ein wenig kahl gewordene Köpfe, deren rechte Ohren, seit Langem gewohnt, als Federhalter zu dienen, auf seltsame Art weit abzustehen pfleg-

always removed or settled their hats with both hands, and wore watches, with short gold chains of a substantial and ancient pattern. Theirs was the affectation of respectability;—if indeed there be an affectation so honorable.

There were many individuals of dashing appearance, whom I easily understood as belonging to the race of swell pick-pockets, with which all great cities are infested. I watched these gentry with much inquisitiveness, and found it difficult to imagine how they should ever be mistaken for gentlemen by gentlemen themselves. Their voluminousness of wristband, with an air of excessive frankness, should betray them at once.

The gamblers, of whom I descried not a few, were still more easily recognisable. They wore every variety of dress, from that of the desperate thimble-rig bully, with velvet waistcoat, fancy neckerchief, gilt chains, and filagreed buttons, to that of the scrupulously inornate clergyman, than which nothing could be less liable to suspicion. Still all were distinguished by a certain sodden swarthiness of complexion, a filmy dimness of eye, and pallor and compression of lip. There were two other traits, moreover, by which I could always detect them;—a guarded lowness of tone in conversation, and a more than ordinary extension of the thumb in a direction at right angles with the fingers.—Very often, in company with these sharpers, I observed an order of men somewhat different in habits, but still birds of a kindred feather. They may be defined as the gentlemen who live by their wits. They seem to prey upon the public in two battalions—that of the dandies and that of the military men. Of the first grade the leading features are long locks and smiles; of the second frogged coats and frowns.

ten. Ich beobachtete, dass sie ihre Hüte stets mit beiden Händen abnahmen oder aufsetzten und Uhren trugen mit kurzen Goldketten von kräftiger und altmodischer Machart. Ihnen eignete ein Gehabe der Anständigkeit – falls es tatsächlich ein Gehabe geben sollte, das solchermaßen ehrenwert ist.

Auch waren da so manche waghalsig aussehende Gestalten, die ich mühelos als Angehörige der hochgeachteten Taschendiebszunft erkannte, von der alle großen Städte heimgesucht werden. Ich verfolgte das Treiben dieser feinen Herren mit großer Neugier und fand es kaum vorstellbar, wie sie von wirklichen Gentlemen jemals irrtümlich für Gentlemen gehalten werden sollten. Ihre ausladenden Manschetten in Verbindung mit einem unmäßig freimütigen Auftreten müssten sie sogleich verraten.

Die Spieler, von denen ich nicht wenige ausfindig machte, waren noch leichter zu entdecken. Sie trugen die unterschiedlichsten Arten von Kleidung, von der des hoffnungslos rüpelhaften Hütchenspielers mit Samtweste, neckischem Halstuch, vergoldeten Kettchen und Filigranknöpfen bis hin zu der des bedachtsam schmucklosen Geistlichen, die wohl unverdächtiger nicht sein könnte. Dennoch waren sie alle erkennbar an einem gewissen fahldunklen Teint, einer schleierhaften Trübung der Augen und einem verkniffenen Ausdruck um ihre bleichen Lippen. Und noch zwei weitere Merkmale waren es, anhand derer ich sie jederzeit aufspüren konnte – eine wie aus Vorsicht gedämpfte Stimme beim Gespräch und eine außergewöhnliche Überdehnung des Daumens, nahezu rechtwinklig zu den übrigen Fingern. – Sehr oft sah ich, in Gesellschaft dieser Ganoven, eine Sorte von Leuten, die zwar etwas anders gekleidet, aber dennoch Vögel vom selben Schlag waren. Man könnte sie als jene Herren bezeichnen, die von ihrer Gewitztheit leben. Sie scheinen der Allgemeinheit gleich in zwei Bataillonen nachzustellen – dem der Dandys und dem der Militärs. Die Hauptmerkmale der Ersteren sind langes Haar und Dauerlächeln, die der zweiten quastenbesetzte Röcke und Stirnrunzeln.

Descending in the scale of what is termed gentility, I found darker and deeper themes for speculation. I saw Jew pedlars, with hawk eyes flashing from countenances whose every other feature wore only an expression of abject humility; sturdy professional street beggars scowling upon mendicants of a better stamp, whom despair alone had driven forth into the night for charity; feeble and ghastly invalids, upon whom death had placed a sure hand, and who sidled and tottered through the mob, looking every one beseechingly in the face, as if in search of some chance consolation, some lost hope; modest young girls returning from long and late labor to a cheerless home, and shrinking more tearfully than indignantly from the glances of ruffians, whose direct contact, even, could not be avoided; women of the town of all kinds and of all ages–the unequivocal beauty in the prime of her womanhood, putting one in mind of the statue in Lucian, with the surface of Parian marble, and the interior filled with filth–the loathsome and utterly lost leper in rags–the wrinkled, bejewelled and paintbegrimed beldame, making a last effort at youth–the mere child of immature form, yet, from long association, an adept in the dreadful coquetries of her trade, and burning with a rabid ambition to be ranked the equal of her elders in vice; drunkards innumerable and indescribable–some in shreds and patches, reeling, inarticulate, with bruised visage and lack-lustre eyes–some in whole although filthy garments, with a slightly unsteady swagger, thick sensual lips, and heartylooking rubicund faces–others clothed in materials which had once been good, and which even now were scrupulously well brushed–men who walked with a more than naturally firm and springy step, but whose countenances

Die Stufenleiter der sogenannten Vornehmheit weiter hinabsteigend, fand ich dunkleren und verborgeneren Stoff für Spekulationen. Ich sah jüdische Hausierer mit Habichtsaugen, die aus Gesichtern hervorblitzten, deren sonstige Merkmale nichts als den Ausdruck kriecherischer Ergebenheit trugen; hartgesottene berufsmäßige Straßenbettler, die mit finsteren Blicken jene redlicheren Almosenbettler musterten, die allein von der verzweifelten Hoffnung auf Wohltätigkeit in die Nacht hinausgetrieben worden waren; hinfällige, geisterhafte Invaliden, auf die der Tod schon seine schwere Hand gelegt hatte und die sich taumelnd durch die Menge schlängelten, einem jeden flehentlich ins Gesicht blickend, als suchten sie irgendeinen zufälligen Trost, irgendeine verlorene Hoffnung; sittsame junge Mädchen, die von langer harter Arbeit in ein freudloses Zuhause zurückkehrten und die eher traurig als ungehalten den Blicken rauer Burschen auswichen, wo doch sogar eine Berührung mit ihnen unvermeidlich war; Straßendirnen aller Art und jeden Alters – die unzweideutige Schöne in der Blüte ihrer Weiblichkeit, die Gedanken wachrief an die Statue bei Lukian, deren Oberfläche aus parischem Marmor, deren Inneres aber mit Dreck gefüllt war – die ekelerregende, völlig verlorene Aussätzige in Lumpen – die runzlige, perlenbehängte, grell überschminkte alte Vettel, die mit letzter Anstrengung jung zu wirken versuchte – das noch unentwickelte, reine Kind, jedoch durch lange Teilhabe schon erfahren in der schäbigen Koketterie ihres Gewerbes und brennend vor wütendem Ehrgeiz, den Älteren im Laster gleichzukommen; Trunkenbolde, unzählig und nicht zu beschreiben – manche in Fetzen und Lumpen, taumelnd, lallend, mit zerschrammten Visagen und glanzlosen Augen – einige in unversehrten, wenngleich schmutzigen Kleidern, mit etwas unstet stolzem Gang, dicken lüsternen Lippen und herzhaft aussehenden rötlichen Gesichtern – wieder andere, in Stoffe gekleidet, die früher einmal tadellos gewesen und selbst jetzt noch sorgsam ausgebürstet waren – Männer, die mit

were fearfully pale, whose eyes hideously wild and red, and who clutched with quivering fingers, as they strode through the crowd, at every object which came within their reach; beside these, pie-men, porters, coal-heavers, sweeps; organ-grinders, monkey-exhibiters and ballad mongers, those who vended with those who sang; ragged artizans and exhausted laborers of every description, and all full of a noisy and inordinate vivacity which jarred discordantly upon the ear, and gave an aching sensation to the eye.

As the night deepened, so deepened to me the interest of the scene; for not only did the general character of the crowd materially alter (its gentler features retiring in the gradual withdrawal of the more orderly portion of the people, and its harsher ones coming out into bolder relief, as the late hour brought forth every species of infamy from its den,) but the rays of the gas-lamps, feeble at first in their struggle with the dying day, had now at length gained ascendancy, and threw over every thing a fitful and garish lustre. All was dark yet splendid—as that ebony to which has been likened the style of Tertullian.

The wild effects of the light enchained me to an examination of individual faces; and although the rapidity with which the world of light flitted before the window, prevented me from casting more than a glance upon each visage, still it seemed that, in my then peculiar mental state, I could frequently read, even in that brief interval of a glance, the history of long years.

With my brow to the glass, I was thus occupied in scrutinizing the mob, when suddenly there came into view a countenance (that of a decrepid old man, some sixty-five or seventy years of age,)—a countenance which

unnatürlich sicherem und elastischem Schritt vorübergingen, deren Gesichter jedoch fürchterlich blass, deren Augen abscheulich wild und rot waren und die, wie sie sich da durch die Menge schoben, mit zitternden Fingern nach allem griffen, was in ihre Reichweite kam; außerdem noch Pastetenhändler, Portiers, Kohlenträger, Straßenkehrer; Leierkastenmänner, Affendresseure und Bänkelsänger, nämlich die, die verkauften, und die, die sangen; stümperhafte Kunstgewerbler und erschöpfte Arbeiter jedweder Sorte, und sie alle waren voll von einer lärmenden und zügellosen Lebhaftigkeit, die misstönend in den Ohren schnarrte und den Augen einen schmerzhaften Anblick bot.

Je tiefer die Nacht sich herabsenkte, desto mehr vertiefte sich auch mein Interesse an der Szene; denn nicht nur veränderte sich Wesentliches im allgemeinen Charakter der Menge (ihre sanfteren Züge schwanden mit dem allmählichen Rückzug des gesitteteren Teils der Leute, und die raueren traten umso kühner hervor, da die späte Stunde alle Arten der Ehrlosigkeit aus ihren Höhlen lockte), sondern es hatten auch die Strahlen der Gaslaternen, kläglich zunächst im Kampf mit dem schwindenden Tag, nun endlich die Vorherrschaft erlangt und warfen über alles ein flackerndes, grelles Licht. Alles war dunkel und doch glanzvoll – gleich jenem Ebenholz, mit dem man den Stil Tertullians verglichen hat.

Die flirrenden Effekte des Lichts fesselten mich geradezu an die Untersuchung einzelner Gesichter; und wenngleich die Schnelligkeit, mit der diese Lichterwelt vor dem Fenster umherhuschte, mich daran hinderte, mehr als einen flüchtigen Blick auf jedes Antlitz zu werfen, so schien es doch, in meinem damals so sonderbaren Gemütszustand, als könnte ich, selbst in jener kurzen Spanne eines Augenblicks, häufig die Geschichte langer Jahre lesen.

Meine Stirn dicht an der Fensterscheibe, war ich also ganz mit der genauen Betrachtung der Menge beschäftigt, als plötzlich ein Gesicht in mein Blickfeld kam (das eines hinfälligen alten Mannes von etwa fünfundsechzig oder siebzig Jahren) –

at once arrested and absorbed my whole attention, on account of the absolute idiosyncracy of its expression. Any thing even remotely resembling that expression I had never seen before. I well remember that my first thought, upon beholding it, was that Retzsch, had he viewed it, would have greatly preferred it to his own pictural incarnations of the fiend. As I endeavored, during the brief minute of my original survey, to form some analysis of the meaning conveyed, there arose confusedly and paradoxically within my mind, the ideas of vast mental power, of caution, of penuriousness, of avarice, of coolness, of malice, of blood-thirstiness, of triumph, of merriment, of excessive terror, of intense–of supreme despair. I felt singularly aroused, startled, fascinated. 'How wild a history,' I said to myself, 'is written within that bosom!' Then came a craving desire to keep the man in view–to know more of him. Hurriedly putting on an overcoat, and seizing my hat and cane, I made my way into the street, and pushed through the crowd in the direction which I had seen him take; for he had already disappeared. With some little difficulty I at length came within sight of him, approached, and followed him closely, yet cautiously, so as not to attract his attention.

I had now a good opportunity of examining his person. He was short in stature, very thin, and apparently very feeble. His clothes, generally, were filthy and ragged; but as he came, now and then, within the strong glare of a lamp, I perceived that his linen, although dirty, was of beautiful texture; and my vision deceived me, or, through a rent in a closely-buttoned and evidently second-handed *roquelaire* which enveloped him, I caught a glimpse both of a diamond and of a dagger. These obser-

ein Gesicht, das sogleich meine volle Aufmerksamkeit auf sich zog und fesselte durch die ungeheuerliche Eigenart seines Ausdrucks. Etwas diesem Ausdruck auch nur entfernt Ähnelndes hatte ich niemals zuvor gesehen. Ich erinnere mich gut, mein erster Gedanke bei seinem Anblick war, dass Retzsch, hätte er ihn betrachtet, ihm unbedingt den Vorzug gegeben haben würde vor seinen eigenen bildhaften Verkörperungen des Teufels. Als ich noch im Moment des ersten Anblicks versuchte, zu einer Deutung des sinnfälligen Ausdrucks zu gelangen, entstanden, verworren und widersprüchlich, in meinem Gemüt die Vorstellungen von unermesslicher Geisteskraft, von Vorsicht, Kargheit, Habgier, von Kälte, Bosheit, Blutrünstigkeit, von Triumph, von Fröhlichkeit, von maßlosem Entsetzen und von tiefer – von abgründiger Verzweiflung. Ich war seltsam aufgebracht, erschrocken, fasziniert. ›Welch wirre Geschichte‹, sagte ich zu mir selbst, ›steht in dieser Brust geschrieben!‹ Dann befiel mich ein begieriges Verlangen, den Mann im Auge zu behalten – mehr über ihn zu erfahren. Hastig warf ich meinen Mantel über, griff nach Hut und Stock, eilte auf die Straße und drängte mich durch die Menge in die Richtung, die ich ihn hatte einschlagen sehen; denn er war bereits verschwunden. Nach einiger Mühe hatte ich ihn schließlich in Sichtweite vor mir, kam näher heran und folgte ihm dicht, aber vorsichtig, um nicht seine Aufmerksamkeit zu erregen.

Ich hatte jetzt gute Gelegenheit, ihn eingehend zu mustern. Er war von kleiner Gestalt, sehr dünn und offenbar sehr schwach. Seine Kleider waren ganz verdreckt und zerlumpt; doch wenn er von Zeit zu Zeit ins grelle Licht einer Laterne trat, bemerkte ich, dass seine Wäsche zwar schmutzig, aber doch von feinstem Gewebe war; und wenn mein Blick mich nicht täuschte, so erspähte ich flüchtig durch einen Riss in dem dichtgeknöpften und augenscheinlich aus zweiter Hand stammenden *roquelaire*, der ihn umhüllte, sowohl einen Diamanten als auch einen Dolch. Diese Be-

vations heightened my curiosity, and I resolved to follow the stranger whithersoever he should go.

It was now fully night-fall, and a thick humid fog hung over the city, soon ending in a settled and heavy rain. This change of weather had an odd effect upon the crowd, the whole of which was at once put into new commotion, and overshadowed by a world of umbrellas. The waver, the jostle, and the hum increased in a tenfold degree. For my own part I did not much regard the rain—the lurking of an old fever in my system rendering the moisture somewhat too dangerously pleasant. Tying a handkerchief about my mouth, I kept on. For half an hour the old man held his way with difficulty along the great thoroughfare; and I here walked close at his elbow through fear of losing sight of him. Never once turning his head to look back, he did not observe me. By and bye he passed into a cross street, which, although densely filled with people, was not quite so much thronged as the main one he had quitted. Here a change in his demeanor became evident. He walked more slowly and with less object than before—more hesitatingly. He crossed and re-crossed the way repeatedly without apparent aim; and the press was still so thick that, at every such movement, I was obliged to follow him closely. The street was a narrow and long one, and his course lay within it for nearly an hour, during which the passengers had gradually diminished to about that number which is ordinarily seen at noon in Broadway near the Park—so vast a difference is there between a London populace and that of the most frequented American city. A second turn brought us into a square, brilliantly lighted, and overflowing with life. The old manner of the stranger re-appeared. His chin fell upon

obachtungen steigerten meine Neugier, und ich beschloss, dem Fremden zu folgen, wo immer er auch hingehen würde.

Es war jetzt tiefe Nacht, und ein dichter feuchter Nebel hing über der Stadt, der bald in einen steten, heftigen Regen überging. Dieser Wetterwechsel hatte eine seltsame Wirkung auf die Menge, die plötzlich vollständig in neue Aufregung geriet und sogleich überschattet wurde von einem Wald von Regenschirmen. Das Wanken, das Drängen und das Summen verstärkten sich um das Zehnfache. Ich für mein Teil beachtete den Regen kaum – das Schwelen eines alten Fiebers, das meinen Leib besetzt hielt, machte mir die Nässe angenehm, wenn auch nicht ganz ungefährlich. Ich band mir ein Taschentuch vor den Mund und ging weiter. Für eine halbe Stunde setzte der Mann mit Mühe seinen Weg entlang der großen Durchgangsstraße fort; und ich blieb währenddessen dicht an seiner Seite, aus Furcht, ihn aus den Augen zu verlieren. Da er nie den Kopf wandte, um sich umzuschauen, bemerkte er mich nicht. Nach längerer Zeit bog er in eine Querstraße ein, die, obwohl voller Menschen, nicht annähernd so überlaufen war wie die Hauptstraße, die er verlassen hatte. Hier wurde eine Veränderung in seinem Verhalten sichtbar. Er ging langsamer und weniger zielstrebig als zuvor – zögerlicher. Wieder und wieder überquerte er die Straße ohne erkennbaren Grund; und das Gewühl war noch immer so dicht, dass ich ihm bei jeder solchen Bewegung auf den Fersen bleiben musste. Die Straße war eng und lang, und sein Weg folgte ihrem Verlauf für fast eine Stunde, während derer die Zahl der Passanten allmählich abnahm bis etwa zu der Menge, die gewöhnlich um die Mittagszeit auf dem Broadway nahe dem Park anzutreffen ist – so riesig ist der Unterschied zwischen der Bevölkerung von London und jener der belebtesten amerikanischen Stadt. Wir bogen ein zweites Mal ab und gelangten auf einen Platz, der hellstrahlend erleuchtet war und überfloss von Leben. Das alte Benehmen des Fremden zeigte sich erneut. Sein Kinn fiel auf seine Brust, während seine Augen unter den zusam-

his breast, while his eyes rolled widly from under his knit brows, in every direction, upon those who hemmed him in. He urged his way steadily and perseveringly. I was surprised, however, to find, upon his having made the circuit of the square, that he turned and retraced his steps. Still more, was I astonished to see him repeat the same walk several times–once nearly detecting me as he came round with a sudden movement.

In this exercise he spent another hour, at the end of which we met with far less interruption from passengers than at first. The rain fell fast; the air grew cool; and the people were retiring to their homes. With a gesture of impatience, the wanderer passed into a bye-street comparatively deserted. Down this, some quarter of a mile long, he rushed with an activity I could not have dreamed of seeing in one so aged, and which put me to much trouble in pursuit. A few minutes brought us to a large and busy bazaar, with the localities of which the stranger appeared well acquainted, and where his original demeanor again became apparent, as he forced his way to and fro, without aim, among the host of buyers and sellers.

During the hour and a half, or thereabouts, which we passed in this place, it required much caution on my part to keep him within reach without attracting his observation. Luckily I wore a pair of caoutchouc over-shoes, and could move about in perfect silence. At no moment did he see that I watched him. He entered shop after shop, priced nothing, spoke no word, and looked at all objects with a wild and vacant stare. I was now utterly amazed at his behaviour, and firmly resolved that we should not part until I had satisfied myself in some measure respecting him.

mengezogenen Brauen weit in jede Richtung hin und her rollten und all jene anblickten, die ihm hinderlich waren. Er verfolgte seinen Weg stetig und beharrlich. Ich war jedoch erstaunt zu bemerken, dass er, als er den Platz umrundet hatte, kehrtmachte und denselben Weg zurückging. Noch mehr war ich darüber verwundert, ihn den gleichen Gang mehrmals wiederholen zu sehen – wobei er mich einmal fast entdeckte, als er sich mit einer plötzlichen Bewegung herumdrehte.

Mit dieser Übung brachte er eine weitere Stunde zu, an deren Ende wir weit weniger durch Passanten gestört wurden als zu Anfang. Der Regen fiel beständig; die Luft wurde kühl; und die Menschen zogen sich in ihre Häuser zurück. Mit einer Geste der Ungeduld trat der Wanderer in eine vergleichsweise menschenleere Nebenstraße. Diese, etwa eine Viertelmeile lang, eilte er mit einer Behändigkeit hinunter, die ich nicht im Traum einem so bejahrten Mann zugetraut hätte und die mir die Verfolgung sehr erschwerte. Nach wenigen Minuten gelangten wir zu einem großen und geschäftigen Bazar, mit dessen Örtlichkeiten der Fremde wohlvertraut zu sein schien und wo sein ursprüngliches Benehmen wieder sichtbar wurde, da er sich seinen Weg bahnte, hin und her, ohne Ziel, inmitten der Schar von Käufern und Verkäufern.

Während der ungefähr anderthalb Stunden, die wir an diesem Ort verbrachten, bedurfte es meinerseits großer Vorsicht, ihn in Reichweite zu behalten, ohne ihn auf mich aufmerksam zu machen. Glücklicherweise trug ich ein Paar Überschuhe aus Kautschuk und konnte daher völlig geräuschlos umhergehen. Zu keinem Zeitpunkt sah er, dass ich ihn beobachtete. Er betrat einen Laden nach dem anderen, erfragte keinen Preis, sprach kein Wort und blickte auf alles mit einem wirren und ausdruckslosen Starren. Ich war jetzt äußerst verwundert über sein Benehmen und nahm mir fest vor, dass wir uns nicht trennen würden, bis ich mich hinsichtlich seiner Person einigermaßen zufriedengestellt hätte.

A loud-toned clock struck eleven, and the company were fast deserting the bazaar. A shop-keeper, in putting up a shutter, jostled the old man, and at the instant I saw a strong shudder come over his frame. He hurried into the street, looked anxiously around him for an instant, and then ran with incredible swiftness through many crooked and people-less lanes, until we emerged once more upon the great thoroughfare whence we had started—the street of the D—Hotel. It no longer wore, however, the same aspect. It was still brilliant with gas; but the rain fell fiercely, and there were few persons to be seen. The stranger grew pale. He walked moodily some paces up the once populous avenue, then, with a heavy sigh, turned in the direction of the river, and, plunging through a great variety of devious ways, came out, at length, in view of one of the principal theatres. It was about being closed, and the audience were thronging from the doors. I saw the old man gasp as if for breath while he threw himself amid the crowd; but I thought that the intense agony of his countenance had, in some measure, abated. His head again fell upon his breast; he appeared as I had seen him at first. I observed that he now took the course in which had gone the greater number of the audience—but, upon the whole, I was at a loss to comprehend the waywardness of his actions.

As he proceeded, the company grew more scattered, and his old uneasiness and vacillation were resumed. For some time he followed closely a party of some ten or twelve roisterers; but from this number one by one dropped off, until three only remained together, in a narrow and gloomy lane little frequented. The stranger paused, and, for a moment, seemed lost in thought; then, with every mark of agitation, pursued rapidly a route

Eine laute Uhr schlug elf, und die Menge verließ eilig den Bazar. Ein Händler, der gerade einen Fensterladen anbrachte, rempelte den alten Mann an, und im selben Augenblick sah ich, wie ein heftiges Schaudern seinen Körper überkam. Er hastete auf die Straße, sah sich für einen Moment ängstlich um und lief dann mit unglaublicher Schnelligkeit durch viele gewundene menschenleere Gassen, bis wir abermals auf der großen Durchgangsstraße auskamen, von der aus wir gestartet waren – der Straße des D…-Hotels. Sie bot jedoch nicht mehr denselben Anblick. Sie erstrahlte zwar noch immer im Gaslicht; aber der Regen fiel heftig, und es waren nur wenige Leute zu sehen. Der Fremde wurde blass. Er ging mürrisch einige Schritte die zuvor so belebte große Straße hinauf, wandte sich dann mit einem tiefen Seufzer in Richtung des Flusses, stürzte durch ein vielfältiges Gewirr von Irrwegen und kam schließlich in Sichtweite eines der großen Theater heraus. Es war kurz vor Toresschluss, und das Publikum drängte aus den Türen. Ich sah den alten Mann keuchen, als ränge er nach Luft, während er sich mitten in die Menge warf; doch schien es mir, als hätte sich das ungeheure Leid in seinen Gesichtszügen in gewissem Grad gemildert. Sein Kopf fiel wieder auf seine Brust; er erschien so, wie ich ihn zu Anfang gesehen hatte. Ich beobachtete, dass er jetzt die Richtung einschlug, in die die Mehrzahl der Theaterbesucher gegangen war – im Ganzen aber war es mir unmöglich, die Unberechenbarkeit seiner Handlungen zu begreifen.

Während er weiterging, zerstreute sich die Menge allmählich, und seine alte Unruhe und Unschlüssigkeit kehrten wieder zurück. Eine Zeitlang folgte er dicht einer Gruppe von etwa zehn oder zwölf Radaubrüdern; doch um einen nach dem andern verringerte sich diese Zahl, bis nur noch drei gemeinsam in einer engen und düsteren, wenig belebten Gasse zurückblieben. Der Fremde hielt inne und schien einen Augenblick in Gedanken verloren; dann, mit sämtlichen Anzeichen der Aufregung, schlug er

which brought us to the verge of the city, amid regions very different from those we had hitherto traversed. It was the most noisome quarter of London, where every thing wore the worst impress of the most deplorable poverty, and of the most desperate crime. By the dim light of an accidental lamp, tall, antique, wormeaten, wooden tenements were seen tottering to their fall, in directions so many and capricious that scarce the semblance of a passage was discernible between them. The paving-stones lay at random, displaced from their beds by the rankly-growing grass. Horrible filth festered in the dammed-up gutters. The whole atmosphere teemed with desolation. Yet, as we proceeded, the sounds of human life revived by sure degrees, and at length large bands of the most abandoned of a London populace were seen reeling to and fro. The spirits of the old man again flickered up, as a lamp which is near its deathhour. Once more he strode onward with elastic tread. Suddenly a corner was turned, a blaze of light burst upon our sight, and we stood before one of the huge suburban temples of Intemperance—one of the palaces of the fiend, Gin.

It was now nearly day-break; but a number of wretched inebriates still pressed in and out of the flaunting entrance. With a half shriek of joy the old man forced a passage within, resumed at once his original bearing, and stalked backward and forward, without apparent object, among the throng. He had not been thus long occupied, however, before a rush to the doors gave token that the host was closing them for the night. It was something even more intense than despair that I then observed upon the countenance of the singular being whom I had watched so pertinaciously. Yet he did not hesitate in his career, but, with a mad energy, retraced his

rasch einen Weg ein, der uns an den Rand des Stadtkerns führte, in ganz andere Gegenden als die, die wir bisher durchquert hatten. Es war das abstoßendste Viertel von London, wo alles das schlimmste Gepräge trug von erbärmlichster Armut und ausweglosestem Verbrechen. Beim trüben Licht einer vereinzelten Laterne sah man hohe, altertümliche, wurmstichige hölzerne Mietshäuser, die in so vielen und launenhaften Richtungen ihrem Einsturz entgegentaumelten, dass kaum der Anschein eines Durchgangs zwischen ihnen erkennbar war. Die Pflastersteine lagen wahllos umher, vom üppig wuchernden Gras aus ihren Betten verdrängt. Scheußlicher Dreck verfaulte in den aufgestauten Rinnsteinen. Die ganze Atmosphäre war angefüllt mit Trostlosigkeit. Doch als wir weitergingen, lebten die Geräusche menschlichen Lebens stetig und allmählich wieder auf, und schließlich sah man große Banden der Verworfensten der Londoner Bevölkerung hin und her taumeln. Die Lebensgeister des alten Mannes flackerten wieder auf, wie eine Lampe, die kurz vorm Verlöschen steht. Abermals strebte er vorwärts mit federndem Schritt. Plötzlich ging es um eine Ecke, Lichterglanz loderte vor unseren Augen, und wir standen vor einem der gewaltigen Vorstadttempel der Zügellosigkeit – einem der Paläste des Teufels Gin.

Es war jetzt fast Tagesanbruch; doch eine Anzahl elender Trunkenbolde drängte hinein und hinaus durch den protzigen Eingang. Mit einem unterdrückten Freudenschrei bahnte sich der Alte einen Weg hinein, nahm sogleich sein ursprüngliches Verhalten wieder an und pirschte, ohne ersichtliches Ziel, inmitten der Menge auf und ab. Er war jedoch noch nicht lang so beschäftigt, als ein Ansturm auf die Türen verriet, dass der Wirt dabei war, sie für die Nacht zu schließen. Etwas sogar noch Stärkeres als Verzweiflung bemerkte ich da in den Zügen des seltsamen Wesens, das ich so beharrlich beobachtet hatte. Doch er hielt in seinem Lauf nicht inne, sondern ging sogleich mit wilder Entschlossenheit denselben Weg wieder zurück ins Herz des ge-

steps at once, to the heart of the mighty London. Long and swiftly he fled, while I followed him in the wildest amazement, resolute not to abandon a scrutiny in which I now felt an interest all-absorbing. The sun arose while we proceeded, and, when we had once again reached that most thronged mart of the populous town, the street of the D–Hotel, it presented an appearance of human bustle and activity scarcely inferior to what I had seen on the evening before. And here, long, amid the momently increasing confusion, did I persist in my pursuit of the stranger. But, as usual, he walked to and fro, and during the day did not pass from out the turmoil of that street. And, as the shades of the second evening came on, I grew wearied unto death, and, stopping fully in front of the wanderer, gazed at him steadfastly in the face. He noticed me not, but resumed his solemn walk, while I, ceasing to follow, remained absorbed in contemplation. 'This old man,' I said at length, 'is the type and the genius of deep crime. He refuses to be alone. *He is the man of the crowd.* It will be in vain to follow; for I shall learn no more of him, nor of his deeds. The worst heart of the world is a grosser book than the "Hortulus Animæ,"* and perhaps it is but one of the great mercies of God that *"er lässt sich nicht lesen."'*

* The *'Hortulus Animæ cum Oratiunculis Aliquibus Supcradditis'* of Grüninger.

waltigen London. Lang und schnell floh er dahin, während ich ihm in heftigster Verwunderung folgte, entschlossen, nicht von einer Untersuchung abzulassen, an der ich nun ein verzehrendes Interesse fühlte. Die Sonne ging auf, während wir weitergingen, und als wir abermals jenen belebtesten Marktflecken der volkreichen Stadt erreicht hatten, die Straße des D...-Hotels, bot diese ein Erscheinungsbild von menschlicher Hektik und Betriebsamkeit, das kaum hinter dem zurückstand, was ich am Abend zuvor gesehen hatte. Und hier, inmitten des mit jedem Augenblick zunehmenden Gewirrs, setzte ich noch lang die Verfolgung des Fremden fort. Er aber ging wie gewöhnlich auf und ab und entfernte sich während des Tages nicht aus dem Getümmel jener Straße. Und als die Schatten des zweiten Abends nahten, wurde ich todmüde, und indem ich direkt vor dem Wanderer stehenblieb, blickte ich ihm fest ins Gesicht. Er bemerkte mich nicht, sondern setzte seinen feierlich-ernsten Gang weiter fort, während ich die Verfolgung beendete und in Gedanken versunken zurückblieb. »Dieser alte Mann«, sagte ich schließlich, »ist das Urbild und der Genius abgründigen Verbrechens. Er weigert sich, allein zu sein. *Er ist der Mann in der Menge.* Es ist vergeblich, ihm zu folgen; denn ich werde nichts mehr erfahren, weder über ihn noch über seine Taten. Das schlechteste Herz der Welt ist ein abscheulicheres Buch als der ›Hortulus animae‹*, und vielleicht ist es nur eine der großen Gnaden Gottes, jenes *›es lässt sich nicht lesen‹*.«

* *Hortulus animae cum oratiunculis aliquibus superadditis* von Grüninger.

The Murders in the Rue Morgue

> What song the Syrens sang, or what name Achilles assumed when he hid himself among women, although puzzling questions, are not beyond *all* conjecture.
>
> Sir Thomas Browne

The mental features discoursed of as the analytical are, in themselves, but little susceptible of analysis. We appreciate them only in their effects. We know of them, among other things, that they are always to their possessor, when inordinately possessed, a source of the liveliest enjoyment. As the strong man exults in his physical ability, delighting in such exercises as call his muscles into action, so glories the analyst in that moral activity which *disentangles.* He derives pleasure from even the most trivial occupations bringing his talent into play. He is fond of enigmas, of conundrums, of hieroglyphics; exhibiting in his solutions of each a degree of *acumen* which appears to the ordinary apprehension præternatural. His results, brought about by the very soul and essence of method, have, in truth, the whole air of intuition.

The faculty of re-solution is possibly much invigorated by mathematical study, and especially by that highest branch of it which, unjustly, and merely on account of its retrograde operations, has been called, as if *par excellence,* analysis. Yet to calculate is not in itself to analyse. A chess-player, for example, does the one without effort at the other. It follows that the game of chess, in its effects upon mental character, is greatly misunderstood. I am not now

Die Morde in der Rue Morgue

> Welches Lied die Sirenen sangen oder welchen Namen Achilles sich gab, als er sich bei den Frauen versteckte, das sind zwar schwierige Fragen, doch liegen sie nicht jenseits *aller* Mutmaßung.
>
> Sir Thomas Browne

Die geistigen Fähigkeiten, die man die analytischen nennt, sind, an und für sich, der Analyse kaum zugänglich. Wir nehmen sie nur in ihren Effekten wahr. Unter anderem wissen wir von ihnen, dass sie ihrem jeweiligen Besitzer, falls er sie denn im Überfluss besitzt, stets eine Quelle des lebhaftesten Vergnügens sind. So wie der Starke über seine physischen Fähigkeiten jubelt und sich an allen Übungen erfreut, die seine Muskeln in Aktion setzen, so schwelgt der Analytiker in jener mentalen Tätigkeit, die *entwirrt*. Selbst aus den banalsten Beschäftigungen, die sein Talent ins Spiel bringen, schöpft er Genuss. Er schätzt Rätsel, Wortspiele, Hieroglyphen; und bei jeder Lösung derselben offenbart er einen Grad an *Scharfsinn*, der dem Durchschnittsverstand übernatürlich erscheint. Seine Resultate, zustande gebracht allein durch echte und präzise Methode, haben in Wirklichkeit ganz den Anschein der Intuition.

Die Fähigkeit zur Auf-Lösung wird möglicherweise durch das Studium der Mathematik erheblich gefördert, und speziell jenes höchsten ihrer Zweige, den man, zu Unrecht und wohl nur seiner rückbezüglichen Operationen wegen, gleichsam *par excellence* Analysis genannt hat. Doch Rechnen ist noch nicht Analysieren. Ein Schachspieler zum Beispiel tut das eine, ohne dabei das andere zu leisten. Es folgt daraus, dass man das Schachspiel in seiner Wirkung auf die geistige Disposition in höchstem Maße miss-

writing a treatise, but simply prefacing a somewhat peculiar narrative by observations very much at random; I will, therefore, take occasion to assert that the higher powers of the reflective intellect are more decidedly and more usefully tasked by the unostentatious game of draughts than by all the elaborate frivolity of chess. In this latter, where the pieces have different and *bizarre* motions, with various and variable values, what is only complex is mistaken (a not unusual error) for what is profound. The *attention* is here called powerfully into play. If it flag for an instant, an oversight is committed, resulting in injury or defeat. The possible moves being not only manifold but involute, the chances of such oversights are multiplied; and in nine cases out of ten it is the more concentrative rather than the more acute player who conquers. In draughts, on the contrary, where the moves are *unique* and have but little variation, the probabilities of inadvertence are diminished, and the mere attention being left comparatively unemployed, what advantages are obtained by either party are obtained by superior *acumen*. To be less abstract–Let us suppose a game of draughts where the pieces are reduced to four kings, and where, of course, no oversight is to be expected. It is obvious that here the victory can be decided (the players being at all equal) only by some *recherché* movement, the result of some strong exertion of the intellect. Deprived of ordinary resources, the analyst throws himself into the spirit of his opponent, identifies himself therewith, and not unfrequently sees thus, at a glance, the sole methods (sometimes indeed absurdly simple ones) by which he may seduce into error or hurry into miscalculation.

Whist has long been noted for its influence upon what is termed the calculating power; and men of the highest

versteht. Ich schreibe hier nun keine Abhandlung, sondern werde eine etwas seltsame Erzählung lediglich durch einige ziemlich beiläufige Bemerkungen einleiten; ich möchte daher die Gelegenheit nutzen, um zu behaupten, dass die höheren Kräfte des reflexiven Intellekts durch das schlichte Damespiel entschiedener und nutzbringender beansprucht werden als durch die ausgeklügelten Nichtigkeiten des Schachspiels. Bei Letzterem, in dem die Figuren unterschiedliche und *bizarre* Bewegungsmuster mit verschiedenen und veränderlichen Wertigkeiten haben, wird (ein nicht ungewöhnlicher Irrtum) das, was nur komplex ist, fälschlicherweise für tiefgründig gehalten. Hier spielt die *Aufmerksamkeit* die Hauptrolle. Erlahmt sie für einen Moment, so passiert ein Versehen, das zu Verlust oder Niederlage führt. Da die möglichen Züge nicht nur vielfältig, sondern auch verworren sind, vervielfacht sich die Wahrscheinlichkeit solcher Versehen; und in neun von zehn Fällen ist es eher der konzentriertere als der scharfsinnigere Spieler, der gewinnt. Beim Damespiel hingegen, in dem die Züge *eindeutig* sind und kaum variieren, ist eine Unachtsamkeit weniger wahrscheinlich, und da die Aufmerksamkeit vergleichsweise unbeschäftigt ist, werden die Vorteile, die eine Partei jeweils erringt, durch überlegenen *Scharfsinn* errungen. Um weniger abstrakt zu sein: Stellen wir uns eine Damepartie vor, bei der die Spielsteine auf vier Damen reduziert sind und bei der gewiss kein Versehen zu erwarten ist. Offensichtlich kann hier der Sieg (die Spieler sind sich ebenbürtig) nur durch irgendeinen *recherché* Zug entschieden werden, das Resultat einer starken Anstrengung des Intellekts. Gewöhnlicher Hilfsmittel beraubt, versetzt sich der Analytiker in den Geist seines Gegners, identifiziert sich mit ihm und erkennt so nicht selten auf einen Blick die einzigen Methoden (bisweilen wirklich absurd einfache), mit denen er den andern zu Fehlern verleiten oder in falsche Berechnungen drängen kann.

Das Whistspiel ist seit Langem bekannt für seinen Einfluss auf das sogenannte Berechnungsvermögen; und von den größ-

order of intellect have been known to take an apparently unaccountable delight in it, while eschewing chess as frivolous. Beyond doubt there is nothing of a similar nature so greatly tasking the faculty of analysis. The best chess-player in Christendom *may* be little more than the best player of chess; but proficiency in whist implies capacity for success in all those more important undertakings where mind struggles with mind. When I say proficiency, I mean that perfection in the game which includes a comprehension of *all* the sources whence legitimate advantage may be derived. These are not only manifold but multiform, and lie frequently among recesses of thought altogether inaccessible to the ordinary understanding. To observe attentively is to remember distinctly; and, so far, the concentrative chess-player will do very well at whist; while the rules of Hoyle (themselves based upon the mere mechanism of the game) arc sufficiently and generally comprehensible. Thus to have a retentive memory, and to proceed by 'the book,' are points commonly regarded as the sum total of good playing. But it is in matters beyond the limits of mere rule that the skill of the analyst is evinced. He makes, in silence, a host of observations and inferences. So, perhaps, do his companions; and the difference in the extent of the information obtained lies not so much in the validity of the inference as in the quality of the observation. The necessary knowledge is that of *what* to observe. Our player confines himself not at all; nor, because the game is the object, does he reject deductions from things external to the game. He examines the countenance of his partner, comparing it carefully with that of each of his opponents. He considers the mode of assorting the cards in each hand; often counting trump by trump, and honor by honor, through the glances

ten Geistern weiß man, dass sie an ihm ein unerklärliches Vergnügen haben, während sie das Schachspiel als belanglos verwerfen. Ohne Zweifel gibt es nichts Vergleichbares, das die analytischen Fähigkeiten in derart hohem Maße fordert. Der beste Schachspieler der Christenheit *braucht* kaum mehr zu sein als der beste Schach-Spieler; doch Könnerschaft im Whist impliziert das Vermögen, in all den wichtigeren Unternehmungen erfolgreich zu sein, bei denen Geist gegen Geist streitet. Wenn ich Könnerschaft sage, so meine ich jene Perfektion im Spiel, die ein Verständnis *aller* Quellen einschließt, aus denen sich legitimer Vorteil ziehen lässt. Diese sind nicht nur zahlreich, sondern auch vielgestaltig und liegen oft in Nischen des Denkens, die dem Durchschnittsverstand völlig unzugänglich sind. Aufmerksames Beobachten ist genaues Erinnern; und insofern wird sich der konzentrierte Schachspieler beim Whist ganz gut machen; wobei die Spielregeln von Hoyle (die auf dem bloßen Mechanismus des Spiels basieren) hinreichend und allgemein verständlich sind. Und so sind ein aufnahmefähiges Gedächtnis und ein Vorgehen ›nach dem Lehrbuch‹ Punkte, die man gemeinhin für die Summe guten Spielens hält. Doch es sind Dinge jenseits der Grenzen bloßer Regeln, bei denen sich die Kunst des Analytikers zeigt. In aller Stille macht er eine Heerschar von Beobachtungen und zieht Schlüsse daraus. Seine Mitspieler tun vielleicht dasselbe; und doch liegt der Unterschied im Umfang der gewonnenen Information weniger in der Stichhaltigkeit des Schlusses als in der Qualität der Beobachtung. Es ist notwendig, zu wissen, *was* man beobachten muss. Unser Spieler beschränkt sich in keiner Weise; auch lehnt er, weil das Spiel die Hauptsache ist, keine Rückschlüsse aus Dingen ab, die außerhalb des Spiels liegen. Er prüft die Miene seines Partners und vergleicht sie sorgfältig mit der eines jeden seiner Gegner. Er achtet darauf, auf welche Weise in jeder Hand die Karten sortiert werden; oft zählt er Trumpf auf Trumpf, Honneur auf Honneur an den Blicken ab, die ihre Be-

bestowed by their holders upon each. He notes every variation of face as the play progresses, gathering a fund of thought from the differences in the expression of certainty, of surprise, of triumph, or of chagrin. From the manner of gathering up a trick he judges whether the person taking it can make another in the suit. He recognises what is played through feint, by the air with which it is thrown upon the table. A casual or inadvertent word; the accidental dropping or turning of a card, with the accompanying anxiety or carelessness in regard to its concealment; the counting of the tricks, with the order of their arrangement; embarrassment, hesitation, eagerness or trepidation–all afford, to his apparently intuitive perception, indications of the true state of affairs. The first two or three rounds having been played, he is in full possession of the contents of each hand, and thenceforward puts down his cards with as absolute a precision of purpose as if the rest of the party had turned outward the faces of their own.

The analytical power should not be confounded with simple ingenuity; for while the analyst is necessarily ingenious, the ingenious man is often remarkably incapable of analysis. The constructive or combining power, by which ingenuity is usually manifested, and to which the phrenologists (I believe erroneously) have assigned a separate organ, supposing it a primitive faculty, had been so frequently seen in those whose intellect bordered otherwise upon idiocy, as to have attracted general observation among writers on morals. Between ingenuity and the analytic ability there exists a difference far greater, indeed, than that between the fancy and the imagination, but of a character very strictly analogous. It will be found, in fact, that the ingenious are always fanciful, and the *truly* imaginative never otherwise than analytic.

sitzer ihnen jeweils widmen. Im Verlauf des Spiels registriert er jede Veränderung in den Gesichtern und trägt eine Fülle von Gedanken zusammen über die Unterschiede im Ausdruck von Sicherheit, Überraschung, Triumph oder Verdruss. Anhand der Art, wie jemand einen Stich aufnimmt, beurteilt er, ob der Betreffende noch einen weiteren in dieser Farbe machen kann. Er erkennt eine Finte an der Art, mit der das Blatt auf den Tisch geworfen wird. Ein beiläufiges oder unbedachtes Wort; das versehentliche Fallenlassen oder Aufdecken einer Karte und die es begleitende Ängstlichkeit oder Gleichgültigkeit, sie zu verbergen; das Zählen der Stiche und die Art ihrer Anordnung; Verlegenheit, Zögern, Eifer oder Beklemmung – alles liefert seiner scheinbar intuitiven Wahrnehmung Hinweise auf den wahren Stand der Dinge. Wenn die ersten zwei oder drei Runden gespielt sind, weiß er genau, wer welches Blatt auf der Hand hat, und von da an spielt er seine eigenen Karten mit einer so absoluten Zielsicherheit aus, als hätte der Rest der Gesellschaft die Bildseiten der ihren nach außen gekehrt.

Man sollte das analytische Vermögen nicht mit simplem Einfallsreichtum verwechseln; denn während der Analytiker notwendig einfallsreich ist, ist der Einfallsreiche oft bemerkenswert unfähig zur Analyse. Die konstruktive oder kombinatorische Kraft, durch die sich Einfallsreichtum gewöhnlich äußert und der die Phrenologen (ich glaube, irrtümlich) ein separates Organ zugewiesen haben, da sie sie für eine urzeitliche Fähigkeit hielten, wurde so häufig bei denjenigen gesehen, deren Verstand im Übrigen an Schwachsinn grenzte, dass sie unter den Moralschriftstellern allgemeine Beachtung gefunden hat. Zwischen Einfallsreichtum und analytischer Fähigkeit besteht gewiss ein weitaus größerer Unterschied als zwischen Phantasie und Vorstellungskraft, doch ist er von streng analogem Charakter. Man wird in der Tat feststellen, dass die Einfallsreichen stets phantasievoll sind, während *wahre* Vorstellungskraft nie anders als analytisch ist.

The narrative which follows will appear to the reader somewhat in the light of a commentary upon the propositions just advanced.

Residing in Paris during the spring and part of the summer of 18–, I there became acquainted with a Monsieur C. Auguste Dupin. This young gentleman was of an excellent–indeed of an illustrious family, but, by a variety of untoward events, had been reduced to such poverty that the energy of his character succumbed beneath it, and he ceased to bestir himself in the world, or to care for the retrieval of his fortunes. By courtesy of his creditors, there still remained in his possession a small remnant of his patrimony; and, upon the income arising from this, he managed, by means of a rigorous economy, to procure the necessaries of life, without troubling himself about its superfluities. Books, indeed, were his sole luxuries, and in Paris these are easily obtained.

Our first meeting was at an obscure library in the Rue Montmartre, where the accident of our both being in search of the same very rare and very remarkable volume brought us into closer communion. We saw each other again and again. I was deeply interested in the little family history which he detailed to me with all that candor which a Frenchman indulges whenever mere self is his theme. I was astonished, too, at the vast extent of his reading; and, above all, I felt my soul enkindled within me by the wild fervor, and the vivid freshness of his imagination. Seeking in Paris the objects I then sought, I felt that the society of such a man would be to me a treasure beyond price; and this feeling I frankly confided to him. It was at length arranged that we should live together during my stay in the city; and as my worldly circumstances were somewhat less embarrassed than his own, I was per-

Die folgende Erzählung wird dem Leser fast wie ein Kommentar zu den soeben aufgestellten Behauptungen erscheinen.

Als ich mich während des Frühlings und eines Teils des Sommers 18.. in Paris aufhielt, machte ich dort die Bekanntschaft eines Monsieur C. Auguste Dupin. Dieser junge Gentleman stammte aus einer vornehmen – sogar illustren Familie, war jedoch durch verschiedene widrige Ereignisse in solche Armut geraten, dass darunter seine Willenskraft schwand und er aufhörte, sich an der Welt zu beteiligen oder sich um die Wiedererlangung seines Vermögens zu kümmern. Durch das Wohlwollen seiner Gläubiger war ihm ein kleiner Rest seines väterlichen Erbteils geblieben; und mit dem Einkommen, das sich daraus ergab, schaffte er es durch rigorose Sparsamkeit, für die Notwendigkeiten des Lebens zu sorgen, ohne sich um dessen Entbehrlichkeiten zu scheren. Tatsächlich waren Bücher sein einziger Luxus, und die sind in Paris leicht zu bekommen.

Wir begegneten uns zum ersten Mal in einer obskuren Buchhandlung in der Rue Montmartre, wo uns der Zufall, dass wir beide auf der Suche nach demselben sehr seltenen und merkwürdigen Buch waren, in engere Verbindung brachte. Wir sahen uns wieder und wieder. Ich war höchst interessiert an seiner kleinen Familiengeschichte, die er mir mit all jener Freimütigkeit erzählte, die ein Franzose sich gönnt, wann immer er von sich selbst spricht. Auch war ich sehr erstaunt über seine ungeheure Belesenheit; und vor allem begeisterten mich die wilde Leidenschaftlichkeit und lebhafte Frische seiner Vorstellungskraft. Da ich die Dinge, die ich damals suchte, eben in Paris suchte, fühlte ich, dass die Gesellschaft eines solchen Mannes mir unschätzbar wertvoll wäre; und dieses Gefühl gestand ich ihm freiheraus. Es wurde schließlich vereinbart, dass wir während meines Aufenthalts in der Stadt zusammen wohnen sollten; und da meine Lebensverhältnisse etwas weniger peinlich waren als die seinen,

mitted to be at the expense of renting, and furnishing in a style which suited the rather fantastic gloom of our common temper, a time-eaten and grotesque mansion, long deserted through superstitions into which we did not inquire, and tottering to its fall in a retired and desolate portion of the Faubourg St Germain.

Had the routine of our life at this place been known to the world, we should have been regarded as madmen—although, perhaps, as madmen of a harmless nature. Our seclusion was perfect. We admitted no visitors. Indeed the locality of our retirement had been carefully kept a secret from my own former associates; and it had been many years since Dupin had ceased to know or be known in Paris. We existed within ourselves alone.

It was a freak of fancy in my friend (for what else shall I call it?) to be enamored of the Night for her own sake; and into this *bizarrerie,* as into all his others, I quietly fell; giving myself up to his wild whims with a perfect *abandon.* The sable divinity would not herself dwell with us always; but we could counterfeit her presence. At the first dawn of the morning we closed all the massy shutters of our old building, lighting a couple of tapers which, strongly perfumed, threw out only the ghastliest and feeblest of rays. By the aid of these we then busied our souls in dreams—reading, writing, or conversing, until warned by the clock of the advent of the true Darkness. Then we sallied forth into the streets, arm in arm, continuing the topics of the day, or roaming far and wide until a late hour, seeking, amid the wild lights and shadows of the populous city, that infinity of mental excitement which quiet observation can afford.

blieb es mir überlassen, die Kosten für Miete und Einrichtung (in einem Stil, der der geradezu phantastischen Düsterkeit unser beider Gemütsart entsprach) eines alterschwachen und grotesken Hauses zu übernehmen, das wegen eines Aberglaubens, dem wir nicht nachforschten, lange leergestanden hatte und nun in einem abgelegenen und trostlosen Teil des Faubourg St. Germain seinem Einsturz entgegentaumelte.

Hätte die Welt um unsere Lebensgewohnheiten dort gewusst, man hätte uns für Verrückte gehalten – wenn auch, vielleicht, für Verrückte harmloser Natur. Unsere Abgeschiedenheit war vollkommen. Wir empfingen keine Besucher. In der Tat war unser Rückzugsort vor meinen früheren Bekannten sorgfältig geheim gehalten worden; und Dupin hatte schon vor vielen Jahren damit aufgehört, in Paris jemanden zu kennen oder gekannt zu werden. Wir existierten allein in uns selbst.

Es war eine Marotte meines Freundes (denn wie sollte ich es sonst nennen?), in die Nacht um ihrer selbst willen verliebt zu sein; und in diese *bizarrerie*, wie in all seine anderen, verfiel ich gelassen; ich überließ mich seinen seltsamen Launen mit vollkommener *Hingabe*. Die schwarze Gottheit wollte zwar nicht immer selbst bei uns bleiben; aber wir konnten ihre Gegenwart vortäuschen. Beim ersten Morgengrauen schlossen wir alle massigen Fensterläden unseres alten Gebäudes und zündeten einige stark parfümierte Wachskerzen an, die nur die kläglichsten und geisterhaftesten Strahlen aussandten. Mit ihrer Hilfe beschäftigten wir dann unsere Seelen mit Träumereien – lasen, schrieben und unterhielten uns, bis die Uhr uns den Anbruch der wahren Dunkelheit ankündigte. Dann machten wir uns auf in die Straßen, Arm in Arm, führten die Themen des Tages fort, wanderten umher bis tief in die Nacht und suchten in den wilden Lichtern und Schatten der dichtbevölkerten Stadt jene Grenzenlosigkeit geistiger Erregung, die gelassenes Betrachten hervorrufen kann.

At such times I could not help remarking and admiring (although from his rich ideality I had been prepared to expect it) a peculiar analytic ability in Dupin. He seemed, too, to take an eager delight in its exercise–if not exactly in its display–and did not hesitate to confess the pleasure thus derived. He boasted to me, with a low chuckling laugh, that most men, in respect to himself, wore windows in their bosoms, and was wont to follow up such assertions by direct and very startling proofs of his intimate knowledge of my own. His manner at these moments was frigid and abstract; his eyes were vacant in expression; while his voice, usually a rich tenor, rose into a treble which would have sounded petulantly but for the deliberateness and entire distinctness of the enunciation. Observing him in these moods, I often dwelt meditatively upon the old philosophy of the Bi-Part Soul, and amused myself with the fancy of a double Dupin–the creative and the resolvent.

Let it not be supposed, from what I have just said, that I am detailing any mystery, or penning any romance. What I have described in the Frenchman was merely the result of an excited, or perhaps of a diseased intelligence. But of the character of his remarks at the periods in question an example will best convey the idea.

We were strolling one night down a long dirty street, in the vicinity of the Palais Royal. Being both, apparently, occupied with thought, neither of us had spoken a syllable for fifteen minutes at least. All at once Dupin broke forth with these words:

'He is a very little fellow, that's true, and would do better for the *Théâtre des Variétés.*'

Bei solchen Gelegenheiten konnte ich nicht umhin, an Dupin ein eigentümliches analytisches Vermögen zu bemerken und zu bewundern (obwohl ich durch seine reiche Vergeistigtheit vorbereitet war, es zu erwarten). Auch schien er ein eifriges Vergnügen in dessen Anwendung zu finden – wenn nicht gar in dessen Zurschaustellung –, und er zögerte nicht, den Genuss zuzugeben, den er darin fand. Er rühmte sich mir gegenüber, mit leisem, kicherndem Lachen, dass für ihn die meisten Menschen offene Bücher seien, und pflegte solchen Behauptungen direkte und sehr verblüffende Beweise für seine intimen Kenntnisse meines eigenen Innenlebens folgen zu lassen. In solchen Momenten verhielt er sich kalt und abstrakt; seine Augen waren ausdruckslos; während seine Stimmlage, gewöhnlich ein voller Tenor, sich zu einem Diskant erhob, der ohne die Bedächtigkeit und völlige Deutlichkeit der Artikulation gereizt geklungen hätte. Wenn ich ihn in solchen Stimmungen beobachtete, sinnierte ich oft über die alte philosophische Lehre von der zweigeteilten Seele und amüsierte mich mit der Einbildung eines doppelten Dupins – eines schöpferischen und eines auflösenden.

Man darf aus dem soeben Gesagten nicht folgern, dass ich hier irgendein Mysterium schildere oder eine Phantasiegeschichte schreibe. Was ich an dem Franzosen beschrieben habe, war lediglich das Resultat einer überreizten, vielleicht einer krankhaften Intelligenz. Ein Beispiel wird am besten eine Vorstellung davon vermitteln, welcher Art seine Bemerkungen zu solchen Zeiten waren.

Wir schlenderten eines Nachts eine lange schmutzige Straße entlang, in der Nähe des Palais Royal. Beide waren wir offensichtlich mit Gedanken beschäftigt, und für mindestens fünfzehn Minuten hatte keiner von uns eine Silbe gesprochen. Ganz plötzlich stieß Dupin diese Worte hervor:

»Er ist ein ziemlich kleiner Kerl, das ist wahr, und er würde besser ins *Théâtre des Variétés* passen.«

'There can be no doubt of that,' I replied unwittingly, and not at first observing (so much had I been absorbed in reflection) the extraordinary manner in which the speaker had chimed in with my meditations. In an instant afterward I recollected myself, and my astonishment was profound.

'Dupin,' said I, gravely, 'this is beyond my comprehension. I do not hesitate to say that I am amazed, and can scarcely credit my senses. How was it possible you should know I was thinking of–?' Here I paused, to ascertain beyond a doubt whether he really knew of whom I thought.

–'of Chantilly,' said he, 'why do you pause? You were remarking to yourself that his diminutive figure unfitted him for tragedy.'

This was precisely what had formed the subject of my reflections. Chantilly was a *quondam* cobbler of the Rue St Denis, who, becoming stage-mad, had attempted the *rôle* of Xerxes, in Crebillon's tragedy so called, and been notoriously Pasquinaded for his pains.

'Tell me, for Heaven's sake,' I explained, 'the method–if method there is–by which you have been enabled to fathom my soul in this matter.' In fact I was even more startled than I would have been willing to express.

'It was the fruiterer,' replied my friend, 'who brought you to the conclusion that the mender of soles was not of sufficient height for Xerxes *et id genus omne.*'

'The fruiterer!–you astonish me–I know no fruiterer whomsoever.'

'The man who ran up against you as we entered the street–it may have been fifteen minutes ago.'

I now remembered that, in fact, a fruiterer, carrying upon his head a large basket of apples, had nearly thrown me down, by accident, as we passed from the Rue C–

»Daran ist nicht zu zweifeln«, erwiderte ich unwillkürlich und ohne zunächst (so sehr war ich ins Nachdenken vertieft) die außergewöhnliche Art zu bemerken, in der der Sprecher mit meinen Betrachtungen im Einklang war. Einen Augenblick später besann ich mich, und mein Erstaunen war ungeheuer.

»Dupin«, sagte ich ernst, »das ist mir unbegreiflich. Geradeheraus sage ich, dass ich überwältigt bin und kaum meinen Sinnen trauen kann. Wie nur konnten Sie wissen, dass meine Gedanken gerade bei …?« Hier hielt ich inne, um ganz sicherzugehen, dass er wirklich wusste, an wen ich dachte.

»… Chantilly waren«, sagte er, »warum sprechen Sie nicht weiter? Sie sagten sich gerade, dass seine winzige Gestalt ihn für die Tragödie untauglich macht.«

Genau das war der Gegenstand meiner Überlegungen gewesen. Chantilly war ein *ehemaliger* Flickschuster aus der Rue St. Denis, der sich, bühnennärrisch geworden, in der *rôle* des Xerxes in Crébillons gleichnamiger Tragödie versucht hatte und für seine Mühe gründlich mit Pasquinaden bedacht worden war.

»Verraten Sie mir, um Himmels willen«, forderte ich, »die Methode – falls es eine Methode gibt –, die es Ihnen ermöglicht hat, in dieser Angelegenheit mein Innerstes auszuforschen.« Eigentlich war ich sogar noch verblüffter, als ich hätte zum Ausdruck bringen wollen.

»Es war der Obsthändler«, gab mein Freund zurück, »der Sie zu dem Schluss brachte, dass der Sohlenflicker nicht groß genug sei für Xerxes *et id genus omne*.«

»Der Obsthändler! – Sie erstaunen mich – ich kenne überhaupt keinen Obsthändler.«

»Der Mann, der Sie anrempelte, als wir in diese Straße kamen – es mag fünfzehn Minuten her sein.«

Ich erinnerte mich jetzt, dass in der Tat ein Obsthändler, einen großen Korb mit Äpfeln auf dem Kopf, mich versehentlich beinahe umgestoßen hätte, als wir von der Rue C… in die

into the thoroughfare where we stood; but what this had to do with Chantilly I could not possibly understand.

There was not a particle of *charlatanerie* about Dupin. 'I will explain,' he said, 'and that you may comprehend all clearly, we will first retrace the course of your meditations, from the moment in which I spoke to you until that of the *rencontre* with the fruiterer in question. The larger links of the chain run thus–Chantilly, Orion, Dr Nichol, Epicurus, Stereotomy, the street stones, the fruiterer.'

There are few persons who have not, at some period of their lives, amused themselves in retracing the steps by which particular conclusions of their own minds have been attained. The occupation is often full of interest; and he who attempts it for the first time is astonished by the apparently illimitable distance and incoherence between the starting-point and the goal. What, then, must have been my amazement when I heard the Frenchman speak what he had just spoken, and when I could not help acknowledging that he had spoken the truth. He continued:

'We had been talking of horses, if I remember aright, just before leaving the Rue C–. This was the last subject we discussed. As we crossed into this street, a fruiterer, with a large basket upon his head, brushing quickly past us, thrust you upon a pile of paving-stones collected at a spot where the causeway is undergoing repair. You stepped upon one of the loose fragments, slipped, slightly strained your ankle, appeared vexed or sulky, muttered a few words, turned to look at the pile, and then proceeded in silence. I was not particularly attentive to what you did; but observation has become with me, of late, a species of necessity.

Durchgangsstraße einbogen, in der wir standen; doch was das mit Chantilly zu tun hatte, war mir völlig unverständlich.

Dupin hatte auch nicht die Spur von *charlatanerie* an sich. »Ich werde es erklären«, sagte er, »und damit Sie das Ganze klar nachvollziehen können, werden wir zunächst den Gang Ihrer Betrachtungen zurückverfolgen, von dem Moment, als ich mit Ihnen sprach, bis zu dem der *rencontre* mit dem besagten Obsthändler. Die größeren Glieder der Kette sind folgende – Chantilly, Orion, Dr. Nichol, Epikur, Stereotomie, die Pflastersteine, der Obsthändler.«

Es gibt nur wenige Menschen, die sich nicht zu irgendeiner Zeit ihres Lebens damit amüsiert haben, die Schritte zurückzuverfolgen, durch die ihr eigener Geist zu bestimmten Schlüssen gelangt ist. Diese Beschäftigung ist oft äußerst interessant; und wer es zum ersten Mal versucht, ist verwundert über die scheinbar grenzenlose Distanz und Zusammenhanglosigkeit zwischen Ausgangspunkt und Ziel. Wie groß also muss meine Verblüffung gewesen sein, als ich den Franzosen das sagen hörte, was er gerade gesagt hatte, und ich nicht anders konnte, als anzuerkennen, dass es die Wahrheit war. Er fuhr fort:

»Wenn ich mich recht erinnere, hatten wir über Pferde gesprochen, kurz bevor wir die Rue C… verließen. Das war das letzte Thema, das wir diskutierten. Als wir in diese Straße einbogen, eilte ein Obsthändler mit einem großen Korb auf dem Kopf an uns vorüber und drängte Sie gegen einen Haufen Pflastersteine, die an einer Stelle aufgeschüttet lagen, wo die Straße ausgebessert wird. Sie traten auf eines der losen Bruchstücke, glitten aus, verstauchten sich leicht den Knöchel, schienen ärgerlich oder mürrisch, murmelten ein paar Worte, drehten sich um, um sich den Haufen anzusehen, und gingen dann schweigend weiter. Ich habe nicht sonderlich darauf geachtet, was sie taten; doch das Beobachten ist mir in letzter Zeit zu einer Art Notwendigkeit geworden.

'You kept your eyes upon the ground—glancing, with a petulant expression, at the holes and ruts in the pavement, (so that I saw you were still thinking of the stones,) until we reached the little alley called Lamartine, which has been paved, by way of experiment, with the overlapping and riveted blocks. Here your countenance brightened up, and, perceiving your lips move, I could not doubt that you murmured the word "stereotomy," a term very affectedly applied to this species of pavement. I knew that you could not say to yourself "stereotomy" without being brought to think of atomies, and thus of the theories of Epicurus; and since, when we discussed this subject not very long ago, I mentioned to you how singularly, yet with how little notice, the vague guesses of that noble Greek had met with confirmation in the late nebular cosmogony, I felt that you could not avoid casting your eyes upward to the great *nebula* in Orion, and I certainly expected that you would do so. You did look up; and I was now assured that I had correctly followed your steps. But in that bitter *tirade* upon Chantilly, which appeared in yesterday's *"Musée"* the satirist, making some disgraceful allusions to the cobbler's change of name upon assuming the buskin, quoted a Latin line about which we have often conversed. I mean the line

Perdidit antiquum litera prima sonum.

I had told you that this was in reference to Orion, formerly written Urion; and, from certain pungencies connected with this explanation, I was aware that you could not have forgotten it. It was clear, therefore, that you would not fail to combine the two ideas of Orion and

Sie hielten Ihre Augen auf den Boden gerichtet – und blickten mit einem verdrossenen Ausdruck auf die Löcher und Furchen des Pflasters (sodass ich merkte, dass Sie noch immer an die Steine dachten), bis wir die kleine Gasse erreichten, Lamartine genannt, die versuchsweise mit ineinandergreifenden und fest gefügten Steinen gepflastert worden ist. Hier hellte Ihre Miene sich auf, und als ich Ihre Lippen sich bewegen sah, konnte ich nicht daran zweifeln, dass Sie das Wort ›Stereotomie‹ murmelten, eine Bezeichnung, die man ziemlich gekünstelt auf diese Art des Pflasters anwendet. Ich wusste, dass Sie das Wort ›Stereotomie‹ nicht vor sich hinsagen konnten, ohne an Atome erinnert zu werden und somit an die Theorien Epikurs; und da ich, als wir vor nicht allzu langer Zeit dieses Thema diskutierten, Ihnen gegenüber erwähnte, wie einzigartig und doch kaum beachtet die vagen Vermutungen des noblen Griechen in der jüngsten Nebularkosmogonie Bestätigung gefunden hatten, so glaubte ich, dass Sie nicht umhin könnten, Ihren Blick nach oben auf den großen *Nebel* im Orion zu richten, und ich rechnete fest damit, dass Sie dies tun würden. Sie sahen tatsächlich hinauf; und nun war ich sicher, dass ich Ihren Schritten richtig gefolgt war. Doch in jener herben *tirade* gegen Chantilly, die im gestrigen ›*Musée*‹ erschien, zitierte der Satiriker, während er einige skandalöse Anspielungen machte auf die Namensänderung des Flickschusters beim Hineinschlüpfen in den Kothurn, eine lateinische Zeile, über die wir oft gesprochen haben. Ich meine die Zeile:

Perdidit antiquum litera prima sonum.

Ich hatte Ihnen erzählt, dass sich dies auf Orion beziehe, den man früher Urion schrieb; und wegen gewisser Schärfen, die mit dieser Erklärung verbunden waren, wusste ich, dass Sie sie nicht vergessen haben konnten. Es war daher klar, dass Sie nicht umhinkonnten, die beiden Begriffe Orion und Chantilly zu ver-

Chantilly. That you did combine them I saw by the character of the smile which passed over your lips. You thought of the poor cobbler's immolation. So far, you had been stooping in your gait; but now I saw you draw yourself up to your full height. I was then sure that you reflected upon the diminutive figure of Chantilly. At this point I interrupted your meditations to remark that as, in fact, he *was* a very little fellow—that Chantilly—he would do better at the *Théâtre des Variétés.*'

Not long after this, we were looking over an evening edition of the 'Gazette des Tribunaux,' when the following paragraphs arrested our attention.

'EXTRAORDINARY MURDERS.—This morning, about three o'clock, the inhabitants of the Quartier St Roch were aroused from sleep by a succession of terrific shrieks, issuing, apparently, from the fourth story of a house in the Rue Morgue, known to be in the sole occupancy of one Madame L'Espanaye, and her daughter, Mademoiselle Camille L'Espanaye. After some delay, occasioned by a fruitless attempt to procure admission in the usual manner, the gateway was broken in with a crowbar, and eight or ten of the neighbors entered, accompanied by two *gendarmes.* By this time the cries had ceased; but, as the party rushed up the first flight of stairs, two or more rough voices, in angry contention, were distinguished, and seemed to proceed from the upper part of the house. As the second landing was reached, these sounds, also, had ceased, and everything remained perfectly quiet. The party spread themselves, and hurried from room to room. Upon arriving at a large back chamber in the fourth story, (the door of which, being found locked, with the key inside, was forced open,) a spectacle presented itself which struck every one present not less with horror than with astonishment.

knüpfen. Dass Sie dies wirklich taten, erkannte ich an der Art des Lächelns, das über Ihre Lippen huschte. Sie dachten an die Opferung des armen Flickschusters. Bis dahin waren Sie in gebeugter Haltung gegangen; doch nun sah ich, wie Sie sich zu Ihrer vollen Größe aufrichteten. Jetzt war ich sicher, dass Sie über die winzige Gestalt Chantillys nachdachten. An diesem Punkt unterbrach ich Ihre Betrachtungen, um zu bemerken, dass, da er in der Tat ein ziemlich kleiner Kerl *sei* – dieser Chantilly –, er sich besser im *Théâtre des Variétés* machen würde.«

Nicht lange danach überflogen wir gerade die Abendausgabe der ›Gazette des Tribunaux‹, als folgende Absätze unsere Aufmerksamkeit in Beschlag nahmen.

»Aussergewöhnliche Morde. – Heute morgen gegen drei Uhr wurden die Bewohner des Quartier St. Roch durch eine Reihe fürchterlicher Schreie aus dem Schlaf geholt, die anscheinend aus dem vierten Stock eines Hauses in der Rue Morgue kamen, von dem bekannt war, dass es allein von einer Madame L'Espanaye und ihrer Tochter, Mademoiselle Camille L'Espanaye, bewohnt wurde. Nach einiger Verzögerung, entstanden durch den fruchtlosen Versuch, sich auf übliche Weise Zugang zu verschaffen, brach man das Haustor mit einem Stemmeisen auf, und acht oder zehn der Nachbarn gingen hinein, begleitet von zwei *gendarmes*. Inzwischen hatten die Schreie aufgehört; doch als die Gruppe die erste Treppe hinaufeilte, hörte man deutlich zwei oder mehr raue Stimmen in wütendem Streit, die aus dem oberen Teil des Hauses zu kommen schienen. Als man den zweiten Treppenabsatz erreichte, waren auch diese Geräusche verstummt, und alles blieb vollkommen ruhig. Die Gruppe teilte sich auf und hastete von Raum zu Raum. Nachdem man ein großes Hinterzimmer im vierten Stock erreicht hatte (dessen Tür aufgebrochen wurde, da sie abgeschlossen war und der Schlüssel innen steckte), bot sich ein Anblick, der jeden der Anwesenden ebenso sehr mit Entsetzen wie mit Erstaunen erfüllte.

'The apartment was in the wildest disorder–the furniture broken and thrown about in all directions. There was only one bedstead; and from this the bed had been removed, and thrown into the middle of the floor. On a chair lay a razor, besmeared with blood. On the hearth were two or three long and thick tresses of grey human hair, also dabbled in blood, and seeming to have been pulled out by the roots. On the floor were found four Napoleons, an ear-ring of topaz, three large silver spoons, three smaller of *métal d'Alger* and two bags, containing nearly four thousand francs in gold. The drawers of a *bureau,* which stood in one corner, were open, and had been, apparently, rifled, although many articles still remained in them. A small iron safe was discovered under the *bed* (not under the bedstead). It was open, with the key still in the door. It had no contents beyond a few old letters, and other papers of little consequence.

'Of Madame L'Espanaye no traces were here seen; but an unusual quantity of soot being observed in the fireplace, a search was made in the chimney, and (horrible to relate!) the corpse of the daughter, head downward, was dragged therefrom; it having been thus forced up the narrow aperture for a considerable distance. The body was quite warm. Upon examining it, many excoriations were perceived, no doubt occasioned by the violence with which it had been thrust up and disengaged. Upon the face were many severe scratches, and, upon the throat, dark bruises, and deep indentations of finger nails, as if the deceased had been throttled to death.

'After a thorough investigation of every portion of the house, without farther discovery, the party made its way into a small paved yard in the rear of the building, where lay the corpse of the old lady, with her throat so entirely

Das Zimmer war in wildester Unordnung – das Mobiliar zertrümmert und in alle Richtungen verstreut. Es gab nur ein Bettgestell; und von diesem war das Bettzeug entfernt und mitten auf den Fußboden geworfen worden. Auf einem Stuhl lag ein Rasiermesser, blutverschmiert. Auf dem Kamin lagen zwei oder drei lange und dicke Strähnen grauen Menschenhaars, auch sie blutbespritzt und anscheinend mit den Wurzeln ausgerissen. Auf dem Fußboden fand man vier Napoleondors, einen Topas-Ohrring, drei große Löffel aus Silber, drei kleinere aus *métal d'Alger* und zwei Beutel, die fast viertausend Franc in Gold enthielten. Die Schubladen einer *Kommode*, die in einer Ecke stand, waren geöffnet und anscheinend geplündert worden, obwohl viele Dinge sich noch darin befanden. Ein kleiner eiserner Safe wurde unter dem *Bettzeug* entdeckt (nicht unter dem Bettgestell). Er war offen, der Schlüssel steckte noch im Schloss. Sein Inhalt bestand nur aus ein paar alten Briefen und anderen Papieren von geringer Bedeutung.

Von Madame L'Espanaye fehlte hier jede Spur; da man aber eine ungewöhnliche Menge Ruß in der Feuerstelle bemerkte, suchte man im Schornstein und (entsetzlich zu berichten!) zog den Leichnam der Tochter, mit dem Kopf nach unten, daraus hervor; er war die enge Öffnung ein beträchtliches Stück hinaufgezwängt worden. Der Körper war ganz warm. Als man ihn untersuchte, entdeckte man zahlreiche Hautabschürfungen, die zweifellos von der Heftigkeit herrührten, mit der er erst hinaufgestoßen und dann befreit worden war. Das Gesicht wies viele schwere Kratzwunden auf, der Hals dunkle Quetschungen und tiefe Einkerbungen von Fingernägeln, so als sei die Verstorbene erdrosselt worden.

Nach einer sorgfältigen Durchsuchung aller Teile des Hauses ohne weitere Entdeckungen gelangte die Gruppe in einen kleinen gepflasterten Hof hinter dem Gebäude, wo der Leichnam der alten Dame lag, mit derart gänzlich durchschnittener

cut that, upon an attempt to raise her, the head fell off The body, as well as the head, was fearfully mutilated—the former so much so as scarcely to retain any semblance of humanity.

'To this horrible mystery there is not as yet, we believe, the slightest clew.'

The next day's paper had these additional particulars.

'*The Tragedy in the Rue Morgue.* Many individuals have been examined in relation to this most extraordinary and frightful affair.' [The word *"affaire"* has not yet, in France, that levity of import which it conveys with us,] 'but nothing whatever has transpired to throw light upon it. We give below all the material testimony elicited.

'*Pauline Dubourg,* laundress, deposes that she has known both the deceased for three years, having washed for them during that period. The old lady and her daughter seemed on good terms—very affectionate towards each other. They were excellent pay. Could not speak in regard to their mode or means of living. Believed that Madame L. told fortunes for a living. Was reputed to have money put by. Never met any persons in the house when she called for the clothes or took them home. Was sure that they had no servant in employ. There appeared to be no furniture in any part of the building except in the fourth story.

'*Pierre Moreau,* tobacconist, deposes that he has been in the habit of selling small quantities of tobacco and snuff to Madame L'Espanaye for nearly four years. Was born in the neighborhood, and has always resided there. The deceased and her daughter had occupied the house in which the corpses were found, for more than

Kehle, dass bei dem Versuch, sie anzuheben, der Kopf abfiel. Sowohl der Körper als auch der Kopf waren schrecklich verstümmelt – Ersterer so sehr, dass er kaum noch etwas Menschenähnliches hatte.

Zur Lösung dieses entsetzlichen Rätsels gibt es bislang, soviel wir wissen, nicht den leisesten Anhaltspunkt.«

Die Zeitung des nächsten Tages brachte folgende zusätzlichen Einzelheiten.

»*Die Tragödie in der Rue Morgue.* Viele Personen sind hinsichtlich dieser höchst außergewöhnlichen und grauenhaften Affäre vernommen worden« (das Wort ›*affaire*‹ hat in Frankreich noch nicht jene leichtfertige Bedeutung wie bei uns) »doch kam dabei nicht das Geringste heraus, was Licht darauf geworfen hätte. Wir geben nachfolgend die wesentlichen ermittelten Zeugenaussagen wieder.

Pauline Dubourg, Wäscherin, sagt aus, sie habe die beiden Verstorbenen seit drei Jahren gekannt, da sie während dieser Zeit für sie gewaschen habe. Die alte Dame und ihre Tochter schienen sich gut zu verstehen – sehr zärtlich miteinander umzugehen. Sie hätten hervorragend gezahlt. Könne nichts über ihre Lebensumstände oder Einkünfte sagen. Glaube, dass Madame L. ihren Lebensunterhalt mit Wahrsagen verdiente. Es habe geheißen, sie hätte Geld beiseitegelegt. Habe nie jemanden im Haus getroffen, wenn sie die Wäsche abholte oder wieder zurückbrachte. Sei sicher, dass sie keine Dienstboten beschäftigten. Es schien im ganzen Gebäude keinerlei Möbel zu geben, abgesehen vom vierten Stock.

Pierre Moreau, Tabakhändler, sagt aus, dass er Madame L'Espanaye fast vier Jahre lang regelmäßig kleine Mengen an Rauch- und Schnupftabak verkauft habe. Sei in der Nachbarschaft geboren und habe immer dort gewohnt. Die Verstorbene und ihre Tochter hätten seit mehr als sechs Jahren in dem Haus gelebt, in dem man die Leichen fand. Davor sei es von einem

six years. It was formerly occupied by a jeweller, who under-let the upper rooms to various persons. The house was the property of Madame L. She became dissatisfied with the abuse of the premises by her tenant, and moved into them herself, refusing to let any portion. The old lady was childish. Witness had seen the daughter some five or six times during the six years. The two lived an exceedingly retired life—were reputed to have money. Had heard it said among the neighbors that Madame L. told fortunes—did not believe it. Had never seen any person enter the door except the old lady and her daughter, a porter once or twice, and a physician some eight or ten times.

'Many other persons, neighbors, gave evidence to the same effect. No one was spoken of as frequenting the house. It was not known whether there were any living connexions of Madame L. and her daughter. The shutters of the front windows were seldom opened. Those in the rear were always closed, with the exception of the large back room, fourth story. The house was a good house—not very old.

'*Isidore Musèt, gendarme,* deposes that he was called to the house about three o'clock in the morning, and found some twenty or thirty persons at the gateway, endeavoring to gain admittance. Forced it open, at length, with a bayonet—not with a crowbar. Had but little difficulty in getting it open, on account of its being a double or folding gate, and bolted neither at bottom nor top. The shrieks were continued until the gate was forced—and then suddenly ceased. They seemed to be screams of some person (or persons) in great agony—were loud and drawn out, not short and quick. Witness led the way up stairs. Upon reaching the first landing,

Juwelier bewohnt worden, der die oberen Räume an verschiedene Personen untervermietet habe. Das Haus habe Madame L. gehört. Sie sei unzufrieden geworden mit dem Missbrauch der Räumlichkeiten durch ihren Mieter, habe sie selbst bezogen und sich geweigert, irgendeinen Teil zu vermieten. Die alte Dame sei kindisch gewesen. Zeuge habe die Tochter während der sechs Jahre etwa fünf- oder sechsmal gesehen. Die beiden Frauen hätten ein äußerst zurückgezogenes Leben geführt – es habe geheißen, sie hätten Geld. Habe unter den Nachbarn davon reden hören, dass Madame L. wahrsagte – habe das aber nicht geglaubt. Habe nie irgendjemanden durch die Tür gehen sehen, außer der alten Dame und ihrer Tochter, ein- oder zweimal einem Dienstboten und acht- oder zehnmal einem Arzt.

Viele andere Personen, Nachbarn, machten ähnlich lautende Aussagen. Es wurde von niemandem berichtet, der das Haus regelmäßig aufsuchte. Es war nicht bekannt, ob Madame L. und ihre Tochter irgendwelche lebenden Verwandten hatten. Die Läden der vorderen Fenster wurden selten geöffnet. Die auf der Rückseite waren stets geschlossen, ausgenommen die des großen Hinterzimmers im vierten Stock. Das Haus war ein solides Gebäude – nicht sehr alt.

Isidore Musèt, gendarme, sagt aus, dass er gegen drei Uhr morgens zu dem Haus gerufen worden sei und etwa zwanzig bis dreißig Personen vor dem Tor angetroffen habe, die versucht hätten, sich Zugang zu verschaffen. Habe es schließlich aufgebrochen, mit einem Bajonett – nicht mit einem Stemmeisen. Habe nur wenig Mühe gehabt, es zu öffnen, da es ein Doppel- oder Flügeltor gewesen sei und weder unten noch oben verriegelt. Das Geschrei habe angedauert, bis das Tor aufgebrochen war – dann habe es plötzlich aufgehört. Es schienen Schreie irgendeiner Person (oder Personen) in großer Todesangst zu sein – laut und langgezogen, nicht kurz und schnell. Zeuge sei den anderen voran die Treppe hinaufgegangen. Habe, als der erste Treppen-

heard two voices in loud and angry contention—the one a gruff voice, the other much shriller—a very strange voice. Could distinguish some words of the former, which was that of a Frenchman. Was positive that it was not a woman's voice. Could distinguish the words *"sacré"* and *"diable."* The shrill voice was that of a foreigner. Could not be sure whether it was the voice of a man or of a woman. Could not make out what was said, but believed the language to be Spanish. The state of the room and of the bodies was described by this witness as we described them yesterday.

'*Henri Duval,* a neighbor, and by trade a silver-smith, deposes that he was one of the party who first entered the house. Corroborates the testimony of Muset in general. As soon as they forced an entrance, they reclosed the door, to keep out the crowd, which collected very fast, notwithstanding the lateness of the hour. The shrill voice, this witness thinks, was that of an Italian. Was certain it was not French. Could not be sure that it was a man's voice. It might have been a woman's. Was not acquainted with the Italian language. Could not distinguish the words, but was convinced by the intonation that the speaker was an Italian. Knew Madame L. and her daughter. Had conversed with both frequently. Was sure that the shrill voice was not that of either of the deceased.

'*—Odenheimer, restaurateur.* This witness volunteered his testimony. Not speaking French, was examined through an interpreter. Is a native of Amsterdam. Was passing the house at the time of the shrieks. They lasted for several minutes—probably ten. They were long and loud—very awful and distressing. Was one of those who entered the building. Corroborated the previous evi-

absatz erreicht war, zwei Stimmen in lautem und wütendem Streit gehört – die eine Stimme schroff, die andere viel schriller – eine sehr seltsame Stimme. Habe einige Worte der Ersteren unterscheiden können, die einem Franzosen gehört habe. Sei überzeugt, dass es keine Frauenstimme war. Habe die Worte *›sacré‹* und *›diable‹* unterscheiden können. Die schrille Stimme sei die eines Ausländers gewesen. Sei sich nicht klar darüber, ob es die Stimme eines Mannes oder einer Frau war. Habe nicht verstehen können, was gesagt wurde, halte die Sprache aber für Spanisch. Der Zustand des Zimmers und der Leichen wurde von diesem Zeugen so beschrieben, wie wir es gestern berichteten.

Henri Duval, ein Nachbar und von Beruf Silberschmied, sagt aus, dass er zu der Gruppe gehört habe, die das Haus als erste betrat. Bestätigt im Allgemeinen die Aussage von Musèt. Sobald sie sich Zugang verschafft hätten, hätten sie die Tür wieder verschlossen, um die Menge draußen zu halten, die sich ungeachtet der späten Stunde sehr schnell angesammelt habe. Die schrille Stimme, meint dieser Zeuge, sei die eines Italieners gewesen. Sei überzeugt, dass es kein Französisch war. Sei sich nicht sicher, dass es sich um eine Männerstimme handelte. Es könne auch eine Frauenstimme gewesen sein. Sei nicht vertraut mit der italienischen Sprache. Habe die Worte nicht unterscheiden können, sei aber wegen des Tonfalls überzeugt, dass der Sprecher Italiener war. Habe Madame L. und ihre Tochter gekannt. Habe sich mit beiden häufig unterhalten. Sei sicher, dass die schrille Stimme keiner der beiden Verstorbenen gehörte.

… *Odenheimer, restaurateur*. Dieser Zeuge machte freiwillig eine Aussage. Spricht kein Französisch, wurde mithilfe eines Dolmetschers befragt. Stammt aus Amsterdam. Sei an dem Haus vorbeigekommen, als die Schreie ertönten. Sie hätten etliche Minuten angedauert – vermutlich zehn. Sie seien lang und laut gewesen – äußerst entsetzlich und erschreckend. Sei einer derjenigen gewesen, die das Gebäude betraten. Bestätigt die voran-

dence in every respect but one. Was sure that the shrill voice was that of a man–of a Frenchman. Could not distinguish the words uttered. They were loud and quick–unequal–spoken apparently in fear as well as in anger. The voice was harsh–not so much shrill as harsh. Could not call it a shrill voice. The gruff voice said repeatedly *"sacre," "diable,"* and once *"mon Dieu."*

'*Jules Mignaud,* banker, of the firm of Mignaud et Fils, Rue Deloraine. Is the elder Mignaud. Madame L'Espanaye had some property. Had opened an account with his banking house in the spring of the year–(eight years previously). Made frequent deposits in small sums. Had checked for nothing until the third day before her death, when she took out in person the sum of 4000 francs. This sum was paid in gold, and a clerk sent home with the money.

'*Adolphe Le Bon,* clerk to Mignaud et Fils, deposes that on the day in question, about noon, he accompanied Madame L'Espanaye to her residence with the 4000 francs, put up in two bags. Upon the door being opened, Mademoiselle L. appeared and took from his hands one of the bags, while the old lady relieved him of the other. He then bowed and departed. Did not see any person in the street at the time. It is a bye-street–very lonely.

'*William Bird,* tailor, deposes that he was one of the party who entered the house. Is an Englishman. Has lived in Paris two years. Was one of the first to ascend the stairs. Heard the voices in contention. The gruff voice was that of a Frenchman. Could make out several words, but cannot now remember all. Heard distinctly *"sacré"* and *"mon Dieu."* There was a sound at the

gegangenen Aussagen in jeder Hinsicht, bis auf eine. Sei sicher, dass die schrille Stimme die eines Mannes war – eines Franzosen. Habe die geäußerten Wörter nicht unterscheiden können. Sie seien laut und schnell gewesen – ungleichmäßig – gesprochen anscheinend in Angst wie auch in Wut. Die Stimme sei harsch gewesen – weniger schrill als harsch. Könne sie nicht als schrille Stimme bezeichnen. Die schroffe Stimme habe wiederholt *›sacré‹*, *›diable‹* und einmal *›mon Dieu‹* gesagt.

Jules Mignaud, Bankier der Firma Mignaud et Fils, Rue Deloraine. Ist der ältere Mignaud. Madame L'Espanaye habe etwas Vermögen gehabt. Habe bei seinem Bankhaus im Frühling des Jahres … (acht Jahre zuvor) ein Konto eröffnet. Habe des Öfteren kleine Summen eingezahlt. Habe nichts abgehoben bis drei Tage vor ihrem Tod, als sie persönlich die Summe von 4000 Franc abgeholt habe. Diese Summe sei in Gold ausbezahlt und ein Angestellter mitgeschickt worden, um ihr das Geld ins Haus zu bringen.

Adolphe Le Bon, Angestellter bei Mignaud et Fils, sagt aus, dass er an fraglichem Tag gegen Mittag Madame L'Espanaye bis zu ihrer Wohnung begleitet habe, mit den 4000 Franc, verpackt in zwei Beuteln. Als die Tür geöffnet wurde, sei Mademoiselle L. erschienen und habe ihm einen der Beutel aus den Händen genommen, während die alte Dame ihm den anderen abgenommen habe. Er habe sich dann verbeugt und sei gegangen. Habe um diese Zeit niemanden in der Straße gesehen. Es ist eine Nebenstraße – sehr einsam.

William Bird, Schneider, sagt aus, er habe zu der Gruppe gehört, die das Haus betrat. Ist Engländer. Lebt seit zwei Jahren in Paris. Sei einer der Ersten gewesen, die die Treppe hinaufstiegen. Habe die streitenden Stimmen gehört. Die schroffe Stimme sei die eines Franzosen gewesen. Habe einige Wörter ausmachen können, könne sich aber jetzt nicht an alle erinnern. Habe deutlich *›sacré‹* und *›mon Dieu‹* gehört. Zeitgleich sei da ein Geräusch

moment as if of several persons struggling—a scraping and scuffling sound. The shrill voice was very loud—louder than the gruff one. Is sure that it was not the voice of an Englishman. Appeared to be that of a German. Might have been a woman's voice. Does not understand German.

'Four of the above-named witnesses, being recalled, deposed that the door of the chamber in which was found the body of Mademoiselle L. was locked on the inside when the party reached it. Every thing was perfectly silent—no groans or noises of any kind. Upon forcing the door no person was seen. The windows, both of the back and front room, were down and firmly fastened from within. A door between the two rooms was closed, but not locked. The door leading from the front room into the passage was locked, with the key on the inside. A small room in the front of the house, on the fourth story, at the head of the passage, was open, the door being ajar. This room was crowded with old beds, boxes, and so forth. These were carefully removed and searched. There was not an inch of any portion of the house which was not carefully searched. Sweeps were sent up and down the chimneys. The house was a four story one, with garrets *(mansardes)*. A trap-door on the roof was nailed down very securely—did not appear to have been opened for years. The time elapsing between the hearing of the voices in contention and the breaking open of the room door, was variously stated by the witnesses. Some made it as short as three minutes—some as long as five. The door was opened with difficulty.

'*Alfonzo Garcio,* undertaker, deposes that he resides in the Rue Morgue. Is a native of Spain. Was one of the party who entered the house. Did not proceed up stairs. Is

gewesen, als ob mehrere Personen miteinander kämpften – ein kratzendes, schlurfendes Geräusch. Die schrille Stimme sei sehr laut gewesen – lauter als die schroffe. Sei sich sicher, dass es nicht die Stimme eines Engländers war. Schien ihm die eines Deutschen zu sein. Könnte eine Frauenstimme gewesen sein. Er versteht kein Deutsch.

Vier der obengenannten Zeugen, erneut vorgeladen, sagten aus, dass die Tür des Zimmers, in dem die Leiche der Mademoiselle L. gefunden wurde, von innen verschlossen gewesen sei, als die Gruppe sie erreichte. Alles sei vollkommen still gewesen – keinerlei Stöhnen oder sonstige Geräusche. Nach dem Aufbrechen der Tür habe man niemanden gesehen. Die Fenster des hinteren wie des vorderen Raums seien heruntergelassen und von innen verriegelt gewesen. Eine Tür zwischen den beiden Räumen sei geschlossen, aber nicht abgeschlossen gewesen. Die vom vorderen Raum in den Flur führende Tür war abgeschlossen, der Schlüssel steckte von innen. Ein kleiner Raum an der Vorderseite des Hauses, im vierten Stock am Ende des Flurs, stand offen, die Tür war angelehnt. Dieser Raum war vollgestopft mit alten Betten, Kisten und so weiter. Alles wurde ausgeräumt und sorgfältig durchsucht. Es gab keinen Winkel im ganzen Haus, der nicht sorgfältig durchsucht wurde. Kaminkehrer wurden die Schornsteine hinauf- und hinuntergeschickt. Das Haus hat vier Stockwerke, plus Dachstuben (*mansardes*). Eine Falltür auf dem Dach war fest und sicher vernagelt – schien seit Jahren nicht geöffnet worden zu sein. Die Zeit, die zwischen dem Hören der streitenden Stimmen und dem Aufbrechen der Zimmertür verging, wurde von den Zeugen unterschiedlich beziffert. Bei einigen waren es höchstens drei Minuten – bei anderen mindestens fünf. Das Öffnen der Tür war schwierig gewesen.

Alfonzo Garcio, Bestatter, sagt aus, dass er in der Rue Morgue wohnhaft sei. Ist gebürtiger Spanier. Sei einer aus der Gruppe gewesen, die das Haus betrat. Sei nicht die Treppe hinaufgegan-

nervous, and was apprehensive of the consequences of agitation. Heard the voices in contention. The gruff voice was that of a Frenchman. Could not distinguish what was said. The shrill voice was that of an Englishman–is sure of this. Does not understand the English language, but judges by the intonation.

'*Alberto Montani,* confectioner, deposes that he was among the first to ascend the stairs. Heard the voices in question. The gruff voice was that of a Frenchman. Distinguished several words. The speaker appeared to be expostulating. Could not make out the words of the shrill voice. Spoke quick and unevenly. Thinks it the voice of a Russian. Corroborates the general testimony. Is an Italian. Never conversed with a native of Russia.

'Several witnesses, recalled, here testified that the chimneys of all the rooms on the fourth story were too narrow to admit the passage of a human being. By "sweeps" were meant cylindrical sweeping-brushes, such as are employed by those who clean chimneys. These brushes were passed up and down every flue in the house. There is no back passage by which any one could have descended while the party proceeded up stairs. The body of Mademoiselle L'Espanaye was so firmly wedged in the chimney that it could not be got down until four or five of the party united their strength.

'*Paul Dumas,* physician, deposes that he was called to view the bodies about day-break. They were both then lying on the sacking of the bedstead in the chamber where Mademoiselle L. was found. The corpse of the young lady was much bruised and excoriated. The fact that it had been thrust up the chimney would sufficiently account for these appearances. The throat was greatly

gen. Sei nervös und habe die Folgen einer Aufregung gefürchtet. Habe die streitenden Stimmen gehört. Die schroffe Stimme sei die eines Franzosen gewesen. Habe nicht verstehen können, was gesagt wurde. Die schrille Stimme sei die eines Engländers gewesen – sei dessen sicher. Versteht kein Englisch, urteilt aber nach dem Tonfall.

Alberto Montani, Konditor, sagt aus, er sei einer der Ersten gewesen, die die Treppe hinaufstiegen. Habe die fraglichen Stimmen gehört. Die schroffe Stimme sei die eines Franzosen gewesen. Habe einige Wörter herausgehört. Der Sprecher schien jemandem Vorwürfe zu machen. Habe die Worte der schrillen Stimme nicht verstehen können. Sie habe schnell und uneinheitlich gesprochen. Hält sie für die Stimme eines Russen. Bestätigt die allgemeinen Aussagen. Ist Italiener. Sprach nie mit einem gebürtigen Russen.

Etliche Zeugen versicherten bei erneuter Vorladung, dass die Schornsteine aller Zimmer im vierten Stock zu eng seien, als dass ein menschliches Wesen hindurchpasste. Mit ›Kaminkehrern‹ seien zylindrische Kehrbürsten gemeint gewesen, wie sie von denen verwendet werden, die Schornsteine reinigen. Diese Bürsten habe man auf- und abwärts durch sämtliche Rauchabzüge des Hauses geschoben. Es gibt keinen Hinterausgang, durch den irgendjemand hätte hinuntergelangen können, während die Gruppe die Treppe hinaufstieg. Die Leiche der Mademoiselle L'Espanaye war so fest im Schornstein eingeklemmt, dass man sie nicht herausziehen konnte, ehe vier oder fünf aus der Gruppe ihre Kräfte vereinten.

Paul Dumas, Arzt, sagt aus, dass man ihn gegen Tagesanbruch zur Besichtigung der Leichen gerufen habe. Sie hätten beide bereits auf dem Sackleinen des Bettgestells in dem Zimmer gelegen, in dem Mademoiselle L. gefunden wurde. Der Leichnam der jungen Dame sei voller Quetschungen und Schürfwunden. Die Tatsache, dass er den Kamin hinaufgezwängt worden war, erkläre diesen Befund hinreichend. Der Hals sei weitgehend

chafed. There were several deep scratches just below the chin, together with a series of livid spots which were evidently the impression of fingers. The face was fearfully discolored, and the eye-balls protruded. The tongue had been partially bitten through. A large bruise was discovered upon the pit of the stomach, produced, apparently, by the pressure of a knee. In the opinion of M. Dumas, Mademoiselle L'Espanaye had been throttled to death by some person or persons unknown. The corpse of the mother was horribly mutilated. All the bones of the right leg and arm were more or less shattered. The left *tibia* much splintered, as well as all the ribs of the left side. Whole body dreadfully bruised and discolored. It was not possible to say how the injuries had been inflicted. A heavy club of wood, or a broad bar of iron–a chair–any large, heavy, and obtuse weapon would have produced such results, if wielded by the hands of a very powerful man. No woman could have inflicted the blows with any weapon. The head of the deceased, when seen by witness, was entirely separated from the body, and was also greatly shattered. The throat had evidently been cut with some very sharp instrument–probably with a razor.

'*Alexandre Etienne,* surgeon, was called with M. Dumas to view the bodies. Corroborated the testimony, and the opinions of M. Dumas.

'Nothing farther of importance was elicited, although several other persons were examined. A murder so mysterious, and so perplexing in all its particulars, was never before committed in Paris–if indeed a murder has been committed at all. The police are entirely at fault–an unusual occurrence in affairs of this nature. There is not, however, the shadow of a clew apparent.'

aufgescheuert. Es befänden sich mehrere tiefe Kratzwunden genau unterhalb des Kinns, außerdem eine Reihe blauer Flecken, die offensichtlich Fingereindrücke waren. Das Gesicht sei furchtbar verfärbt, und die Augäpfel seien hervorgequollen. Die Zunge sei teilweise durchgebissen. Im Bereich der Magengrube habe man eine große Quetschung entdeckt, anscheinend verursacht durch den Druck eines Knies. Nach Meinung von M. Dumas ist Mademoiselle L'Espanaye von einer oder mehreren unbekannten Personen erdrosselt worden. Der Leichnam der Mutter sei entsetzlich verstümmelt. Sämtliche Knochen des rechten Arms und Beins seien mehr oder weniger zerschmettert. Die linke *tibia* sei erheblich zersplittert, ebenso sämtliche Rippen der linken Seite. Der ganze Körper fürchterlich gequetscht und verfärbt. Es sei nicht möglich, zu sagen, wie die Verletzungen beigebracht wurden. Ein schwerer Holzknüppel oder eine breite Eisenstange – ein Stuhl – jede große, schwere und stumpfe Waffe hätte solche Wirkung haben können, falls sie von den Händen eines sehr kräftigen Mannes geschwungen wurde. Keine Frau hätte mit irgendeiner Waffe die Schläge ausführen können. Der Kopf der Verstorbenen sei, als der Zeuge ihn sah, völlig vom Körper getrennt und ebenfalls arg zerschlagen gewesen. Der Hals sei offenbar mit einem sehr scharfen Instrument durchschnitten worden – wahrscheinlich mit einem Rasiermesser.

Alexandre Etienne, Wundarzt, wurde gemeinsam mit M. Dumas zur Leichenschau gerufen. Bestätigte die Aussage und die Einschätzungen des M. Dumas.

Darüber hinaus wurde nichts von Belang ermittelt, obwohl noch etliche andere Personen befragt wurden. Ein derart mysteriöser und in all seinen Einzelheiten so verwirrender Mord wurde niemals zuvor in Paris begangen – falls es sich überhaupt um einen Mord handelt. Die Polizei tappt völlig im Dunkeln – ein ungewöhnliches Vorkommnis bei Affären dieser Art. Jedenfalls ist nicht der kleinste Anhaltspunkt in Sicht.«

The evening edition of the paper stated that the greatest excitement still continued in the Quartier St Roch—that the premises in question had been carefully re-searched, and fresh examinations of witnesses instituted, but all to no purpose. A postscript, however, mentioned that Adolphe Le Bon had been arrested and imprisoned—although nothing appeared to criminate him, beyond the facts already detailed.

Dupin seemed singularly interested in the progress of this affair—at least so I judged from his manner, for he made no comments. It was only after the announcement that Le Bon had been imprisoned, that he asked me my opinion respecting the murders.

I could merely agree with all Paris in considering them an insoluble mystery. I saw no means by which it would be possible to trace the murderer.

'We must not judge of the means,' said Dupin, 'by this shell of an examination. The Parisian police, so much extolled for *acumen,* are cunning, but no more. There is no method in their proceedings, beyond the method of the moment. They make a vast parade of measures; but, not unfrequently, these are so ill adapted to the objects proposed, as to put us in mind of Monsieur Jourdain's calling for his *robe-de-chambre—pour mieux entendre la musique.* The results attained by them are not unfrequently surprising, but, for the most part, are brought about by simple diligence and activity. When these qualities are unavailing, their schemes fail. Vidocq, for example, was a good guesser, and a persevering man. But, without educated thought, he erred continually by the very intensity of his investigations. He impaired his vision by holding the object too close. He might see, perhaps, one or two points with unusual clearness, but in so doing

Die Abendausgabe der Zeitung berichtete, dass im Quartier St. Roch noch immer höchste Aufregung herrsche – dass die fraglichen Räumlichkeiten erneut durchsucht und neue Zeugenbefragungen anberaumt worden seien, doch alles ohne Erfolg. In einem Nachtrag allerdings wurde mitgeteilt, dass Adolphe Le Bon verhaftet und festgesetzt worden sei – obwohl ihn, über die bereits dargelegten Fakten hinaus, offenbar nichts belastete.

Dupin schien eigentümlich interessiert am Fortgang dieser Affäre – wenigstens schloss ich das aus seinem Verhalten, da er sich nicht äußerte. Erst nach der Meldung, dass Le Bon festgenommen worden war, erkundigte er sich nach meiner Meinung zu den Morden.

Ich konnte ganz Paris nur zustimmen, sie für ein unlösbares Rätsel zu halten. Ich sah keinen Weg, der es ermöglicht hätte, dem Mörder auf die Spur zu kommen.

»Wir dürfen hinsichtlich der Wege«, sagte Dupin, »nicht aufgrund dieser oberflächlichen Untersuchung urteilen. Die Pariser Polizei, so hochgelobt für ihren *Scharfsinn*, ist geschickt, aber sonst nichts. Es gibt bei ihrem Vorgehen keinerlei Methode jenseits spontaner Eingebungen. Sie präsentiert eine riesige Anzahl von Maßnahmen; doch nicht selten sind diese für die gesteckten Ziele derart schlecht geeignet, dass sie uns an Monsieur Jourdain erinnern, der nach seiner *robe de chambre* ruft – *pour mieux entendre la musique*. Die von ihr erreichten Resultate sind bisweilen überraschend, werden aber zumeist durch simplen Fleiß und Umtriebigkeit zustande gebracht. Wo diese Qualitäten unnütz sind, schlagen ihre Pläne fehl. Vidocq zum Beispiel hatte ein gutes Gespür und war ein beharrlicher Mann. Doch ohne geschultes Denken irrte er sich ständig, und zwar durch die schiere Intensität seiner Nachforschungen. Er schmälerte seine Sicht, indem er sich die Dinge allzu nah vor Augen hielt. Er mochte vielleicht ein oder zwei Punkte mit ungewöhnlicher Klarheit sehen, verlor dabei aber

he, necessarily, lost sight of the matter as a whole. Thus there is such a thing as being too profound. Truth is not always in a well. In fact, as regards the more important knowledge, I do believe that she is invariably superficial. The depth lies in the valleys where we seek her, and not upon the mountain-tops where she is found. The modes and sources of this kind of error are well typified in the contemplation of the heavenly bodies. To look at a star by glances—to view it in a sidelong way, by turning toward it the exterior portions of the *retina* (more susceptible of feeble impressions of light than the interior), is to behold the star distinctly—is to have the best appreciation of its lustre—a lustre which grows dim just in proportion as we turn our vision *fully* upon it. A greater number of rays actually fall upon the eye in the latter case, but, in the former, there is the more refined capacity for comprehension. By undue profundity we perplex and enfeeble thought; and it is possible to make even Venus herself vanish from the firmament by a scrutiny too sustained, too concentrated, or too direct.

'As for these murders, let us enter into some examinations for ourselves, before we make up an opinion respecting them. An inquiry will afford us amusement,' [I thought this an odd term, so applied, but said nothing] 'and, besides, Le Bon once rendered me a service for which I am not ungrateful. We will go and see the premises with our own eyes. I know G—, the Prefect of Police, and shall have no difficulty in obtaining the necessary permission.'

The permission was obtained, and we proceeded at once to the Rue Morgue. This is one of those miserable thoroughfares which intervene between the Rue Richelieu and the Rue St Roch. It was late in the afternoon when we

den Überblick über die Sache als Ganzes. Also gibt es so etwas wie allzu große Tiefgründigkeit. Wahrheit liegt nicht immer in einem Brunnen. Ich glaube vielmehr, dass sie sich, was die wichtigeren Erkenntnisse betrifft, ausnahmslos an der Oberfläche findet. Das Tiefgründige liegt in den Tälern, wo wir sie suchen, und nicht auf den Berggipfeln, wo sie zu finden ist. Art und Ursprung solchen Irrtums lassen sich gut anhand der Betrachtung der Himmelskörper versinnbildlichen. Einen Stern mit dem Blick zu streifen – seitlich an ihm vorbeizuschauen, wobei man ihm nur die äußeren Teile der *retina* zuwendet (die für schwache Lichteinwirkungen empfänglicher sind als die inneren), heißt, den Stern deutlich zu sehen – heißt, seinen Glanz am besten wahrzunehmen – einen Glanz, der entsprechend trüb wird, wenn wir den Blick *voll* auf ihn richten. Im letzteren Fall trifft sicherlich eine größere Anzahl von Strahlen auf das Auge, doch im ersteren hat es ein feineres Aufnahmevermögen. Durch übertriebene Tiefgründigkeit verwirren und schwächen wir das Denken; und es ist möglich, sogar die Venus selbst vom Firmament verschwinden zu lassen durch einen allzu unablässigen, allzu konzentrierten oder allzu direkten prüfenden Blick.

Was diese Morde betrifft, so lassen Sie uns selbst einige Untersuchungen anstellen, bevor wir uns diesbezüglich eine Meinung bilden. Eine Ermittlung wird uns Amüsement verschaffen« (ich fand diesen Ausdruck eigentlich unangebracht, sagte aber nichts) »und außerdem hat Le Bon mir einmal einen Dienst erwiesen, für den ich nicht undankbar bin. Lassen Sie uns gehen und die Räumlichkeiten mit eigenen Augen sehen. Ich kenne G., den Polizeipräfekten, und sollte keine Schwierigkeiten haben, die notwendige Erlaubnis zu beschaffen.«

Die Erlaubnis wurde beschafft, und wir gingen sofort weiter in die Rue Morgue. Sie ist eine jener elenden Querstraßen, die die Rue Richelieu mit der Rue St. Roch verbinden. Es war später Nachmittag, als wir dort ankamen, da dieses Viertel ziemlich

reached it; as this quarter is at a great distance from that in which we resided. The house was readily found; for there were still many persons gazing up at the closed shutters, with an objectless curiosity, from the opposite side of the way. It was an ordinary Parisian house, with a gateway, on one side of which was a glazed watch-box, with a sliding panel in the window, indicating a *loge de concierge*. Before going in we walked up the street, turned down an alley, and then, again turning, passed in the rear of the building–Dupin, meanwhile, examining the whole neighborhood, as well as the house, with a minuteness of attention for which I could see no possible object.

Retracing our steps, we came again to the front of the dwelling, rang, and, having shown our credentials, were admitted by the agents in charge. We went up stairs–into the chamber where the body of Mademoiselle L'Espanaye had been found, and where both the deceased still lay. The disorders of the room had, as usual, been suffered to exist. I saw nothing beyond what had been stated in the 'Gazette des Tribunaux.' Dupin scrutinized every thing–not excepting the bodies of the victims. We then went into the other rooms, and into the yard; a *gendarme* accompanying us throughout. The examination occupied us until dark, when we took our departure. On our way home my companion stepped in for a moment at the office of one of the daily papers.

I have said that the whims of my friend were manifold, and that *Je les ménageais:*–for this phrase there is no English equivalent. It was his humor, now, to decline all conversation on the subject of the murder, until about noon the next day. He then asked me, suddenly, if I had observed any thing *peculiar* at the scene of the atrocity.

weit entfernt liegt von dem, in dem wir wohnten. Das Haus war schnell gefunden; denn noch immer gab es viele Leute, die von der anderen Straßenseite aus mit zielloser Neugier zu den geschlossenen Fensterläden hinaufstarrten. Es war ein gewöhnliches Pariser Haus, mit einem Eingangstor, an dessen einer Seite ein verglastes Wachhäuschen mit einem Schiebefenster stand, das eine *loge de concierge* darstellte. Bevor wir eintraten, gingen wir die Straße hinauf, bogen ab in eine Gasse und, abermals abbiegend, passierten dann die Rückseite des Gebäudes – Dupin untersuchte währenddessen die ganze Nachbarschaft wie auch das Haus mit einer minuziösen Aufmerksamkeit, deren mögliches Ziel ich nicht erkennen konnte.

Wir kehrten auf demselben Weg zurück und gelangten wieder zur Vorderseite des Wohnhauses, klingelten und, nachdem wir unsere Genehmigung vorgezeigt hatten, wurden von den diensthabenden Beamten eingelassen. Wir gingen nach oben – in das Zimmer, in dem man die Leiche der Mademoiselle L'Espanaye gefunden hatte und wo die beiden Verstorbenen immer noch lagen. Das Durcheinander in dem Raum hatte man, wie üblich, unverändert belassen. Ich sah nichts anderes als das, was in der ›Gazette des Tribunaux‹ mitgeteilt worden war. Dupin untersuchte alles eingehend – inklusive der Leichen der Opfer. Dann gingen wir in die anderen Räume und in den Hof; ein *gendarme* begleitete uns überallhin. Die Untersuchung beschäftigte uns, bis es dunkel war, dann verabschiedeten wir uns. Auf dem Heimweg betrat mein Begleiter für einen Moment das Büro einer Tageszeitung.

Ich sagte bereits, dass die Launen meines Freundes mannigfaltig waren, und dass *je les ménageais* – für diese Wendung gibt es keine englische Entsprechung. Diesmal gefiel er sich darin, jedwedes Gespräch über die Morde abzulehnen, und zwar bis gegen Mittag des nächsten Tages. Dann fragte er mich plötzlich, ob ich irgendetwas *Eigentümliches* am Schauplatz der Gräueltat bemerkt hätte.

There was something in his manner of emphasizing the word 'peculiar,' which caused me to shudder, without knowing why.

'No, nothing *peculiar,'* I said; 'nothing more, at least, than we both saw stated in the paper.'

'The "Gazette,"' he replied, 'has not entered, I fear, into the unusual horror of the thing. But dismiss the idle opinions of this print. It appears to me that this mystery is considered insoluble, for the very reason which should cause it to be regarded as easy of solution–I mean for the *outré* character of its features. The police are confounded by the seeming absence of motive–not for the murder itself–but for the atrocity of the murder. They are puzzled, too, by the seeming impossibility of reconciling the voices heard in contention, with the facts that no one was discovered up stairs but the assassinated Mademoiselle L'Espanaye, and that there were no means of egress without the notice of the party ascending. The wild disorder of the room; the corpse thrust, with the head downward, up the chimney; the frightful mutilation of the body of the old lady; these considerations, with those just mentioned, and others which I need not mention, have sufficed to paralyze the powers, by putting completely at fault the boasted *acumen,* of the government agents. They have fallen into the gross but common error of confounding the unusual with the abstruse. But it is by these deviations from the plane of the ordinary, that reason feels its way, if at all, in its search for the true. In investigations such as we are now pursuing, it should not be so much asked "what has occurred", as "what has occurred that has never occurred before." In fact, the facility with which I shall arrive, or have arrived, at the solution of this mystery, is

In der Art, mit der er das Wort ›Eigentümliches‹ betonte, lag etwas, das mich schaudern machte, ohne dass ich wusste warum.

»Nein, nichts *Eigentümliches*«, sagte ich; »nicht mehr jedenfalls als das, was wir beide in der Zeitung gelesen haben.«

»Die ›Gazette‹«, antwortete er, »hat, fürchte ich, das ungewöhnlich Grauenhafte der Sache nicht erfasst. Doch lassen wir die müßigen Ansichten jenes Blattes. Mir scheint, dass dieses Rätsel aus eben dem Grund für unlösbar gehalten wird, aus dem man es als leicht lösbar ansehen sollte – nämlich des *outrierten* Charakters seiner Merkmale wegen. Die Polizei ist verwirrt durch das scheinbare Fehlen eines Motivs – nicht für die Morde selbst – sondern für die Grausamkeit der Morde. Ebenso ist sie ratlos angesichts der scheinbaren Unmöglichkeit, die Stimmen, die man streiten hörte, mit der Tatsache in Einklang zu bringen, dass oben niemand zu entdecken war außer der ermordeten Mademoiselle L'Espanaye und dass es keinerlei Entkommen gab, ohne dass die heraufkommende Gruppe es bemerkt hätte. Das wilde Durcheinander in dem Raum; der mit dem Kopf nach unten den Schornstein hinaufgezwängte Leichnam; die furchtbare Verstümmelung der Leiche der alten Dame; diese Faktoren, gemeinsam mit den bereits erwähnten und anderen, die ich nicht zu erwähnen brauche, haben genügt, um die Kräfte der Regierungsbeamten zu paralysieren, indem sie deren vielgerühmten *Scharfsinn* komplett in die Irre führten. Sie sind in den groben, aber verbreiteten Irrtum verfallen, das Ungewöhnliche mit dem Abstrusen zu verwechseln. Doch gerade anhand dieser Abweichungen von der Ebene des Alltäglichen ertastet sich die Vernunft, wenn überhaupt, ihren Weg auf ihrer Suche nach der Wahrheit. Bei solchen Untersuchungen, wie wir sie nun anstellen, sollte man weniger fragen: ›Was ist geschehen?‹, als vielmehr: ›Was ist geschehen, das niemals zuvor geschehen ist?‹ Tatsächlich steht die Leichtigkeit, mit der ich zur Lösung dieses Rätsel gelangen werde, oder gelangt

in the direct ratio of its apparent insolubility in the eyes of the police.'

I stared at the speaker in mute astonishment.

'I am now awaiting,' continued he, looking toward the door of our apartment–'I am now awaiting a person who, although perhaps not the perpetrator of these butcheries, must have been in some measure implicated in their perpetration. Of the worst portion of the crimes committed, it is probable that he is innocent. I hope that I am right in this supposition; for upon it I build my expectation of reading the entire riddle. I look for the man here–in this room–every moment. It is true that he may not arrive; but the probability is that he will. Should he come, it will be necessary to detain him. Here are pistols; and we both know how to use them when occasion demands their use.'

I took the pistols, scarcely knowing what I did, or believing what I heard, while Dupin went on, very much as if in a soliloquy. I have already spoken of his abstract manner at such times. His discourse was addressed to myself; but his voice, although by no means loud, had that intonation which is commonly employed in speaking to some one at a great distance. His eyes, vacant in expression, regarded only the wall.

'That the voices heard in contention,' he said, 'by the party upon the stairs, were not the voices of the women themselves, was fully proved by the evidence. This relieves us of all doubt upon the question whether the old lady could have first destroyed the daughter, and afterward have committed suicide. I speak of this point chiefly for the sake of method; for the strength of Madame L'Espanaye would have been utterly unequal to the task of thrusting her daughter's corpse up the chimney as it was found; and the nature of the wounds upon

bin, in direktem Verhältnis zu seiner vermeintlichen Unlösbarkeit in den Augen der Polizei.«

In sprachloser Verblüffung starrte ich den Sprecher an.

»Ich erwarte jetzt«, fuhr er fort, während er auf die Tür unseres Zimmers blickte – »ich erwarte jetzt eine Person, die, wenngleich sie dieses Gemetzel vielleicht nicht angerichtet hat, doch in gewissem Grad in die Tat verwickelt gewesen sein muss. Am schlimmsten Teil der begangenen Verbrechen ist sie wahrscheinlich unschuldig. Ich hoffe, dass ich mit dieser Vermutung richtig liege; denn auf sie stützte ich meine Erwartung, das ganze Rätsel zu lösen. Ich erwarte den Mann hier – in diesem Raum – jeden Moment. Gewiss ist es möglich, dass er nicht erscheint; aber wahrscheinlich ist, dass er erscheint. Sollte er kommen, wird es notwendig sein, ihn festzuhalten. Hier sind Pistolen; und wir beide wissen damit umzugehen, wenn die Umstände es erfordern.«

Ich nahm die Pistolen, kaum wissend, was ich tat, oder glaubend, was ich hörte, während Dupin fortfuhr, als spräche er mit sich selbst. Sein abstraktes Verhalten zu solchen Zeiten habe ich bereits erwähnt. Seine Rede war an mich gerichtet; doch seine Stimme, obwohl keineswegs laut, hatte jenen Tonfall, den man gewöhnlich bemüht, wenn man über große Distanz mit jemandem spricht. Seine ausdruckslosen Augen blickten starr auf die Wand.

»Dass die Stimmen«, sagte er, »die die Gruppe auf der Treppe streiten hörte, nicht die Stimmen der Frauen selbst waren, ist durch die Zeugenaussagen vollständig bewiesen. Dies nimmt uns jeden Zweifel bezüglich der Frage, ob die alte Dame zuerst die Tochter umgebracht und danach Selbstmord begangen haben könnte. Ich erwähne diesen Punkt hauptsächlich um der Methode willen; denn die Körperkraft der Madame L'Espanaye wäre der Aufgabe, den Leichnam ihrer Tochter den Schornstein so hinaufzuzwängen, wie er gefunden wurde, schlichtweg nicht gewachsen gewesen; und die Art der Wunden an ihrem eigenen

her own person entirely preclude the idea of self-destruction. Murder, then, has been committed by some third party; and the voices of this third party were those heard in contention. Let me now advert–not to the whole testimony respecting these voices–but to what was *peculiar* in that testimony. Did you observe any thing peculiar about it?'

I remarked that, while all the witnesses agreed in supposing the gruff voice to be that of a Frenchman, there was much disagreement in regard to the shrill, or, as one individual termed it, the harsh voice.

'That was the evidence itself,' said Dupin, 'but it was not the peculiarity of the evidence. You have observed nothing distinctive. Yet there *was* something to be observed. The witnesses, as you remark, agreed about the gruff voice; they were here unanimous. But in regard to the shrill voice, the peculiarity is–not that they disagreed–but that, while an Italian, an Englishman, a Spaniard, a Hollander, and a Frenchman attempted to describe it, each one spoke of it as that *of a foreigner.* Each is sure that it was not the voice of one of his own countrymen. Each likens it–not to the voice of an individual of any nation with whose language he is conversant–but the converse. The Frenchman supposes it the voice of a Spaniard, and "might have distinguished some words *had he been acquainted with the Spanish."* The Dutchman maintains it to have been that of a Frenchman; but we find it stated that *"not understanding French this witness was examined through an interpreter."* The Englishman thinks it the voice of a German, and *"does not understand German."* The Spaniard "is sure" that it was that of an Englishman, but "judges by the intonation" altogether, *"as he has no knowledge of the English."*

Körper schließt den Gedanken an einen Selbstmord völlig aus. Die Morde sind also von einer dritten Partei begangen worden; und die Stimmen dieser dritten Partei waren jene, die man streiten hörte. Lassen Sie mich nun – nicht auf die gesamte Aussage hinsichtlich der Stimmen – sondern auf das kommen, was an dieser Aussage *eigentümlich* war. Ist Ihnen daran irgendetwas Eigentümliches aufgefallen?«

Ich antwortete, dass, während sämtliche Zeugen übereinstimmend die schroffe Stimme für die eines Franzosen hielten, es große Uneinigkeit gab bezüglich der schrillen oder, wie eine Person sie bezeichnete, der harschen Stimme.

»Das waren die Zeugenaussagen selbst«, sagte Dupin, »aber es war nicht ihre Eigentümlichkeit. Sie haben nichts Markantes bemerkt. Und doch *gab* es da etwas Markantes zu bemerken. Wie Sie sagen, waren die Zeugen sich einig über die schroffe Stimme; hier waren sie einer Meinung. Doch in Bezug auf die schrille Stimme liegt die Eigentümlichkeit – nicht darin, dass sie uneins waren – sondern darin, dass jeder, der sie zu beschreiben versuchte, ein Italiener, ein Engländer, ein Spanier, ein Holländer und ein Franzose, sie als die Stimme *eines Ausländers* bezeichnete. Jeder ist sicher, dass es nicht die Stimme eines seiner eigenen Landsleute war. Jeder vergleicht sie – nicht mit der Stimme einer Person aus irgendeinem Land, dessen Sprache ihm vertraut – sondern die ihm unvertraut ist. Der Franzose hält sie für die Stimme eines Spaniers und ›hätte einige Wörter ausmachen können, *wäre er mit dem Spanischen vertraut gewesen*‹. Der Holländer behauptet, es sei die eines Franzosen gewesen; es wird jedoch erwähnt, dass er ›*kein Französisch versteht und dieser Zeuge mithilfe eines Dolmetschers befragt wurde*‹. Der Engländer hält sie für die Stimme eines Deutschen und ›*versteht kein Deutsch*‹. Der Spanier ›ist sicher‹, dass es die eines Engländers war, urteilt aber ›nach dem Tonfall‹, und zwar ausschließlich, ›*da er keinerlei Englischkenntnisse hat*‹. Der Italie-

The Italian believes it the voice of a Russian, but *"has never conversed with a native oj Russia."* A second Frenchman differs, moreover, with the first, and is positive that the voice was that of an Italian; but, *not being cognizant of that tongue,* is, like the Spaniard, "convinced by the intonation." Now, how strangely unusual must that voice have really been, about which such testimony as this *could* have been elicited!–in whose *tones,* even, denizens of the five great divisions of Europe could recognise nothing familiar! You will say that it might have been the voice of an Asiatic–of an African. Neither Asiatics nor Africans abound in Paris; but, without denying the inference, I will now merely call your attention to three points. The voice is termed by one witness "harsh rather than shrill." It is represented by two others to have been "quick and *unequal."* No words–no sounds resembling words–were by any witness mentioned as distinguishable.

'I know not,' continued Dupin, 'what impression I may have made, so far, upon your own understanding; but I do not hesitate to say that legitimate deductions even from this portion of the testimony–the portion respecting the gruff and shrill voices–are in themselves sufficient to engender a suspicion which should give direction to all farther progress in the investigation of the mystery. I said "legitimate deductions;" but my meaning is not thus fully expressed. I designed to imply that the deductions are the *sole* proper ones, and that the suspicion arises *inevitably* from them as the single result. What the suspicion is, however, I will not say just yet. I merely wish you to bear in mind that, with myself, it was sufficiently forcible to give a definite form–a certain tendency–to my inquiries in the chamber.

ner meint, dass es die Stimme eines Russen war, hat aber ›*nie mit einem gebürtigen Russen gesprochen*‹. Ferner stimmt ein zweiter Franzose mit dem ersten nicht überein und ist überzeugt, dass die Stimme die eines Italieners war; doch glaubt er dies, *da er dieser Sprache nicht mächtig ist*, wie der Spanier ›aufgrund des Tonfalls‹. Nun, wie ungewöhnlich sonderbar muss jene Stimme wirklich gewesen sein, über die solcherlei Aussagen hervorzurufen *möglich* war! – in deren *Lauten* gar die Bewohner der fünf großen Teile Europas nichts Vertrautes erkennen konnten! Es könnte, werden Sie sagen, die Stimme eines Asiaten gewesen sein – eines Afrikaners. Weder Asiaten noch Afrikaner sind sehr zahlreich in Paris; doch ohne die Schlussfolgerung zu bestreiten, möchte ich jetzt Ihre Aufmerksamkeit nur auf drei Punkte lenken. Die Stimme ist von einem Zeugen als ›eher harsch als schrill‹ bezeichnet worden. Zwei andere beschreiben sie als ›schnell und *ungleichmäßig*‹. Keine Wörter – keine wortähnlichen Laute – wurden von irgendeinem Zeugen als unterscheidbar erwähnt.

Ich weiß nicht«, fuhr Dupin fort, »welchen Eindruck ich bisher auf Ihr eigenes Verständnis gemacht habe; doch ich zögere nicht, zu behaupten, dass legitime Rückschlüsse gerade aus diesem Teil der Aussage – dem Teil, der die schroffe und die schrille Stimme betrifft – an sich schon hinreichend sind, um einen Verdacht zu erregen, der allen weiteren Schritten in der Untersuchung des Rätsels die Richtung weisen sollte. Ich sagte ›legitime Rückschlüsse‹; doch das drückt nicht ganz das aus, was ich meine. Ich wollte damit andeuten, dass die Rückschlüsse die *einzig* richtigen sind und dass der Verdacht *unweigerlich* aus ihnen erwächst als das alleinige Resultat. Welcher Verdacht das ist, werde ich jedoch noch nicht sagen. Ich bitte Sie nur zu berücksichtigen, dass er mir selbst ausreichend dringend erschien, um meinen Nachforschungen in dem Zimmer eine bestimmte Form – eine gewisse Tendenz – zu geben.

'Let us now transport ourselves, in fancy, to this chamber. What shall we first seek here? The means of egress employed by the murderers. It is not too much to say that neither of us believe in præternatural events. Madame and Mademoiselle L'Espanaye were not destroyed by spirits. The doers of the deed were material, and escaped materially. Then how? Fortunately, there is but one mode of reasoning upon the point, and that mode *must* lead us to a definite decision.–Let us examine, each by each, the possible means of egress. It is clear that the assassins were in the room where Mademoiselle L'Espanaye was found, or at least in the room adjoining, when the party ascended the stairs. It is then only from these two apartments that we have to seek issues. The police have laid bare the floors, the ceilings, and the masonry of the walls, in every direction. No *secret* issues could have escaped their vigilance. But, not trusting to *their* eyes, I examined with my own. There were, then, *no* secret issues. Both doors leading from the rooms into the passage were securely locked, with the keys inside. Let us turn to the chimneys. These, although of ordinary width for some eight to ten feet above the hearths, will not admit, throughout their extent, the body of a large cat. The impossibility of egress, by means already stated, being thus absolute, we are reduced to the windows. Through those of the front room no one could have escaped without notice from the crowd in the street. The murderers *must* have passed, then, through those of the back room. Now, brought to this conclusion in so unequivocal a manner as we are, it is not our part, as reasoners, to reject it on account of apparent impossibilities. It is only left for us to prove that these apparent "impossibilities" are, in reality, not such.

Versetzen wir uns nun im Geist in dieses Zimmer. Wonach werden wir hier zuerst suchen? Nach dem Fluchtweg, den die Mörder benutzt haben. Es ist wohl nicht zu viel gesagt, dass keiner von uns an übernatürliche Ereignisse glaubt. Madame und Mademoiselle L'Espanaye wurden nicht von Geistern getötet. Die Täter waren real und entkamen auf reale Weise. Aber wie? Glücklicherweise gibt es nur ein Verfahren, sich über diesen Punkt klarzuwerden, und dieses Verfahren *muss* uns zu einem eindeutigen Urteil führen. – Lassen Sie uns der Reihe nach die möglichen Fluchtwege untersuchen. Sicher ist, dass, als die Gruppe die Treppe heraufkam, die Mörder in dem Raum waren, in dem Mademoiselle L'Espanaye gefunden wurde, oder zumindest im angrenzenden Raum. Wir haben also nur in diesen zwei Zimmern nach Ausgängen zu suchen. Die Polizeibeamten haben die Fußböden, die Decken und das Mauerwerk der Wände rundherum abgesucht. Ein *geheimer* Ausgang wäre ihren wachsamen Blicken nicht entgangen. Da ich aber *ihren* Augen nicht traute, prüfte ich alles mit meinen eigenen. Doch es gab *keine* geheimen Ausgänge. Beide Türen, die von den Räumen auf den Flur führen, waren fest verschlossen, die Schlüssel steckten von innen. Kommen wir zu den Schornsteinen. Diese haben zwar bis etwa acht oder zehn Fuß oberhalb der Feuerstellen die gewöhnliche Breite, bis zu ihrer Spitze aber würde nicht einmal der Körper einer großen Katze hindurchpassen. Da also ein Entkommen auf den genannten Wegen absolut unmöglich ist, bleiben uns nur noch die Fenster. Durch die des vorderen Raums hätte niemand fliehen können, ohne von der Menge auf der Straße bemerkt zu werden. Die Mörder *müssen* also durch die des hinteren Raums gestiegen sein. Nun, da wir auf tatsächlich so unzweideutige Weise zu dieser Schlussfolgerung gebracht worden sind, gehört es nicht zu unserer Rolle als logisch Denkende, sie wegen scheinbarer Unmöglichkeiten zu verwerfen. Es bleibt uns nur zu beweisen, dass diese scheinbaren ›Unmöglichkeiten‹ in Wirklichkeit keine sind.

'There are two windows in the chamber. One of them is unobstructed by furniture, and is wholly visible. The lower portion of the other is hidden from view by the head of the unwieldy bedstead which is thrust close up against it. The former was found securely fastened from within. It resisted the utmost force of those who endeavored to raise it. A large gimlet-hole had been pierced in its frame to the left, and a very stout nail was found fitted therein, nearly to the head. Upon examining the other window, a similar nail was seen similarly fitted in it; and a vigorous attempt to raise this sash failed also. The police were now entirely satisfied that egress had not been in these directions. And, *therefore,* it was thought a matter of supererogation to withdraw the nails and open the windows.

'My own examination was somewhat more particular, and was so for the reason I have just given–because here it was, I knew, that all apparent impossibilities *must* be proved to be not such in reality.

'I proceeded to think thus–*à posteriori.* The murderers *did* escape from one of these windows. This being so, they could not have refastened the sashes from the inside, as they were found fastened;–the consideration which put a stop, through its obviousness, to the scrutiny of the police in this quarter. Yet the sashes *were* fastened. They *must,* then, have the power of fastening themselves. There was no escape from this conclusion. I stepped to the unobstructed casement, withdrew the nail with some difficulty, and attempted to raise the sash. It resisted all my efforts, as I had anticipated. A concealed spring must, I now knew, exist; and this corroboration of my idea convinced me that my premises, at least, were correct, however mysterious still appeared the circumstances attend-

Es gibt zwei Fenster in dem Zimmer. Eins davon ist nicht durch Möbel verstellt und vollständig sichtbar. Der untere Teil des anderen ist dem Blick entzogen durch das Kopfende des sperrigen Bettgestells, das dicht davorgeschoben ist. Das Erstere fand man von innen sicher verriegelt. Es widerstand der äußersten Anstrengung derer, die es hochzuschieben versuchten. Ein großes Bohrloch war links in seinen Rahmen getrieben worden, und man fand einen sehr starken Nagel darin eingepasst, fast bis zum Kopf. Bei der Untersuchung des anderen Fensters entdeckte man einen ähnlichen Nagel, in ähnlicher Weise eingepasst; und ein energischer Versuch, diesen Rahmen hochzuschieben, misslang ebenfalls. Die Polizei war nun restlos davon überzeugt, dass es in dieser Richtung kein Entkommen gegeben habe. Und *daher* hielt man es nicht für notwendig, die Nägel herauszuziehen und die Fenster zu öffnen.

Meine eigene Untersuchung fiel etwas sorgfältiger aus, und zwar aus dem eben genannten Grund – denn genau hier, das war mir klar, *musste* sich erweisen, dass alle scheinbaren Unmöglichkeiten in Wirklichkeit keine sind.

Auf diese Weise dachte ich weiter – *a posteriori*. Die Mörder *waren* durch eins dieser Fenster entkommen. Wenn dies der Fall war, dann konnten sie die Rahmen nicht von innen in der Weise wieder befestigt haben, wie man sie vorgefunden hatte – eine Überlegung, die durch ihre Augenfälligkeit den Nachforschungen der Polizei an dieser Stelle ein Ende setzte. Doch die Rahmen *waren* befestigt. Sie *mussten* also in der Lage sein, sich selbsttätig zu schließen. Diese Schlussfolgerung war unausweichlich. Ich trat an das unverstellte Fenster, zog mit einiger Mühe den Nagel heraus und versuchte, den Rahmen hochzuschieben. Er hielt all meinen Versuchen stand, wie ich es erwartet hatte. Nun wusste ich, dass es eine verborgene Feder geben musste; und diese Bestätigung meiner Vermutung überzeugte mich, dass wenigstens meine Prämissen korrekt waren, so mysteriös auch noch immer die Umstände schie-

ing the nails. A careful search soon brought to light the hidden spring. I pressed it, and, satisfied with the discovery, forbore to upraise the sash.

'I now replaced the nail and regarded it attentively. A person passing out through this window might have reclosed it, and the spring would have caught–but the nail could not have been replaced. The conclusion was plain, and again narrowed in the field of my investigations. The assassins *must* have escaped through the other window. Supposing, then, the springs upon each sash to be the same, as was probable, there *must* be found a difference between the nails, or at least between the modes of their fixture. Getting upon the sacking of the bedstead, I looked over the head-board minutely at the second casement. Passing my hand down behind the board, I readily discovered and pressed the spring, which was, as I had supposed, identical in character with its neighbor. I now looked at the nail. It was as stout as the other, and apparently fitted in in the same manner–driven in nearly up to the head.

'You will say that I was puzzled; but, if you think so, you must have misunderstood the nature of the inductions. To use a sporting phrase, I had not been once "at fault." The scent had never for an instant been lost. There was no flaw in any link of the chain. I had traced the secret to its ultimate result,–and that result was *the nail.* It had, I say, in every respect, the appearance of its fellow in the other window; but this fact was an absolute nullity (conclusive as it might seem to be) when compared with the consideration that here, at this point, terminated the clew. "There *must* be something wrong," I said, "about the nail." I touched it; and the head, with about a quarter of an inch of the shank, came off in my fingers. The

nen, die die Nägel betrafen. Eine sorgfältige Suche brachte die versteckte Feder bald ans Licht. Ich betätigte sie und, mit der Entdeckung zufrieden, verzichtete darauf, den Rahmen hochzuschieben.

Nun setzte ich den Nagel wieder ein und betrachtete ihn aufmerksam. Eine Person, die durch dieses Fenster hinausgestiegen war, könnte es wieder geschlossen haben, und die Feder wäre eingerastet – doch der Nagel konnte nicht wieder eingesetzt worden sein. Die Schlussfolgerung war klar, und sie grenzte das Feld meiner Nachforschungen wiederum ein. Die Mörder *mussten* durch das andere Fenster entkommen sein. Gesetzt also, die Federn waren an beiden Rahmen die gleichen, was wahrscheinlich war, dann *musste* sich ein Unterschied zwischen den Nägeln finden, oder zumindest in der Art ihrer Befestigung. Indem ich auf das Sackleinen des Bettgestells stieg, besah ich mir über das Kopfbrett des Bettes hinweg eingehend das zweite Fenster. Als ich meine Hand hinter dem Brett nach unten führte, entdeckte und betätigte ich ohne Weiteres die Feder, die, wie ich vermutet hatte, genauso konstruiert war wie ihr Pendant. Jetzt betrachtete ich den Nagel. Er war ebenso stark wie der andere und scheinbar in gleicher Weise eingepasst – eingeschlagen fast bis zum Kopf.

Sie werden sagen, dass ich ratlos war; doch falls Sie dies denken, so müssen Sie die Natur meiner Rückschlüsse missverstanden haben. Um einen Jagdausdruck zu verwenden: Nicht ein einziges Mal war ich auf ›falscher Fährte‹. Nicht einen Augenblick lang verlor ich die Witterung. In keinem Glied der Kette war ein Riss. Ich war dem Geheimnis bis zu seinem ultimativen Endpunkt nachgegangen – und dieser Endpunkt war *der Nagel*. Er hatte, sage ich, in jeder Hinsicht das Aussehen seines Artgenossen am anderen Fenster; doch diese Tatsache war absolut bedeutungslos im Vergleich zu der Erwägung, dass hier, an diesem Punkt, die Spur endete. ›Irgendetwas, sagte ich mir, ›*kann* mit dem Nagel nicht stimmen.‹ Ich berührte ihn; und der Kopf, daran etwa ein Viertelzoll vom Schaft, fiel in meine Hand. Der

rest of the shank was in the gimlet-hole, where it had been broken off. The fracture was an old one (for its edges were incrusted with rust), and had apparently been accomplished by the blow of a hammer, which had partially imbedded, in the top of the bottom sash, the head portion of the nail. I now carefully replaced this head portion in the indentation whence I had taken it, and the resemblance to a perfect nail was complete–the fissure was invisible. Pressing the spring, I gently raised the sash for a few inches; the head went up with it, remaining firm in its bed. I closed the window, and the semblance of the whole nail was again perfect.

'The riddle, so far, was now unriddled. The assassin had escaped through the window which looked upon the bed. Dropping of its own accord upon his exit (or perhaps purposely closed), it had become fastened by the spring; and it was the retention of this spring which had been mistaken by the police for that of the nail,–farther inquiry being thus considered unnecessary.

'The next question is that of the mode of descent. Upon this point I had been satisfied in my walk with you around the building. About five feet and a half from the casement in question there runs a lightningrod. From this rod it would have been impossible for any one to reach the window itself, to say nothing of entering it. I observed, however, that the shutters of the fourth story were of the peculiar kind called by Parisian carpenters *ferrades*–a kind rarely employed at the present day, but frequently seen upon very old mansions at Lyons and Bourdeaux. They are in the form of an ordinary door, (a single, not a folding door) except that the upper half is latticed or worked in open trellis–thus affording an excellent hold for the hands. In the present instance these shutters are fully

Rest des Schafts blieb im Bohrloch stecken, wo er abgebrochen war. Die Fraktur war alt (denn die Bruchkanten waren mit Rost bedeckt) und anscheinend von einem Hammerschlag verursacht worden, der das Kopfende des Nagels teilweise in das obere Stück des unteren Rahmen eingedrückt hatte. Nun platzierte ich dieses Kopfende wieder sorgsam in der Einkerbung, aus der ich es entfernt hatte, und die Ähnlichkeit mit einem unversehrten Nagel war perfekt – der Bruch war nicht zu sehen. Ich betätigte die Feder und schob den Rahmen behutsam ein paar Zoll in die Höhe; der Nagelkopf hob sich mit ihm, fest in seiner Kerbe steckend. Ich schloss das Fenster, und der Anschein des ganzen Nagels war wieder perfekt.

Das Rätsel war nun so weit enträtselt. Der Mörder war durch das Fenster hinter dem Bett entkommen. Als es nach dessen Ausstieg von selbst zufiel (oder vielleicht absichtlich geschlossen wurde), wurde es durch die Feder verriegelt; und es war der Widerstand dieser Feder, den die Polizei fälschlich für den des Nagels gehalten hatte – wodurch weitere Nachforschungen als unnötig erachtet wurden.

Die nächste Frage ist die nach der Art und Weise des Abstiegs. Über diesen Punkt hatte mir mein Rundgang mit Ihnen um das Gebäude Klarheit verschafft. Etwa fünfeinhalb Fuß von dem fraglichen Fenster entfernt verläuft ein Blitzableiter. Von dieser Stange aus wäre es für jeden unmöglich gewesen, das Fenster selbst zu erreichen, geschweige denn hineinzuklettern. Ich bemerkte jedoch, dass die Fensterläden des vierten Stocks von jener sonderbaren Art waren, die die Pariser Zimmerleute *ferrades* nennen – eine Art, die heutzutage selten verwendet wird, aber häufig zu sehen ist an sehr alten Herrenhäusern in Lyon und Bordeaux. Sie haben die Form einer gewöhnlichen Tür (einer einfachen, keiner Flügeltür), nur dass die obere Hälfte vergittert oder als Spalier gearbeitet ist – den Händen also ausgezeichneten Halt bietet. In unserem Fall sind diese Läden ganze dreiein-

three feet and a half broad. When we saw them from the rear of the house, they were both about half open–that is to say, they stood off at right angles from the wall. It is probable that the police, as well as myself, examined the back of the tenement; but, if so, in looking at these *ferrades* in the line of their breadth (as they must have done), they did not perceive this great breadth itself, or, at all events, failed to take it into due consideration. In fact, having once satisfied themselves that no egress could have been made in this quarter, they would naturally bestow here a very cursory examination. It was clear to me, however, that the shutter belonging to the window at the head of the bed, would, if swung fully back to the wall, reach to within two feet of the lightning-rod. It was also evident that, by exertion of a very unusual degree of activity and courage, an entrance into the window, from the rod, might have been thus effected.–By reaching to the distance of two feet and a half (we now suppose the shutter open to its whole extent) a robber might have taken a firm grasp upon the trellis-work. Letting go, then, his hold upon the rod, placing his feet securely against the wall, and springing boldly from it, he might have swung the shutter so as to close it, and, if we imagine the window open at the time, might even have swung himself into the room.

'I wish you to bear especially in mind that I have spoken of a *very* unusual degree of activity as requisite to success in so hazardous and so difficult a feat. It is my design to show you, first, that the thing might possibly have been accomplished:–but, secondly and *chiefly,* I wish to impress upon your understanding the *very extraordinary*–the almost preternatural character of that agility which could have accomplished it.

halb Fuß breit. Als wir sie von der Rückseite des Hauses aus sahen, waren sie etwa halb geöffnet – das heißt, sie standen im rechten Winkel von der Hauswand ab. Es ist wahrscheinlich, dass die Polizeibeamten die Hinterseite des Wohnhauses ebenso gut untersucht haben wie ich selbst; falls dem so ist, dann blickten sie auf die *ferrades* exakt in der Linie ihrer Breite (wie sie es ja mussten) und bemerkten daher diese große Breite selbst gar nicht oder versäumten es jedenfalls, sie gebührend in Erwägung zu ziehen. Da sie sich ja tatsächlich bereits davon überzeugt hatten, dass hier ein Ausstieg nicht bewerkstelligt werden konnte, dürften sie diese Stelle natürlich einer sehr oberflächlichen Untersuchung gewürdigt haben. Mir jedoch war klar, dass der Laden, der zu dem Fenster am Kopfende des Bettes gehört, bis auf zwei Fuß an den Blitzableiter heranreichen würde, wenn er ganz bis zur Wand geöffnet wäre. Ebenso war es offensichtlich, dass, durch Aufbietung eines überaus ungewöhnlichen Grades an Behändigkeit und Mut, auf diese Weise von der Stange aus ein Einstieg durch das Fenster erfolgt sein könnte. – Indem er sich bis zur Distanz von zweieinhalb Fuß hinüberstreckte (wir nehmen nun an, der Laden sei ganz geöffnet), könnte ein Räuber mit festem Griff das Spalierwerk zu fassen bekommen haben. Indem er dann die Stange losließ, seine Füße sicher gegen die Wand stemmte und sich kühn von ihr abstieß, könnte er den Laden gänzlich herum- und, wenn wir uns das Fenster dabei geöffnet denken, sich selbst sogar in den Raum hineingeschwungen haben.

Ich bitte Sie zu berücksichtigen, dass ich von einem *überaus* ungewöhnlichen Grad an Behändigkeit gesprochen habe, der für das Gelingen eines derart riskanten und schwierigen Kunststücks erforderlich ist. Meine Absicht ist erstens, Ihnen zu zeigen, dass die Sache durchaus vollbracht werden konnte – zweitens und *hauptsächlich* aber möchte ich Ihrem Verstand den *ganz außerordentlichen* – den geradezu übernatürlichen Charakter jener Agilität verdeutlichen, die dazu nötig war.

'You will say, no doubt, using the language of the law, that "to make out my case," I should rather undervalue, than insist upon a full estimation of the activity required in this matter. This may be the practice in law, but it is not the usage of reason. My ultimate object is only the truth. My immediate purpose is to lead you to place in juxtaposition, that *very unusual* activity of which I have just spoken, with that *very peculiar* shrill (or harsh) and *unequal* voice, about whose nationality no two persons could be found to agree, and in whose utterance no syllabification could be detected.'

At these words a vague and half-formed conception of the meaning of Dupin flitted over my mind. I seemed to be upon the verge of comprehension, without power to comprehend–as men, at times, find themselves upon the brink of remembrance, without being able, in the end, to remember. My friend went on with his discourse.

'You will see,' he said, 'that I have shifted the question from the mode of egress to that of ingress. It was my design to suggest the idea that both were effected in the same manner, at the same point. Let us now revert to the interior of the room. Let us survey the appearances here. The drawers of the bureau, it is said, had been rifled, although many articles of apparel still remained within them. The conclusion here is absurd. It is a mere guess–a very silly one–and no more. How are we to know that the articles found in the drawers were not all these drawers had originally contained? Madame L'Espanaye and her daughter lived an exceedingly retired life–saw no company–seldom went out–had little use for numerous changes of habiliment. Those found were at least of as good quality as any likely to be possessed by these ladies.

Sie werden, sich der Juristensprache bedienend, zweifellos sagen, dass ich, ›um in meinem Fall zu argumentieren‹, die in dieser Sache erforderliche Behändigkeit eher unterbewerten sollte, als auf ihrer vollen Veranschlagung zu bestehen. Das mag zwar die Rechtspraxis sein, entspricht aber nicht dem Gebrauch der Vernunft. Mein eigentliches Ziel ist allein die Wahrheit. Meine jetzige Absicht ist, Sie dahin zu bringen, jene *überaus ungewöhnliche* Behändigkeit, von der ich gerade gesprochen habe, jener *überaus eigentümlichen* schrillen (oder harschen) und *ungleichmäßigen* Stimme gegenüberzustellen, über deren Nationalität keine zwei Personen einer Meinung und in deren Äußerungen keinerlei deutliche Silben auszumachen waren.«

Bei diesen Worten huschte mir eine vage und halbgeformte Vorstellung davon durch den Sinn, was Dupin meinte. Ich schien an der Schwelle des Begreifens, ohne begreifen zu können – so wie sich der Mensch bisweilen am Rand des Erinnerns befindet, ohne sich letztendlich erinnern zu können. Mein Freund setzte seinen Vortrag fort.

»Sie sehen«, sagte er, »dass ich die Frage von der Art des Ausstiegs auf die des Einstiegs verlagert habe. Es war meine Absicht, darauf hinzuweisen, dass beide auf dieselbe Weise, an derselben Stelle erfolgten. Wenden wir uns nun wieder dem Inneren des Raumes zu. Lassen Sie uns sein Erscheinungsbild prüfen. Die Schubladen der Kommode, heißt es, seien geplündert worden, obwohl viele Kleidungsstücke darin verblieben waren. Diese Schlussfolgerung ist absurd. Sie ist eine bloße Vermutung – eine ziemlich alberne – und nichts weiter. Wie können wir sicher sein, dass die in den Schubladen gefundenen Sachen nicht alles waren, was diese Schubladen ursprünglich enthielten? Madame L'Espanaye und ihre Tochter führten ein äußerst zurückgezogenes Leben – waren nie in Gesellschaft – gingen selten aus – hatten wenig Verwendung für eine große Auswahl an Kleidern. Die gefundenen waren von genau der guten Qualität, die man bei den

If a thief had taken any, why did he not take the best–why did he not take all? In a word, why did he abandon four thousand francs in gold to encumber himself with a bundle of linen? The gold *was* abandoned. Nearly the whole sum mentioned by Monsieur Mignaud, the banker, was discovered, in bags, upon the floor. I wish you, therefore, to discard from your thoughts the blundering idea of *motive,* engendered in the brains of the police by that portion of the evidence which speaks of money delivered at the door of the house. Coincidences ten times as remarkable as this (the delivery of the money, and murder committed within three days upon the party receiving it), happen to all of us every hour of our lives, without attracting even momentary notice. Coincidences, in general, are great stumblingblocks in the way of that class of thinkers who have been educated to know nothing of the theory of probabilities–that theory to which the most glorious objects of human research are indebted for the most glorious of illustration. In the present instance, had the gold been gone, the fact of its delivery three days before would have formed something more than a coincidence. It would have been corroborative of this idea of motive. But, under the real circumstances of the case, if we are to suppose gold the motive of this outrage, we must also imagine the perpetrator so vacillating an idiot as to have abandoned his gold and his motive together.

'Keeping now steadily in mind the points to which I have drawn your attention–that peculiar voice, that unusual agility, and that startling absence of motive in a murder so singularly atrocious as this–let us glance at the butchery itself. Here is a woman strangled to death by manual strength, and thrust up a chimney, head downward. Ordinary assassins employ no such modes of mur-

Kleidern dieser Damen erwarten konnte. Falls ein Dieb einige davon mitgenommen hat, warum nahm er dann nicht die besten – warum nahm er nicht alle mit? Kurz, warum ließ er viertausend Franc in Gold liegen, um sich mit einem Bündel Wäsche zu beladen? Das Gold *wurde* liegengelassen. Fast die ganze Summe, die Monsieur Mignaud, der Bankier, erwähnte, wurde in Beuteln auf dem Fußboden gefunden. Ich bitte Sie daher, sich die täppische Idee eines *Motivs* aus dem Kopf zu schlagen, die jener Teil der Zeugenaussagen, der an der Haustür abgeliefertes Geld erwähnt, in den Hirnen der Polizei erzeugt hat. Koinzidenzen, die zehnmal so bemerkenswert sind wie diese (die Lieferung des Geldes und drei Tage später der Mord an seinen Empfängern), begegnen uns allen in jeder Stunde unseres Lebens, ohne dass sie auch nur kurzzeitig unsere Aufmerksamkeit erregen. Im Allgemeinen sind Koinzidenzen ein mächtiger Stolperstein auf dem Weg jener Klasse von Denkern, die dazu ausgebildet wurden, nichts von der Wahrscheinlichkeitstheorie zu wissen – jener Theorie, der die herrlichsten Objekte menschlicher Forschung die herrlichste Veranschaulichung zu verdanken haben. Wäre im vorliegenden Fall das Gold verschwunden gewesen, so hätte die Tatsache seiner Lieferung drei Tage zuvor mehr als eine Koinzidenz bedeutet. Sie hätte jene Idee von einem Motiv bestätigt. Doch unter den realen Umständen des Falls müssten wir, wenn wir Gold als das Motiv dieser Gräueltat ansehen wollten, uns dabei den Täter als einen derart wankelmütigen Idioten vorstellen, dass er mitsamt seinem Gold auch gleich sein Motiv liegenließ.

Indem wir uns nun beständig die Punkte vor Augen halten, auf die ich Ihre Aufmerksamkeit gelenkt habe – jene eigentümliche Stimme, jene ungewöhnliche Agilität und jenes verblüffende Fehlen eines Motivs bei einem so ausnehmend grauenhaften Mord wie diesem –, lassen Sie uns das Gemetzel selbst betrachten. Hier wird eine Frau erwürgt und mit dem Kopf nach unten den Schornstein hinaufgezwängt. Gewöhnliche Mörder verwen-

der as this. Least of all, do they thus dispose of the murdered. In the manner of thrusting the corpse up the chimney, you will admit that there was something *excessively outré*—something altogether irreconcilable with our common notions of human action, even when we suppose the actors the most depraved of men. Think, too, how great must have been that strength which could have thrust the body *up* such an aperture so forcibly that the united vigor of several persons was found barely sufficient to drag it *down!*

'Turn, now, to other indications of the employment of a vigor most marvellous. On the hearth were thick tresses—very thick tresses—of grey human hair. These had been torn out by the roots. You are aware of the great force necessary in tearing thus from the head even twenty or thirty hairs together. You saw the locks in question as well as myself. Their roots (a hideous sight!) were clotted with fragments of the flesh of the scalp—sure token of the prodigious power which had been exerted in uprooting perhaps half a million of hairs at a time. The throat of the old lady was not merely cut, but the head absolutely severed from the body: the instrument was a mere razor. I wish you also to look at the *brutal* ferocity of these deeds. Of the bruises upon the body of Madame L'Espanaye I do not speak. Monsieur Dumas, and his worthy coadjutor Monsieur Etienne, have pronounced that they were inflicted by some obtuse instrument: and so far these gentlemen are very correct. The obtuse instrument was clearly the stone pavement in the yard, upon which the victim had fallen from the window which looked in upon the bed. This idea, however simple it may now seem, escaped the police for the same reason that the breadth of the shutters escaped them—because, by the affair of

den keine Meuchelmethoden wie diese. Am allerwenigsten beseitigen sie den Ermordeten auf solche Weise. In dem Verhalten, den Leichnam den Kamin hinaufzuzwängen, liegt, wie Sie zugeben werden, etwas *ungeheuer Outriertes* – etwas mit unserer gängigen Auffassung von menschlichem Tun vollkommen Unvereinbares, selbst wenn wir annehmen, die Täter seien die Verderbtesten aller Menschen. Bedenken Sie auch, wie groß jene Kraft gewesen sein muss, die die Leiche eine derartige Öffnung so gewaltsam *hinauf*zwängen konnte, dass die gemeinsame Anstrengung mehrerer Personen gerade so ausreichte, um sie wieder *herunter*zuziehen!

Wenden wir uns nun weiteren Indizien für den Einsatz einer höchst fabelhaften Tatkraft zu. Auf der Feuerstelle lagen dicke Strähnen – sehr dicke Strähnen – grauen Menschenhaars. Diese waren mit den Wurzeln ausgerissen worden. Sie wissen, welch große Kraft dazu gehört, auf diese Weise auch nur zwanzig oder dreißig Haare zusammen aus dem Kopf zu reißen. Sie sahen besagte Haarbüschel ebenso gut wie ich. Ihre Wurzeln (ein scheußlicher Anblick!) waren verklumpt von den Fleischfetzen der Kopfhaut – ein sicheres Zeichen der ungeheuren Gewalt, mit der vielleicht eine halbe Million Haare auf einmal entwurzelt wurden. Die Kehle der alten Dame war nicht bloß durchschnitten, sondern der Kopf völlig vom Rumpf abgetrennt: Das Werkzeug war nichts anderes als ein Rasiermesser. Beachten Sie bitte auch die *brutale* Wildheit dieser Taten. Ich spreche nicht von den Prellungen an der Leiche der Madame L'Espanaye. Monsieur Dumas und sein ehrenwerter Assistent Monsieur Etienne haben erklärt, sie seien mittels eines stumpfen Gegenstands beigebracht worden: Und insoweit liegen diese Gentlemen ganz richtig. Der stumpfe Gegenstand war offensichtlich das Steinpflaster im Hof, auf das das Opfer von dem Fenster aus gefallen war, das sich hinter dem Bett befindet. Dieser Gedanke, so simpel er jetzt scheinen mag, entging der Polizei aus demselben Grund, aus dem ihr die Breite der Fensterläden entging – weil die Sache mit den

the nails, their perceptions had been hermetically sealed against the possibility of the windows having ever been opened at all.

'If now, in addition to all these things, you have properly reflected upon the odd disorder of the chamber, we have gone so far as to combine the ideas of an agility astounding, a strength superhuman, a ferocity brutal, a butchery without motive, a *grotesquerie* in horror absolutely alien from humanity, and a voice foreign in tone to the ears of men of many nations, and devoid of all distinct or intelligible syllabification. What result, then, has ensued? What impression have I made upon your fancy?'

I felt a creeping of the flesh as Dupin asked me the question. 'A madman,' I said, 'has done this deed–some raving maniac, escaped from a neighboring *Maison de Santé*.'

'In some respects,' he replied, 'your idea is not irrelevant. But the voices of madmen, even in their wildest paroxysms, are never found to tally with that peculiar voice heard upon the stairs. Madmen are of some nation, and their language, however incoherent in its words, has always the coherence of syllabification. Besides, the hair of a madman is not such as I now hold in my hand. I disentangled this little tuft from the rigidly clutched fingers of Madame L'Espanaye. Tell me what you can make of it.'

'Dupin!' I said, completely unnerved; 'this hair is most unusual–this is no *human* hair.'

'I have not asserted that it is,' said he; 'but, before we decide this point, I wish you to glance at the little sketch I have here traced upon this paper. It is a *fac-simile* draw-

Nägeln ihre Wahrnehmung hermetisch vor der Möglichkeit verschlossen hatte, dass die Fenster überhaupt jemals geöffnet worden waren.

Wenn Sie nun zusätzlich zu alldem noch das seltsame Durcheinander im Zimmer angemessen bedacht haben, sind wir so weit gekommen, die Ideen zu kombinieren: eine frappierende Agilität, eine übermenschliche Stärke, eine brutale Wildheit, ein Gemetzel ohne Motiv, eine *grotesquerie* des Grauens, ganz fernab von allem Menschlichen, und eine Stimme, deren Tonfall den Ohren von Menschen vieler Nationen fremd und die frei war von jeder deutlichen und verständlichen Silbenformung. Welches Resultat also hat sich ergeben? Welchen Eindruck habe ich auf Ihre Einbildungskraft gemacht?«

Ich bekam eine Gänsehaut, als Dupin mir die Frage stellte. »Ein Wahnsinniger«, sagte ich, »hat diese Tat verübt – irgendein rasender Irrer, entflohen aus einer benachbarten *Maison de Santé*.«

»In verschiedener Hinsicht«, antwortete er, »ist Ihre Vermutung nicht unbegründet. Doch die Stimme eines Wahnsinnigen hat selbst in dessen wildesten Paroxysmen niemals Ähnlichkeit mit jener eigentümlichen Stimme, die man auf der Treppe hörte. Ein Wahnsinniger gehört irgendeiner Nation an, und seine Sprache, so unzusammenhängend deren Wörter sein mögen, hat doch immer den Zusammenhang der Silbenbildung. Außerdem hat ein Wahnsinniger nicht solches Haar, wie ich es hier in meiner Hand halte. Ich löste dieses kleine Büschel aus den starr verkrampften Fingern der Madame L'Espanaye. Sagen Sie mir, was Sie damit anfangen können.«

»Dupin!« sagte ich, mit den Nerven am Ende; »dieses Haar ist höchst ungewöhnlich – das ist kein *menschliches* Haar.«

»Ich habe nicht behauptet, dass es das ist«, erwiderte er; »doch bevor wir über diesen Punkt entscheiden, möchte ich, dass Sie einen Blick auf die kleine Skizze werfen, die ich auf dieses Blatt

ing of what has been described in one portion of the testimony as "dark bruises, and deep indentations of finger nails," upon the throat of Mademoiselle L'Espanaye, and in another, (by Messrs. Dumas and Etienne,) as a "series of livid spots, evidently the impression of fingers."

'You will perceive,' continued my friend, spreading out the paper upon the table before us, 'that this drawing gives the idea of a firm and fixed hold. There is no *slipping* apparent. Each finger has retained—possibly until the death of the victim—the fearful grasp by which it originally imbedded itself. Attempt, now, to place all your fingers, at the same time, in the respective impressions as you see them.'

I made the attempt in vain.

'We are possibly not giving this matter a fair trial,' he said. 'The paper is spread out upon a plane surface; but the human throat is cylindrical. Here is a billet of wood, the circumference of which is about that of the throat. Wrap the drawing around it, and try the experiment again.'

I did so; but the difficulty was even more obvious than before. 'This,' I said, 'is the mark of no human hand.'

'Read now,' replied Dupin, 'this passage from Cuvier.'

It was a minute anatomical and generally descriptive account of the large fulvous Ourang-Outang of the East Indian Islands. The gigantic stature, the prodigious strength and activity, the wild ferocity, and the imitative propensities of these mammalia are sufficiently well known to all. I understood the full horrors of the murder at once.

'The description of the digits,' said I, as I made an end of reading, 'is in exact accordance with this drawing. I see that

übertragen habe. Es ist ein gezeichnetes *Faksimile* dessen, was in einem Teil der Aussage als ›dunkle Quetschungen und tiefe Eindrücke von Fingernägeln‹ beschrieben wurde und in einem anderen (dem der Messieurs Dumas und Etienne) als ›eine Reihe blauer Flecken, offensichtlich Fingereindrücke‹.

Sie werden bemerken«, fuhr mein Freund fort, während er das Blatt vor uns auf dem Tisch ausbreitete, »dass diese Zeichnung die Vorstellung eines festen und eisernen Griffs vermittelt. Es ist keinerlei *Abgleiten* sichtbar. Jeder Finger hat – möglicherweise bis zum Tod des Opfers – den fürchterlichen Griff beibehalten, mit dem er sich ursprünglich eingrub. Versuchen Sie jetzt, alle Ihre Finger gleichzeitig auf die entsprechenden Eindrücke zu legen, die Sie hier sehen.«

Ich versuchte es vergebens.

»Vielleicht geben wir der Sache keine faire Chance«, sagte Dupin. »Das Papier ist auf einer ebenen Fläche ausgebreitet; der menschliche Hals aber ist zylindrisch. Hier ist ein rundes Holzstück, dessen Umfang in etwa dem eines Halses entspricht. Wickeln Sie die Zeichnung herum und wiederholen Sie das Experiment.«

Das tat ich; doch die Problematik war sogar noch sichtbarer als zuvor. »Dies«, sagte ich, »ist nicht der Abdruck einer menschlichen Hand.«

»Lesen Sie jetzt«, erwiderte Dupin, »diesen Abschnitt von Cuvier.«

Es war eine minuziöse anatomische und allgemein beschreibende Darstellung des großen hellbraunen Orang-Utans der ostindischen Inseln. Die riesenhafte Statur, die ungeheure Kraft und Behändigkeit, die unbändige Wildheit und der Nachahmungstrieb dieser Säugetiere sind jedermann hinreichend bekannt. Schlagartig begriff ich den ganzen Schrecken des Mordes.

»Die Beschreibung der Finger«, sagte ich, als ich zu Ende gelesen hatte, »stimmt exakt mit dieser Zeichnung überein. Ich er-

no animal but an Ourang-Outang, of the species here mentioned, could have impressed the indentations as you have traced them. This tuft of tawny hair, too, is identical in character with that of the beast of Cuvier. But I cannot possibly comprehend the particulars of this frightful mystery. Besides, there were *two* voices heard in contention, and one of them was unquestionably the voice of a Frenchman.'

'True; and you will remember an expression attributed almost unanimously, by the evidence, to this voice,—the expression, *"mon Dieu!"* This, under the circumstances, has been justly characterized by one of the witnesses (Montani, the confectioner,) as an expression of remonstrance or expostulation. Upon these two words, therefore, I have mainly built my hopes of a full solution of the riddle. A Frenchman was cognizant of the murder. It is possible—indeed it is far more than probable—that he was innocent of all participation in the bloody transactions which took place. The Ourang-Outang may have escaped from him. He may have traced it to the chamber; but, under the agitating circumstances which ensued, he could never have re-captured it. It is still at large. I will not pursue these guesses—for I have no right to call them more—since the shades of reflection upon which they are based are scarcely of sufficient depth to be appreciable by my own intellect, and since I could not pretend to make them intelligible to the understanding of another. We will call them guesses then, and speak of them as such. If the Frenchman in question is indeed, as I suppose, innocent of this atrocity, this advertisement, which I left last night, upon our return home, at the office of "Le Monde," (a paper devoted to the shipping interest, and much sought by sailors,) will bring him to our residence.' He handed me a paper, and I read thus:

kenne jetzt, dass kein Tier außer einem Orang-Utan der hier erwähnten Spezies solche Einkerbungen verursacht haben kann, wie Sie sie nachgezeichnet haben. Auch dieses Büschel gelbbrauner Haare ist in seinen Eigenschaften identisch mit dem von Cuviers Tier. Doch die Einzelheiten dieses schrecklichen Rätsels kann ich unmöglich erfassen. Außerdem hat man *zwei* streitende Stimmen gehört, und eine davon war fraglos die Stimme eines Franzosen.«

»Richtig; und Sie werden sich an einen Ausdruck erinnern, den man in den Zeugenaussagen fast einmütig dieser Stimme zugeschrieben hat – den Ausdruck *›mon Dieu!‹*. Dieser ist, unter den gegebenen Umständen zu Recht, von einem der Zeugen (von Montani, dem Konditor) als Ausdruck des Einspruchs oder Protests charakterisiert worden. Auf diese zwei Wörter habe ich daher hauptsächlich meine Hoffnungen gegründet, das Rätsel vollständig zu lösen. Ein Franzose wusste von dem Mord. Es ist möglich – tatsächlich ist es weit mehr als wahrscheinlich –, dass er jeglicher Beteiligung an den blutigen Vorgängen, die sich ereigneten, unschuldig ist. Der Orang-Utan mag ihm entwischt sein. Er könnte das Tier bis zu dem Zimmer verfolgt haben; doch unter den aufregenden Umständen, die dann eintraten, hätte er es niemals wieder einfangen können. Es läuft noch immer frei herum. Ich werde diese Spekulationen nicht fortsetzen – denn ich habe kein Recht, sie als mehr zu bezeichnen – da die schemenhaften Überlegungen, auf denen sie basieren, kaum hinreichend gründlich sind, um für meinen eigenen Intellekt akzeptabel zu sein, und ich daher nicht so tun kann, als würde ich sie dem Verstand eines anderen begreiflich machen. Wir werden sie also Spekulationen nennen und von ihnen als solchen sprechen. Falls besagter Franzose wirklich, wie ich es annehme, an dieser Gräueltat unschuldig ist, so wird diese Anzeige, die ich gestern Abend auf unserem Heimweg im Büro von ›Le Monde‹ aufgab (eine Zeitung, die der Schifffahrt gewidmet und bei Seeleuten sehr gefragt ist), ihn in unsere Wohnung führen.« Er reichte mir eine Zeitung, und ich las Folgendes:

CAUGHT—*In the Bois de Boulogne, early in the morning of the—inst.,* (the morning of the murder,) *a very large, tawny Ourang-Outang of the Bornese species. The owner, (who is ascertained to be a sailor, belonging to a Maltese vessel,) may have the animal again, upon identifying it satisfactorily, and paying a few charges arising from its capture and keeping. Call at No.—, Rue—,' Faubourg St Germain—au troisième.*

'How was it possible,' I asked, 'that you should know the man to be a sailor, and belonging to a Maltese vessel?'

'I do *not* know it,' said Dupin. 'I am not *sure* of it. Here, however, is a small piece of ribbon, which from its form, and from its greasy appearance, has evidently been used in tying the hair in one of those long *queues* of which sailors are so fond. Moreover, this knot is one which few besides sailors can tie, and is peculiar to the Maltese. I picked the ribbon up at the foot of the lightning-rod. It could not have belonged to either of the deceased. Now if, after all, I am wrong in my induction from this ribbon, that the Frenchman was a sailor belonging to a Maltese vessel, still I can have done no harm in saying what I did in the advertisement. If I am in error, he will merely suppose that I have been misled by some circumstance into which he will not take the trouble to inquire. But if I am right, a great point is gained. Cognizant although innocent of the murder, the Frenchman will naturally hesitate about replying to the advertisement—about demanding the Ourang-Outang. He will reason thus:—"I am innocent; I am poor; my Ourang-Outang is of great value—to one in my circumstances a fortune of itself—why should I lose it through idle apprehensions of danger? Here it is, within my grasp. It was found in the Bois de Boulogne—at a vast distance from the scene of that butchery. How can it ever

EINGEFANGEN – *Im Bois de Boulogne, früh am Morgen des … d. M.* (der Morgen des Mordes), *ein sehr großer, gelbbrauner Orang-Utan der Spezies Borneo. Der Besitzer (der, wie man ermittelt hat, Matrose auf einem maltesischen Schiff ist) kann das Tier wiederhaben, sobald er es glaubhaft identifiziert und ein paar Aufwendungen für dessen Einfangen und Verpflegung bezahlt hat. Abzuholen bei Nr. …, Rue …, Faubourg St. Germain – au troisième.*

»Wie war es Ihnen möglich zu wissen«, fragte ich, »dass der Mann ein Matrose ist und zu einem maltesischen Schiffe gehört?«

»Ich weiß es *nicht*«, sagte Dupin. »Ich bin dessen nicht *sicher*. Hier ist jedoch ein kleines Stück Band, das seiner Form und seinem schmierigen Aussehen nach offenbar dazu benutzt wurde, das Haar zu einer jener langen *queues* zusammenzubinden, die Matrosen so gern tragen. Ferner ist dies ein Knoten, den außer Seeleuten nur wenige knüpfen können und der eine Spezialität der Malteser ist. Ich hob das Band am Fuß des Blitzableiters auf. Es konnte keiner der Verstorbenen gehören. Falls ich nun am Ende falsch liege mit meiner Folgerung aus diesem Band, dass der Franzose ein Seemann ist und zu einem maltesischen Schiff gehört, so kann ich mit meinen Aussagen in der Anzeige dennoch keinen Schaden angerichtet haben. Irre ich mich, wird er lediglich annehmen, dass ich durch irgendeinen Umstand fehlgeleitet worden bin, dem nachzuforschen er sich nicht die Mühe machen wird. Liege ich jedoch richtig, so ist sehr viel gewonnen. Als zwar Unschuldiger, aber immerhin Mitwisser des Mordes wird der Franzose natürlich zögern, auf die Anzeige zu antworten – den Orang-Utan zurückzufordern. Er wird sich Folgendes überlegen: ›Ich bin unschuldig; ich bin arm; mein Orang-Utan ist von großem Wert – für jemanden in meinen Verhältnissen ein regelrechtes Vermögen – warum soll ich ihn durch das kleinliche Befürchten von Gefahr verlieren? Da ist er, zum Greifen nah. Er wurde im Bois de Boulogne gefunden – in großer Entfernung zum Schauplatz jenes Ge-

be suspected that a brute beast should have done the deed? The police are at fault–they have failed to procure the slightest clew. Should they even trace the animal, it would be impossible to prove me cognizant of the murder, or to implicate me in guilt on account of that cognizance. Above all, *I am known*. The advertiser designates me as the possessor of the beast. I am not sure to what limit his knowledge may extend. Should I avoid claiming a property of so great value, which it is known that I possess, I will render the animal at least, liable to suspicion. It is not my policy to attract attention either to myself or to the beast. I will answer the advertisement, get the Ourang-Outang, and keep it close until this matter has blown over."'

At this moment we heard a step upon the stairs.

'Be ready,' said Dupin, 'with your pistols, but neither use them nor show them until at a signal from myself.'

The front door of the house had been left open, and the visiter had entered, without ringing, and advanced several steps upon the staircase. Now, however, he seemed to hesitate. Presently we heard him descending. Dupin was moving quickly to the door, when we again heard him coming up. He did not turn back a second time, but stepped up with decision, and rapped at the door of our chamber.

'Come in,' said Dupin, in a cheerful and hearty tone.

A man entered. He was a sailor, evidently,–a tall, stout, and muscular-looking person, with a certain dare-devil expression of countenance, not altogether unprepossessing. His face, greatly sunburnt, was more than half hidden by whisker and *mustachio*. He had with him a huge oaken cudgel, but appeared to be otherwise unarmed. He bowed awkwardly, and bade us 'good

metzels. Wie sollte je der Verdacht aufkommen, dass ein wildes Tier die Tat begangen hat? Die Polizei tappt im Dunkeln – sie konnte nicht den leisesten Anhaltspunkt finden. Selbst wenn sie das Tier aufspürten, wäre es unmöglich, zu beweisen, dass ich von dem Mord gewusst habe, oder mir wegen dieser Mitwisserschaft eine Schuld anzuhängen. Vor allem, *man weiß von mir*. Der Inserent bezeichnet mich als den Besitzer des Tieres. Ich bin mir nicht sicher, wie weit sich sein Wissen erstrecken könnte. Sollte ich es unterlassen, Anspruch auf einen derart wertvollen Besitz zu erheben, von dem man weiß, dass er mir gehört, würde ich das Tier zumindest verdächtig machen. Ich habe kein Interesse daran, Aufmerksamkeit auf mich oder auf das Tier zu lenken. Ich werde mich auf die Anzeige melden, den Orang-Utan abholen und ihn eingesperrt lassen, bis sich die Wogen geglättet haben.‹«

In diesem Moment hörten wir einen Schritt auf der Treppe.

»Halten Sie Ihre Pistolen bereit«, sagte Dupin, »doch weder benutzen noch zeigen Sie sie, bis ich Ihnen ein Zeichen gebe.«

Die Vordertür des Hauses hatten wir offen gelassen, und ohne zu läuten, war der Besucher eingetreten und einige Stufen die Treppe heraufgegangen. Jetzt aber schien er zu zögern. Bald darauf hörten wir ihn hinuntergehen. Dupin bewegte sich schon rasch Richtung Tür, als wir ihn wieder heraufkommen hörten. Er kehrte kein zweites Mal um, sondern stieg entschlossen nach oben und klopfte an die Tür unseres Zimmers.

»Herein«, rief Dupin, in einem heiteren und herzlichen Tonfall.

Ein Mann kam herein. Er war Matrose, ohne jeden Zweifel – eine große, stämmige, muskulös aussehende Person, mit einem gewissen Ausdruck von Draufgängertum in den Zügen, durchaus nicht abstoßend. Mehr als die Hälfte seines tief sonnengebräunten Gesichts war verdeckt von Backenbart und *mustachio*. Er hatte einen riesigen Eichenholzknüppel bei sich, schien sonst aber unbewaffnet zu sein. Er verbeugte sich unbeholfen und

evening,' in French accents, which, although somewhat Neufchatel-ish, were still sufficiently indicative of a Parisian origin.

'Sit down, my friend,' said Dupin. 'I suppose you have called about the Ourang-Outang. Upon my word, I almost envy you the possession of him; a remarkably fine, and no doubt a very valuable animal. How old do you suppose him to be?'

The sailor drew a long breath, with the air of a man relieved of some intolerable burden, and then replied, in an assured tone:

'I have no way of telling–but he can't be more than four or five years old. Have you got him here?'

'Oh no; we had no conveniences for keeping him here. He is at a livery stable in the Rue Dubourg, just by. You can get him in the morning. Of course you are prepared to identify the property?'

'To be sure I am, sir.'

'I shall be sorry to part with him,' said Dupin.

'I don't mean that you should be at all this trouble for nothing, sir,' said the man. 'Couldn't expect it. Am very willing to pay a reward for the finding of the animal–that is to say, any thing in reason.'

'Well,' replied my friend, 'that is all very fair, to be sure. Let me think!–what should I have? Oh! I will tell you. My reward shall be this. You shall give me all the information in your power about these murders in the Rue Morgue.'

Dupin said the last words in a very low tone, and very quietly. Just as quietly, too, he walked toward the door, locked it, and put the key in his pocket. He then drew a pistol from his bosom and placed it, without the least flurry, upon the table.

wünschte uns ›Guten Abend‹, in einer Klangfarbe des Französischen, die, obwohl ein wenig neufchâtellisch, dennoch hinreichend auf einen Pariser Ursprung deutete.

»Setzen Sie sich, mein Freund«, sagte Dupin. »Ich vermute, Sie sind wegen des Orang-Utans gekommen. Auf mein Wort, ich beneide Sie fast darum, dass Sie ihn besitzen; ein bemerkenswert schönes und zweifellos sehr wertvolles Tier. Für wie alt halten Sie ihn?«

Der Matrose tat einen langen Atemzug, mit der Miene eines Mannes, der von irgendeiner unerträglichen Last befreit wurde, und erwiderte dann in einem zuversichtlichen Ton:

»Kann ich nicht genau sagen – aber er dürfte nicht mehr als vier oder fünf Jahre alt sein. Haben Sie ihn hier?«

»O nein; wir hatten nichts Zweckmäßiges, um ihn hier unterzubringen. Er ist in einem Mietstall in der Rue Dubourg, ganz in der Nähe. Sie können ihn morgen früh abholen. Selbstverständlich sind Sie darauf vorbereitet, den Besitz zu belegen?«

»Klar bin ich das, Sir.«

»Es wird mir leidtun, mich von ihm zu trennen«, sagte Dupin.

»Ich meine ja nicht, dass Sie diesen ganzen Ärger für nichts gehabt haben sollen, Sir«, sagte der Mann. »Konnte ich nicht erwarten. Bin durchaus bereit, einen Finderlohn für das Tier zu bezahlen – soll heißen, irgendwas Angemessenes.«

»Gut«, erwiderte mein Freund, »das ist alles recht fair, gewiss. Lassen Sie mich nachdenken! – was sollte ich wohl bekommen? Oh! Ich will es Ihnen sagen. Meine Belohnung soll Folgendes sein. Sie werden mir sämtliche Ihrerseits verfügbaren Informationen geben über diese Morde in der Rue Morgue.«

Dupin sagte die letzten Worte in einem sehr gedämpften Ton, und sehr ruhig. Ebenso ruhig ging er dabei zur Tür, schloss sie ab und steckte den Schlüssel in seine Tasche. Dann zog er eine Pistole aus seiner Brusttasche und legte sie ohne die geringste Nervosität auf den Tisch.

The sailor's face flushed up as if he were struggling with suffocation. He started to his feet and grasped his cudgel; but the next moment he fell back into his seat, trembling violently, and with the countenance of death itself. He spoke not a word. I pitied him from the bottom of my heart.

'My friend,' said Dupin, in a kind tone, 'you are alarming yourself unnecessarily–you are indeed. We mean you no harm whatever. I pledge you the honor of a gentleman, and of a Frenchman, that we intend you no injury. I perfectly well know that you are innocent of the atrocities in the Rue Morgue. It will not do, however, to deny that you are in some measure implicated in them. From what I have already said, you must know that I have had means of information about this matter–means of which you could never have dreamed. Now the thing stands thus. You have done nothing which you could have avoided–nothing, certainly, which renders you culpable. You were not even guilty of robbery, when you might have robbed with impunity. You have nothing to conceal. You have no reason for concealment. On the other hand, you are bound by every principle of honor to confess all you know. An innocent man is now imprisoned, charged with that crime of which you can point out the perpetrator.'

The sailor had recovered his presence of mind, in a great measure, while Dupin uttered these words; but his original boldness of bearing was all gone.

'So help me God,' said he, after a brief pause, 'I *will* tell you all I know about this affair;–but I do not expect you to believe one half I say–I would be a fool indeed if I did. Still, I *am* innocent, and I will make a clean breast if I die for it.'

Das Gesicht des Matrosen lief rot an, als ringe er mit dem Ersticken. Er sprang auf und packte seinen Knüppel; doch im nächsten Moment fiel er zurück auf seinen Stuhl, heftig zitternd und bleich wie der Tod. Er sprach kein einziges Wort. Ich bedauerte ihn von ganzem Herzen.

»Mein Lieber«, sagte Dupin in freundlichem Ton, »Sie regen sich ganz unnötig auf – das tun Sie tatsächlich. Wir wollen Ihnen wirklich nichts Böses. Ich verspreche Ihnen bei der Ehre eines Gentleman und eines Franzosen, dass wir Ihnen keinerlei Schaden zufügen wollen. Ich weiß ganz genau, dass Sie unschuldig sind an den Gräueltaten in der Rue Morgue. Es hat jedoch keinen Zweck, zu leugnen, dass Sie zu einem gewissen Grad darin verwickelt sind. Anhand dessen, was ich bereits gesagt habe, müssen Sie erkennen, dass ich Mittel und Wege gehabt habe, mich über diese Sache in Kenntnis zu setzen – Mittel, von denen Sie nicht einmal geträumt haben können. Die Dinge stehen nun folgendermaßen. Sie haben nichts getan, was Sie hätten verhindern können – jedenfalls nichts, das Sie schuldig sein lässt. Sie haben sich nicht einmal des Raubes schuldig gemacht, als Sie ungestraft hätten rauben können. Sie haben nichts zu verbergen. Sie haben keinen Grund dazu. Andererseits sind Sie durch jedwedes Ehrgefühl verpflichtet, alles zu bekennen, was Sie wissen. Ein Unschuldiger sitzt derzeit in Haft und wird jenes Verbrechens beschuldigt, dessen Täter Sie nennen können.«

Der Matrose hatte seine Geistesgegenwart großenteils wiedererlangt, während Dupin diese Worte sprach; seine ursprüngliche Kühnheit aber war völlig verflogen.

»So wahr mir Gott helfe«, sagte er nach einer kurzen Pause, »ich *werde* Ihnen alles sagen, was ich über diese Affäre weiß – aber ich erwarte nicht, dass Sie's auch nur zur Hälfte glauben, was ich sage – ich wäre ein Trottel, wenn ich's täte. Doch ich *bin* unschuldig, und ich will reinen Tisch machen, bei meinem Leben.«

What he stated was, in substance, this. He had lately made a voyage to the Indian Archipelago. A party, of which he formed one, landed at Borneo, and passed into the interior on an excursion of pleasure. Himself and a companion had captured the Ourang-Outang. This companion dying, the animal fell into his own exclusive possession. After great trouble, occasioned by the intractable ferocity of his captive during the home voyage, he at length succeeded in lodging it safely at his own residence in Paris, where, not to attract toward himself the unpleasant curiosity of his neighbors, he kept it carefully secluded, until such time as it should recover from a wound in the foot, received from a splinter on board ship. His ultimate design was to sell it.

Returning home from some sailors' frolic on the night, or rather in the morning of the murder, he found the beast occupying his own bedroom, into which it had broken from a closet adjoining, where it had been, as was thought, securely confined. Razor in hand, and fully lathered, it was sitting before a looking-glass, attempting the operation of shaving, in which it had no doubt previously watched its master through the key-hole of the closet. Terrified at the sight of so dangerous a weapon in the possession of an animal so ferocious, and so well able to use it, the man, for some moments, was at a loss what to do. He had been accustomed, however, to quiet the creature, even in its fiercest moods, by the use of a whip, and to this he now resorted. Upon sight of it, the Ourang-Outang sprang at once through the door of the chamber, down the stairs, and thence, through a window, unfortunately open, into the street.

The Frenchman followed in despair; the ape, razor still in hand, occasionally stopping to look back and ges-

Was er aussagte, war im Wesentlichen dies. Er hatte kürzlich eine Fahrt zum ostindischen Archipel gemacht. Ein Trupp, darunter auch er, ging auf Borneo an Land und begab sich ins Inselinnere auf einen Vergnügungsausflug. Er und ein Kamerad hatten den Orang-Utan gefangen. Als dieser Kamerad starb, kam er in den alleinigen Besitz des Tieres. Nach großen Schwierigkeiten, verursacht durch die störrische Wildheit seines Fangs während der Heimfahrt, gelang es ihm schließlich, ihn in seiner eigenen Wohnung in Paris unterzubringen, und um nicht die unliebsame Neugier der Nachbarn auf sich zu lenken, hielt er ihn dort sorgfältig unter Verschluss, bis sich das Tier von einer Fußwunde erholt hätte, die es sich an Bord des Schiffs durch einen Splitter zugezogen hatte. Sein Plan war letztlich, es zu verkaufen.

Als er in der Nacht oder besser am Morgen des Mordes von irgendeiner Seemannsfeierei nach Hause kam, fand er das Tier in seinem Schlafzimmer vor, ausgebrochen aus einem daran angrenzenden Verschlag, in dem es, wie er dachte, sicher eingesperrt gewesen war. Mit dem Rasiermesser in der Hand und völlig eingeseift, saß es vor dem Spiegel und mühte sich mit dem Prozedere der Rasur, bei der es seinen Herrn zweifellos früher durch das Schlüsselloch des Verschlags beobachtet hatte. Angesichts einer so gefährlichen Waffe in Händen eines derart wilden und zu ihrem Gebrauch fähigen Tieres war der Mann ein paar Momente lang ratlos, was er tun sollte. Er hatte sich jedoch angewöhnt, die Kreatur selbst in ihren heftigsten Launen mithilfe einer Peitsche zur Ruhe zu bringen, und auf diese griff er jetzt zurück. Bei ihrem Anblick sprang der Orang-Utan sofort durch die Zimmertür, die Treppe hinunter und von dort durch ein unglücklicherweise offenstehendes Fenster auf die Straße.

Der Franzose folgte ihm verzweifelt; während der Affe, das Rasiermesser noch immer in Händen, gelegentlich stehenblieb,

ticulate at its pursuer, until the latter had nearly come up with it. It then again made off. In this manner the chase continued for a long time. The streets were profoundly quiet, as it was nearly three o'clock in the morning. In passing down an alley in the rear of the Rue Morgue, the fugitive's attention was arrested by a light gleaming from the open window of Madame L'Espanaye's chamber, in the fourth story of her house. Rushing to the building, it perceived the lightning-rod, clambered up with inconceivable agility, grasped the shutter, which was thrown fully back against the wall, and, by its means, swung itself directly upon the headboard of the bed. The whole feat did not occupy a minute. The shutter was kicked open again by the Ourang-Outang as it entered the room.

The sailor, in the meantime, was both rejoiced and perplexed. He had strong hopes of now recapturing the brute, as it could scarcely escape from the trap into which it had ventured, except by the rod, where it might be intercepted as it came down. On the other hand, there was much cause for anxiety as to what it might do in the house. This latter reflection urged the man still to follow the fugitive. A lightning-rod is ascended without difficulty, especially by a sailor; but, when he had arrived as high as the window, which lay far to his left, his career was stopped; the most that he could accomplish was to reach over so as to obtain a glimpse of the interior of the room. At this glimpse he nearly fell from his hold through excess of horror. Now it was that those hideous shrieks arose upon the night, which had startled from slumber the inmates of the Rue Morgue. Madame L'Espanaye and her daughter, habited in their night clothes, had apparently been occupied in arranging some papers in the iron chest

um zurückzublicken und in Richtung seines Verfolgers zu gestikulieren, bis Letzterer ihn fast eingeholt hatte. Dann machte er sich wieder davon. In dieser Weise dauerte die Jagd lange Zeit fort. Auf den Straßen herrschte völlige Ruhe, da es fast drei Uhr morgens war. Als er eine Gasse hinter der Rue Morgue hinunterlief, wurde die Aufmerksamkeit des Flüchtlings von einem Licht gefesselt, das durch das offene Fenster von Madame L'Espanayes Zimmer im vierten Stock ihres Hauses schimmerte. Er stürzte auf das Gebäude zu, bemerkte dabei den Blitzableiter, kletterte mit unvorstellbarer Agilität hinauf, packte den Fensterladen, der bis an die Wand aufgestoßen war, und schwang sich mit dessen Hilfe direkt auf das Kopfbrett des Bettes. Das ganze Kunststück dauerte keine Minute. Als der Orang-Utan in das Zimmer eindrang, stieß er den Laden mit einem Tritt wieder auf.

Derweil war der Matrose ebenso sehr erfreut wie perplex. Er hatte die starke Hoffnung, das Tier nun wieder einzufangen, denn aus der Falle, in die es sich hineingewagt hatte, konnte es kaum anders entkommen als über die Stange, wo man es abfangen konnte, wenn es herunterkam. Andererseits bestand viel Grund zur Sorge darüber, was es in dem Haus anrichten könnte. Letztere Erwägung drängte den Mann dazu, den Flüchtling weiterhin zu verfolgen. Ein Blitzableiter ist mühelos zu erklettern, besonders für einen Matrosen; als er jedoch auf gleicher Höhe mit dem Fenster war, das weit links von ihm lag, kam er nicht weiter; das Äußerste, was er zustande brachte, war, sich so weit hinüberzulehnen, dass er einen Blick in das Innere des Raums erhaschen konnte. Bei diesem flüchtigen Blick verlor er fast den Halt vor ungeheurem Entsetzen. Und jetzt also gellten jene grässlichen Schreie durch die Nacht, die die Bewohner der Rue Morgue aus dem Schlaf schrecken ließen. Madame L'Espanaye und ihre Tochter, bekleidet mit ihren Nachthemden, waren offenbar damit beschäftigt gewesen, einige Papiere in der schon

already mentioned, which had been wheeled into the middle of the room. It was open, and its contents lay beside it on the floor. The victims must have been sitting with their backs toward the window; and, from the time elapsing between the ingress of the beast and the screams, it seems probable that it was not immediately perceived. The flapping-to of the shutter would naturally have been attributed to the wind.

As the sailor looked in, the gigantic animal had seized Madame L'Espanaye by the hair, (which was loose, as she had been combing it,) and was flourishing the razor about her face, in imitation of the motions of a barber. The daughter lay prostrate and motionless; she had swooned. The screams and struggles of the old lady (during which the hair was torn from her head) had the effect of changing the probably pacific purposes of the Ourang-Outang into those of wrath. With one determined sweep of its muscular arm it nearly severed her head from her body. The sight of blood inflamed its anger into phrenzy. Gnashing its teeth, and flashing fire from its eyes, it flew upon the body of the girl, and imbedded its fearful talons in her throat, retaining its grasp until she expired. Its wandering and wild glances fell at this moment upon the head of the bed, over which the face of its master, rigid with horror, was just discernible. The fury of the beast, who no doubt bore still in mind the dreaded whip, was instantly converted into fear. Conscious of having deserved punishment, it seemed desirous of concealing its bloody deeds, and skipped about the chamber in an agony of nervous agitation; throwing down and breaking the furniture as it moved, and dragging the bed from the bedstead. In conclusion, it seized first the corpse of the daughter, and thrust it up the chimney, as it was found;

erwähnten eisernen Kassette zu ordnen, die in die Mitte des Zimmers gerollt worden war. Sie stand offen, und ihr Inhalt lag neben ihr auf dem Boden. Die Opfer müssen mit dem Rücken zum Fenster gesessen haben; und wegen der Zeit, die zwischen dem Eindringen des Tieres und den Schreien verging, scheint es naheliegend, dass es nicht sofort bemerkt wurde. Das Zuschlagen des Fensterladens dürfte natürlich dem Wind zugeschrieben worden sein.

Als der Matrose hineinsah, hatte das riesenhafte Tier Madame L'Espanaye an den Haaren gepackt (die noch gelöst waren, da sie sie gerade gekämmt hatte) und fuchtelte mit dem Rasiermesser vor ihrem Gesicht herum, die Bewegungen eines Barbiers nachahmend. Die Tochter lag ausgestreckt und reglos auf dem Boden; sie war ohnmächtig geworden. Das Schreien und Um-sich-Schlagen der alten Dame (wobei ihr das Haar vom Kopf gerissen wurde) hatte den Effekt, die wahrscheinlich friedfertigen Absichten des Orang-Utans in Zorn zu verwandeln. Mit einem einzigen energischen Schwung seines muskulösen Arms trennte er ihren Kopf beinahe völlig vom Rumpf. Der Anblick von Blut entflammte seine Wut bis zur Raserei. Zähneknirschend und feurig blitzenden Auges stürzte er sich auf den Körper des Mädchens, grub seine furchtbaren Krallen in ihren Hals und lockerte seinen Griff nicht mehr, bis sie tot war. Seine ziellosen wilden Blicke fielen in diesem Moment auf das Kopfende des Bettes, über dem just das Gesicht seines Herrn sichtbar war, starr vor Entsetzen. Die Wut des Tieres, das sich gewiss noch immer an die gefürchtete Peitsche erinnerte, schlug augenblicklich um in Angst. In dem Bewusstsein, dass es Strafe verdiente, schien es bestrebt, seine Bluttaten zu verbergen, und sprang im Zimmer umher in angstvoll-nervöser Erregung; dabei warf es die Möbel um und zerschlug sie und riss Decken und Kissen vom Bettgestell. Schließlich packte es erst den Leichnam der Tochter und zwängte ihn den Schornstein hinauf, wie er gefunden wurde;

then that of the old lady, which it immediately hurled through the window headlong.

As the ape approached the casement with its mutilated burden, the sailor shrank aghast to the rod, and, rather gliding than clambering down it, hurried at once home—dreading the consequences of the butchery, and gladly abandoning, in his terror, all solicitude about the fate of the Ourang-Outang. The words heard by the party upon the staircase were the Frenchman's exclamations of horror and affright, commingled with the fiendish jabberings of the brute.

I have scarcely anything to add. The Ourang-Outang must have escaped from the chamber, by the rod, just before the breaking of the door. It must have closed the window as it passed through it. It was subsequently caught by the owner himself, who obtained for it a very large sum at the *Jardin des Plantes* Le Bon was instantly released, upon our narration of the circumstances (with some comments from Dupin) at the *bureau* of the Prefect of Police. This functionary, however well disposed to my friend, could not altogether conceal his chagrin at the turn which affairs had taken, and was fain to indulge in a sarcasm or two, about the propriety of every person minding his own business.

'Let him talk,' said Dupin, who had not thought it necessary to reply. 'Let him discourse; it will ease his conscience. I am satisfied with having defeated him in his own castle. Nevertheless, that he failed in the solution of this mystery, is by no means that matter for wonder which he supposes it; for, in truth, our friend the Prefect is somewhat too cunning to be profound. In his wisdom is no *stamen*. It is all head and no body, like the pictures of the Goddess Laverna,—or, at best, all head and shoul-

dann jenen der alten Dame, den es augenblicklich kopfüber aus dem Fenster schleuderte.

Als sich der Affe mit seiner verstümmelten Last dem Fenster näherte, schreckte der Matrose entsetzt bis zur Stange zurück und, nachdem er daran eher hinuntergeglitten als -geklettert war, eilte schnurstracks nach Hause – er fürchtete die Folgen des Gemetzels und ließ, in seinem Entsetzen, gern alle Besorgnis um das Schicksal des Orang-Utans fahren. Die Worte, die die Gruppe auf der Treppe hörte, waren die Schreckens- und Entsetzensschreie des Franzosen, vermischt mit dem teuflischen Geplapper des Tieres.

Ich habe kaum etwas hinzuzufügen. Der Orang-Utan muss über die Stange aus dem Zimmer entkommen sein, kurz bevor man die Tür aufbrach. Als er hindurchstieg, muss er das Fenster geschlossen haben. Er wurde später vom Besitzer selbst gefangen, der vom *Jardin des Plantes* eine beträchtliche Summe für ihn kassierte. Le Bon wurde unverzüglich entlassen, nachdem wir den Sachverhalt (mit einigen Kommentaren Dupins) im *bureau* des Polizeipräfekten erläutert hatten. Dieser Beamte, so gewogen er meinem Freund auch war, konnte doch seinen Verdruss über die Wendung, die die Affäre genommen hatte, nicht völlig verbergen und gönnte sich daraufhin ein oder zwei Sarkasmen bezüglich der schönen Anstandsregel, nach der jeder sich um seine eigenen Angelegenheiten kümmert.

»Lassen Sie ihn reden«, sagte Dupin, der es nicht für nötig befunden hatte, zu antworten. »Lassen Sie ihn palavern; es wird sein Gewissen beruhigen. Mir genügt es, ihn in seinem eigenen Revier geschlagen zu haben. Übrigens, dass ihm die Lösung dieses Rätsels misslungen ist, ist keineswegs so verwunderlich, wie er vermutet; denn tatsächlich ist unser Freund, der Präfekt, etwas zu schlau, um tiefsinnig zu sein. Seine Weisheit hat kein *stamen*. Sie ist bloß Kopf und kein Körper, wie die Bilder der Göttin Laverna – oder bestenfalls bloß Kopf und Schultern, wie

ders, like a codfish. But he is a good creature after all. I like him especially for one master stroke of cant, by which he has attained his reputation for ingenuity, I mean the way he has *"de nier ce qui est, et d'expliquer ce qui n'est pas."* *

* Rousseau, *Nouvelle Héloise.*

ein Dorsch. Ansonsten aber ist er ein guter Kerl. Ich mag ihn besonders wegen eines bravourösen Redemanövers, durch das er sich den Ruf des Einfallsreichtums erworben hat, nämlich seine Art ›*de nier ce qui est, et d'expliquer ce qui n'est pas*‹*.«

* Rousseau, *Nouvelle Héloïse*.

The Masque of the Red Death

The 'Red Death' had long devastated the country. No pestilence had ever been so fatal, or so hideous. Blood was its Avatar and its seal—the redness and the horror of blood. There were sharp pains, and sudden dizziness, and then profuse bleeding at the pores, with dissolution. The scarlet stains upon the body and especially upon the face of the victim, were the pest ban which shut him out from the aid and from the sympathy of his fellow-men. And the whole seizure, progress and termination of the disease, were the incidents of half an hour.

But the Prince Prospero was happy and dauntless and sagacious. When his dominions were half depopulated, he summoned to his presence a thousand hale and light-hearted friends from among the knights and dames of his court, and with these retired to the deep seclusion of one of his castellated abbeys. This was an extensive and magnificent structure, the creation of the prince's own eccentric yet august taste. A strong and lofty wall girdled it in. This wall had gates of iron. The courtiers, having entered, brought furnaces and massy hammers and welded the bolts. They resolved to leave means neither of ingress or egress to the sudden impulses of despair or of frenzy from within. The abbey was amply provisioned. With such precautions the courtiers might bid defiance to contagion. The external world could take care of itself. In the meantime it was folly to grieve, or to think. The prince had provided all the appliances of pleasure. There were buffoons, there were improvisatori, there were ballet-dancers, there were musicians, there was Beauty, there was wine. All these and security were within. Without was the 'Red Death.'

Die Maske des Roten Todes

Der ›Rote Tod‹ hatte lange schon das Land verwüstet. Keine Seuche war je so verhängnisvoll oder so grässlich gewesen. Blut war ihr Avatara und ihr Siegel – die Röte und der Schrecken des Blutes. Sie brachte stechende Schmerzen und plötzlichen Schwindel, dann starke Blutungen aus den Poren, und den Tod. Die scharlachroten Flecken am Körper und besonders im Gesicht des Opfers waren der Pestbann, der es von der Hilfe und dem Mitgefühl seiner Mitmenschen ausschloss. Und alles, Ausbruch, Fortschreiten und Ende der Krankheit, geschah innerhalb einer halben Stunde.

Doch der Prinz Prospero war fröhlich und furchtlos und klug. Als sein Reich halb entvölkert war, rief er tausend gesunde und heitere Freunde unter den Rittern und Damen seines Hofes zu sich und zog sich mit ihnen in die tiefe Abgeschiedenheit einer seiner schlossähnlichen Abteien zurück. Diese war ein ausgedehnter und prächtiger Bau, erschaffen nach des Prinzen eigenem exzentrischen, doch erhabenen Geschmack. Er war umschlossen von einer hohen, mächtigen Mauer. Diese Mauer hatte Tore aus Eisen. Als die Höflinge eingezogen waren, brachten sie Schmelzöfen und schwere Hämmer herbei und verschweißten die Riegel. Sie beschlossen, keinerlei Ein- oder Ausgänge offenzuhalten für die plötzlichen Regungen von Verzweiflung oder Raserei im Innern. Die Abtei war reichlich mit Vorräten versehen. Durch diese Vorkehrungen würden die Höflinge einer Ansteckung wohl Trotz bieten. Die Welt draußen konnte für sich selbst sorgen. In der Zwischenzeit war es töricht, betrübt zu sein oder zu grübeln. Der Prinz hatte sämtliche Einrichtungen des Vergnügens aufgeboten. Da waren Gaukler und Stegreifdichter, da waren Balletttänzer und Musiker, es gab Schönheit, es gab Wein. All dies und Sicherheit war drinnen. Draußen war der ›Rote Tod‹.

It was toward the close of the fifth or sixth month of his seclusion, and while the pestilence raged most furiously abroad, that the Prince Prospero entertained his thousand friends at a masked ball of the most unusual magnificence.

It was a voluptuous scene, that masquerade. But first let me tell of the rooms in which it was held. There were seven–an imperial suite. In many palaces, however, such suites form a long and straight vista, while the folding doors slide back nearly to the walls on either hand, so that the view of the whole extent is scarcely impeded. Here the case was very different; as might have been expected from the duke's love of the *bizarre*. The apartments were so irregularly disposed that the vision embraced but little more than one at a time. There was a sharp turn at every twenty or thirty yards, and at each turn a novel effect. To the right and left, in the middle of each wall, a tall and narrow Gothic window looked out upon a closed corridor which pursued the windings of the suite. These windows were of stained glass whose color varied in accordance with the prevailing hue of the decorations of the chamber into which it opened. That at the eastern extremity was hung, for example, in blue–and vividly blue were its windows. The second chamber was purple in its ornaments and tapestries, and here the panes were purple. The third was green throughout, and so were the casements. The fourth was furnished and lighted with orange–the fifth with white–the sixth with violet. The seventh apartment was closely shrouded in black velvet tapestries that hung all over the ceiling and down the walls, falling in heavy folds upon a carpet of the same material and hue. But in this chamber only, the color of the windows failed to correspond with the decorations. The panes here were scarlet–a deep blood color. Now

Gegen Ende des fünften oder sechsten Monats seiner Zurückgezogenheit und während draußen die Seuche am grimmigsten wütete, lud der Prinz Prospero seine tausend Freunde zu einem Maskenball von ganz außergewöhnlicher Pracht.

Sie war ein verschwenderisch-sinnliches Schauspiel, diese Maskerade. Doch lasst mich zunächst von den Räumen berichten, in denen sie stattfand. Es waren ihrer sieben – eine königliche Suite. In vielen Palästen allerdings bilden solche Suiten eine lange und gerade Sichtachse, und die Falttüren gleiten zurück fast bis zu den Wänden auf beiden Seiten, sodass der Blick auf die gesamte Ausdehnung kaum behindert ist. Hier jedoch lag der Fall ganz anders; wie man vielleicht hat erwarten können von des Fürsten Vorliebe für das *Bizarre*. Die Zimmer waren so unregelmäßig angeordnet, dass der Blick jeweils nur wenig mehr als eines erfasste. Alle zwanzig bis dreißig Yards gab es eine scharfe Biegung, und mit jeder Biegung einen neuartigen Effekt. Zur Rechten und zur Linken, in der Mitte jeder Wand, blickte ein hohes und schmales gotisches Fenster hinaus auf einen geschlossenen Korridor, der den Windungen der Suite folgte. Diese Fenster waren aus gefärbtem Glas, dessen Tönung jeweils wechselte in Übereinstimmung mit dem vorherrschenden Farbton der Dekoration des Raumes, in den sie sich öffneten. Der am Ostende gelegene zum Beispiel war in Blau gehalten – und leuchtend blau waren seine Fenster. Verzierungen und Vorhangstoffe des zweiten Raums waren purpurn, und hier waren die Scheiben purpurfarben. Der dritte war ganz und gar grün, und desgleichen die Fenster. Der vierte war in Orange möbliert und beleuchtet – der fünfte in Weiß – der sechste in Violett. Das siebte Zimmer war dicht in schwarze samtene Stoffe gehüllt, die die Decke überspannten und von den Wänden herabhingen und in schweren Falten auf einen Teppich von gleichem Material und Farbton fielen. Doch nur in diesem Raum entsprach die Farbe der Fenster nicht der Dekoration. Hier waren die Scheiben

in no one of the seven apartments was there any lamp or candelabrum, amid the profusion of golden ornaments that lay scattered to and fro or depended from the roof. There was no light of any kind emanating from lamp or candle within the suite of chambers. But in the corridors that followed the suite, there stood, opposite to each window, a heavy tripod, bearing a brazier of fire that projected its rays through the tinted glass and so glaringly illumined the room. And thus were produced a multitude of gaudy and fantastic appearances. But in the western or black chamber the effect of the fire-light that streamed upon the dark hangings through the blood-tinted panes, was ghastly in the extreme, and produced so wild a look upon the countenance of those who entered, that there were few of the company bold enough to set foot within its precincts at all.

It was in this apartment, also, that there stood against the western wall, a gigantic clock of ebony. Its pendulum swung to and fro with a dull, heavy, monotonous clang; and when the minute-hand made the circuit of the face, and the hour was to be stricken, there came from the brazen lungs of the clock a sound which was clear and loud and deep and exceedingly musical, but of so peculiar a note and emphasis that, at each lapse of an hour, the musicians of the orchestra were constrained to pause, momentarily, in their performance, to harken to the sound; and thus the waltzers perforce ceased their evolutions; and there was a brief disconcert of the whole gay company; and, while the chimes of the clock yet rang, it was observed that the giddiest grew pale, and the more aged and sedate passed their hands over their brows as if in confessed revery or meditation. But when the echoes had fully ceased, a light laughter at once pervaded the

scharlachrot – ein tiefes Blutrot. Nun gab es in keinem der sieben Zimmer irgendeine Lampe oder einen Kandelaber inmitten der Überfülle goldenen Zierats, der überall verstreut lag oder von der Decke hing. Da war keinerlei Licht, das von Lampen oder Kerzen innerhalb der Flucht der Räume ausging. Doch in den Korridoren, die der Suite in ihrem Verlauf folgten, stand, jeweils einem Fenster gegenüber, ein schwerer Dreifuß, darauf eine Schale mit Feuer, das seine Strahlen durch das getönte Glas sandte und so den Raum grell beleuchtete. Und auf diese Weise wurde eine Vielzahl sattbunter und phantastischer Erscheinungen erzeugt. Im westlichen oder schwarzen Zimmer aber war die Wirkung des Feuerscheins, der durch die blutroten Scheiben die dunklen Vorhänge überströmte, äußerst gespenstisch und gab den Gesichtern der Eintretenden ein derart wildes Aussehen, dass nur wenige aus der Gesellschaft verwegen genug waren, auch nur den Fuß über die Schwelle zu setzen.

In diesem Zimmer stand auch, an der westlichen Wand, eine riesige Uhr aus Ebenholz. Ihr Pendel schwang hin und her mit dumpfem, schwerem, monotonem Schlag; und wenn der Minutenzeiger das Zifferblatt umrundet hatte und die Stunde geschlagen wurde, so drang aus den ehernen Lungen der Uhr ein Klang, der klar war und laut und tief und überaus musikalisch, jedoch von so eigentümlichem Ton und Nachdruck, dass nach Ablauf einer jeden Stunde die Musiker des Orchesters gezwungen waren, in ihrem Spiel kurz innezuhalten, um auf den Klang zu lauschen; und so unterbrachen zwangsläufig die Walzertänzer ihre Schrittfolgen; und eine kurze Beunruhigung befiel die ganze heitere Gesellschaft; und während die Glocken der Uhr noch klangen, sah man die Ausgelassensten erbleichen, und die Älteren und Besonneneren fuhren sich mit der Hand über die Stirn, wie in eingestandener Tagträumerei oder Gedankenverlorenheit. Kaum aber war der letzte Nachhall verklungen, ging ein leichtes Gelächter durch die Versammlung; die Musiker sahen einander

assembly; the musicians looked at each other and smiled as if at their own nervousness and folly, and made whispering vows, each to the other, that the next chiming of the clock should produce in them no similar emotion; and then, after the lapse of sixty minutes, (which embrace three thousand and six hundred seconds of the Time that flies,) there came yet another chiming of the clock, and then were the same disconcert and tremulousness and meditation as before.

But, in spite of these things, it was a gay and magnificent revel. The tastes of the duke were peculiar. He had a fine eye for colors and effects. He disregarded the *decora* of mere fashion. His plans were bold and fiery, and his conceptions glowed with barbaric lustre. There are some who would have thought him mad. His followers felt that he was not. It was necessary to hear and see and touch him to be *sure* that he was not.

He had directed, in great part, the moveable embellishments of the seven chambers, upon occasion of this great *fête;* and it was his own guiding taste which had given character to the masqueraders. Be sure they were grotesque. There were much glare and glitter and piquancy and phantasm—much of what has been since seen in 'Hernani.' There were arabesque figures with unsuited limbs and appointments. There were delirious fancies such as the madman fashions. There were much of the beautiful, much of the wanton, much of the *bizarre,* something of the terrible, and not a little of that which might have excited disgust. To and fro in the seven chambers there stalked, in fact, a multitude of dreams. And these—the dreams—writhed in and about, taking hue from the rooms, and causing the wild music of the orchestra to seem as the echo of their steps. And, anon, there

an und lächelten wie verschämt angesichts ihrer eigenen Nervosität und Torheit, und flüsternd schwor einer dem andern, dass das nächste Läuten der Uhr keine derartige Empfindung mehr in ihm hervorrufen würde; und dann, nach Ablauf von sechzig Minuten (die dreitausendsechshundert Sekunden der flüchtigen Zeit umfassen), begann ein weiteres Mal das Läuten der Uhr, und wiederum herrschte dieselbe Befangenheit und Ängstlichkeit und Versunkenheit.

Doch trotz dieser Umstände war es ein fröhliches und prächtiges Fest. Der Geschmack des Fürsten war bemerkenswert. Er hatte ein feines Auge für Farben und Wirkungen. Er achtete nicht auf die *decora* bloßer Mode. Seine Pläne waren kühn und leidenschaftlich, und seine Entwürfe glühten in einem ungezähmten Glanz. Es gibt wohl einige, die ihn für wahnsinnig gehalten haben würden. Sein Gefolge glaubte, dass er es nicht war. Notwendig musste man ihn hören und sehen und berühren, um *sicher* zu sein, dass er es nicht war.

Er selbst hatte anlässlich dieser großen *fête* für die beweglichen Verzierungen der sieben Räume umfangreiche Anweisungen getroffen; und es war sein eigener tonangebender Geschmack, der den Masken der Ballteilnehmer Charakter verliehen hatte. Sie waren wahrlich grotesk. Da gab es viel Glanz und Geglitzer, viel Pikantes und Phantastisches – vieles, was man seitdem in ›Hernani‹ gesehen hat. Da gab es arabeskenhafte Gestalten mit seltsam-unpassenden Gliedmaßen und Ausstaffierungen. Da gab es wahnwitzig Pompöses nach Art der Verrückten. Da gab es viel Schönes, viel Übermütiges, viel *Bizarres*, auch manches Schaurige und nicht weniges, was Abscheu hervorgerufen haben mochte. In den sieben Räumen stolzierte wahrlich eine Vielzahl von Traumgestalten umher. Und diese – die Traumgestalten – wanden sich in und durch die Zimmer, deren Farbtönung annehmend, und ließen die wilde Musik des Orchesters wie das Echo ihrer Schritte erscheinen. Und wieder schlägt bald die Ebenholz-

strikes the ebony clock which stands in the hall of the velvet. And then, for a moment, all is still, and all is silent save the voice of the clock. The dreams are stiff-frozen as they stand. But the echoes of the chime die away—they have endured but an instant—and a light, half-subdued laughter floats after them as they depart. And now again the music swells, and the dreams live, and writhe to and fro more merrily than ever, taking hue from the many tinted windows through which stream the rays from the tripods. But to the chamber which lies most west-wardly of the seven, there are now none of the maskers who venture; for the night is waning away; and there flows a ruddier light through the blood-colored panes: and the blackness of the sable drapery appals; and to him whose foot falls upon the sable carpet, there comes from the near clock of ebony a muffled peal more solemnly emphatic than any which reaches *their* ears who indulge in the more remote gaieties of the other apartments.

But these other apartments were densely crowded, and in them beat feverishly the heart of life. And the revel went whirlingly on, until at length there commenced the sounding of midnight upon the clock. And then the music ceased, as I have told; and the evolutions of the waltzers were quieted; and there was an uneasy cessation of all things as before. But now there were twelve strokes to be sounded by the bell of the clock; and thus it happened, perhaps, that more of thought crept, with more of time, into the meditations of the thoughtful among those who revelled. And thus, too, it happened, perhaps, that before the last echoes of the last chime had utterly sunk into silence, there were many individuals in the crowd who had found leisure to become aware of the presence of a masked

uhr, die im Saal aus Samt steht. Und dann, für einen Moment, ist alles still, und alles schweigt außer der Stimme der Uhr. Die Traumgestalten erstarren, sind wie versteinert. Doch der Nachhall des Läutens verklingt – er hat nur einen Augenblick gedauert – und ein leichtes, halbunterdrücktes Lachen schwebt ihm nach, als er vergeht. Und nun wieder schwillt die Musik, und die Traumgestalten leben und winden sich fröhlicher denn je hin und her und nehmen die Farben der vielen getönten Fenster an, durch die die Strahlen von den Dreifüßen strömen. Doch zu dem westlichsten der sieben Räume wagt sich jetzt keiner der Maskierten mehr; denn die Nacht schwindet schon dahin; und ein noch rötlicheres Licht durchfließt die blutroten Scheiben: Und die Schwärze der finsteren Drapierung ist entsetzlich; und wem der Fuß auf den düsteren Teppich gerät, der vernimmt von der Uhr aus Ebenholz her ein schwach-dumpfes Geläut, mit noch ernsterem Nachdruck als alles, was an die Ohren *derer* dringt, die in den entlegeneren Fröhlichkeiten der übrigen Zimmer schwelgen.

In diesen anderen Zimmern aber herrschte dichtes Gedränge, und in ihnen schlug fiebernd das Herz des Lebens. Und der Trubel ging wirbelnd weiter, bis schließlich die Uhr das Mitternachtsläuten begann. Und die Musik setzte aus, wie schon gesagt; und die Schrittfolgen der Walzertänzer erlahmten; und wie zuvor kamen alle Dinge zu unbehaglichem Erliegen. Doch jetzt waren es zwölf Schläge, die die Glocke der Uhr erklingen lassen sollte; und daher kam es vielleicht, dass sich mit dem Mehr an Zeit ein Mehr an Gedanken in die Versonnenheit der Bedächtigen unter den Feiernden schlich. Und so geschah es wohl auch, dass, noch bevor der letzte Nachhall des letzten Läutens völlig in Stille versunken war, viele aus der Menge Muße gefunden hatten, die Gegenwart einer maskierten Gestalt zu bemerken, die bisher noch niemandes Aufmerksamkeit erregt hatte. Und als das Gerücht dieser neuen Anwe-

figure which had arrested the attention of no single individual before. And the rumor of this new presence having spread itself whisperingly around, there arose at length from the whole company a buzz, or murmur, expressive of disapprobation and surprise–then, finally, of terror, of horror, and of disgust.

In an assembly of phantasms such as I have painted, it may well be supposed that no ordinary appearance could have excited such sensation. In truth the masquerade license of the night was nearly unlimited; but the figure in question had out-Heroded Herod, and gone beyond the bounds of even the prince's indefinite decorum. There are chords in the hearts of the most reckless which cannot be touched without emotion. Even with the utterly lost, to whom life and death are equally jests, there are matters of which no jest can be made. The whole company, indeed, seemed now deeply to feel that in the costume and bearing of the stranger neither wit nor propriety existed. The figure was tall and gaunt, and shrouded from head to foot in the habiliments of the grave. The mask which concealed the visage was made so nearly to resemble the countenance of a stiffened corpse that the closest scrutiny must have had difficulty in detecting the cheat. And yet all this might have been endured, if not approved, by the mad revellers around. But the mummer had gone so far as to assume the type of the Red Death. His vesture was dabbled in *blood*–and his broad brow, with all the features of the face, was besprinkled with the scarlet horror.

When the eyes of Prince Prospero fell upon this spectral image (which with a slow and solemn movement, as if more fully to sustain its *role,* stalked to and fro among the waltzers) he was seen to be convulsed, in the first

senheit sich flüsternd verbreitet hatte, erhob sich aus der ganzen Gesellschaft ein Brummen oder Murmeln als Ausdruck von Missbilligung und Staunen – und schließlich von Schrecken, von Entsetzen und von Abscheu.

In einer solchen Versammlung von Phantasiegestalten, wie ich sie ausgemalt habe, hätte, so mag man wohl annehmen, keine gewöhnliche Erscheinung ein derartiges Aufsehen erregen können. Wahrlich war die Freiheit der Maskerade dieser Nacht fast unbeschränkt; doch die fragliche Gestalt hatte sogar den Teufel ausgestochen und war selbst über die Schranken von des Prinzen unbestimmter Anständigkeit hinausgegangen. Es gibt Saiten in den Herzen der Rücksichtslosesten, die nicht ohne Gefühlsregung berührt werden können. Sogar für die vollkommen Verlorenen, denen Leben und Tod gleichermaßen Scherze sind, gibt es Dinge, über die man sich keinen Scherze erlaubt. Tatsächlich schien die ganze Gesellschaft nun tief zu empfinden, dass in Kostüm und Haltung des Fremden weder Geist noch Anstand existierte. Die Gestalt war groß und hager und von Kopf bis Fuß in ein Grabtuch gehüllt. Die Maske, die das Gesicht verbarg, war dem Antlitz eines erstarrten Leichnams so täuschend nachgebildet, dass es auch der genauesten Betrachtung schwerfallen musste, die Täuschung zu entdecken. Und trotzdem hätte all dies von den verrückten Feiernden ringsumher geduldet, wenn nicht sogar gebilligt werden können. Doch der Vermummte war so weit gegangen, die Gestalt des ›Roten Todes‹ anzunehmen. Sein Gewand war befleckt mit *Blut* – und seine breite Stirn, wie alle Züge des Gesichts, war besprenkelt mit dem scharlachroten Schrecken.

Als der Blick Prinz Prosperos auf dieses geisterhafte Abbild fiel (das mit langsamen und ernsten Bewegungen, wie um noch vollkommener seine *Rolle* zu wahren, inmitten der Walzertänzer auf und ab schritt), sah man ihn erschüttert, im ersten Augen-

moment with a strong shudder either of terror or distaste; but, in the next, his brow reddened with rage.

'Who dares?' he demanded hoarsely of the courtiers who stood near him–'who dares insult us with this blasphemous mockery?' Seize him and unmask him–that we may know whom we have to hang at sunrise, from the battlements!'

It was in the eastern or blue chamber in which stood the Prince Prospero as he uttered these words. They rang throughout the seven rooms loudly and clearly–for the prince was a bold and robust man, and the music had became hushed at the waving of his hand.

It was in the blue room where stood the prince, with a group of pale courtiers by his side. At first, as he spoke, there was a slight rushing movement of this group in the direction of the intruder, who at the moment was also near at hand, and now, with deliberate and stately step, made closer approach to the speaker. But from a certain nameless awe with which the mad assumptions of the mummer had inspired the whole party, there were found none who put forth hand to seize him; so that, unimpeded, he passed within a yard of the prince's person; and, while the vast assembly, as if with one impulse, shrank from the centres of the rooms to the walls, he made his way uninterruptedly, but with the same solemn and measured step which had distinguished him from the first, through the blue chamber to the purple–through the purple to the green–through the green to the orange–through this again to the white–and even thence to the violet, ere a decided movement had been made to arrest him. It was then, however, that the Prince Prospero, maddening with rage and the shame of his own momentary cowardice, rushed hurriedly through the six

blick von einem heftigen Schauder des Entsetzens oder des Widerwillens; doch im nächsten rötete sich seine Stirn vor Zorn.

»Wer wagt es?«, verlangte er mit rauer Stimme von den Höflingen in seiner Nähe zu wissen – »wer wagt es, uns mit dieser gotteslästerlichen Posse zu beleidigen? Ergreift ihn und reißt ihm die Maske herunter – damit wir wissen, wen wir bei Sonnenaufgang an den Burgzinnen aufzuhängen haben!«

Es war im östlichen oder blauen Raum, in dem der Prinz Prospero stand, als er diese Worte aussprach. Laut und deutlich klangen sie durch die sieben Zimmer – denn der Prinz war ein kühner und kräftiger Mann, und die Musik hatte er durch einen Wink seiner Hand zum Verstummen gebracht.

Das blaue Zimmer also war es, in dem der Prinz stand, eine Gruppe bleicher Höflinge an seiner Seite. Zunächst, während er sprach, machte diese Gruppe eine schwach-drängende Bewegung in Richtung des Eindringlings, der in dem Moment ebenfalls in der Nähe war und sich nun, mit bedächtigem und würdevollem Schritt, dem Sprecher näherte. Doch aus einer gewissen namenlosen Scheu heraus, die die wahnhafte Anmaßung des Vermummten der ganzen Festgesellschaft eingeflößt hatte, fand sich niemand, die Hand auszustrecken und ihn zu packen; sodass er ungehindert bis auf ein Yard an den Prinzen herantrat; und während die riesige Versammlung wie auf einen einzigen Impuls hin von den Zimmermitten bis an die Wände zurückwich, ging er seinen Weg ungestört, doch mit demselben ernsten und gemessenen Schritt, der ihn von Beginn an ausgezeichnet hatte, durch den blauen Raum zum purpurnen – durch den purpurnen zum grünen – durch den grünen zum orangefarbenen – durch diesen wiederum zum weißen – und sogar von dort zum violetten, ehe man eine entschiedene Bewegung gemacht hatte, ihn aufzuhalten. Dann jedoch stürzte der Prinz Prospero, rasend vor Zorn und der Scham über seine eigene kurzzeitige Feigheit, hastig durch die sechs Räume, während

chambers, while none followed him on account of a deadly terror that had seized upon all. He bore aloft a drawn dagger, and had approached, in rapid impetuosity, to within three or four feet of the retreating figure, when the latter, having attained the extremity of the velvet apartment, turned suddenly and confronted his pursuer. There was a sharp cry–and the dagger dropped gleaming upon the sable carpet, upon which, instantly afterwards, fell prostrate in death the Prince Prospero. Then, summoning the wild courage of despair, a throng of the revellers at once threw themselves into the black apartment, and, seizing the mummer, whose tall figure stood erect and motionless within the shadow of the ebony clock, gasped in unutterable horror at finding the grave cerements and corpselike mask which they handled with so violent a rudeness, untenanted by any tangible form.

And now was acknowledged the presence of the Red Death. He had come like a thief in the night. And one by one dropped the revellers in the blood-bedewed halls of their revel, and died each in the despairing posture of his fall. And the life of the ebony clock went out with that of the last of the gay. And the flames of the tripods expired. And Darkness and Decay and the Red Death held illimitable dominion over all.

niemand ihm folgte wegen eines tödlichen Entsetzens, das alle erfasst hatte. Er reckte einen gezogenen Dolch empor und war in raschem Ungestüm der zurücktretenden Gestalt bis auf drei oder vier Fuß nahegekommen, als diese, die derweil das Ende des samtenen Zimmers erreicht hatte, sich plötzlich umdrehte und dem Verfolger entgegentrat. Man hörte einen gellenden Schrei – und blitzend fiel der Dolch auf den schwarzen Teppich, auf den im nächsten Augenblick auch der Prinz Prospero leblos niedersank. Dann, den wilden Mut der Verzweiflung aufbietend, warf sich plötzlich eine Schar der Feiernden in das schwarze Zimmer, und als sie den Vermummten packten, dessen große Gestalt aufrecht und reglos im Schatten der Ebenholzuhr stand, stockte ihnen der Atem vor unaussprechlichem Schrecken, da sie entdeckten, dass Grabgewand und Leichenmaske, die sie mit roher Gewalt behandelten, keinerlei greifbare Form verbargen.

Und nun erkannte man die Gegenwart des Roten Todes. Er war gekommen wie ein Dieb in der Nacht. Und einer nach dem andern fielen die Festgäste in den blutbenetzten Hallen ihrer Feier zu Boden, und ein jeder starb in der verzweifelten Haltung seines Falls. Und das Leben in der Ebenholzuhr verging mit dem des letzten Fröhlichen. Und die Flammen der Dreifüße erloschen. Und Dunkel und Fäulnis und der Rote Tod hielten unumschränkte Herrschaft über alles.

The Pit and the Pendulum

Impia tortorum longas hic turba furores
Sanguinis innocui, non satiata, aluit.
Sospite nunc patriâ, fracto nunc funeris antro,
Mors ubi dira fuit, vita salusque patent.
[Quatrain composed for the gates of a market to be erected upon the site of the Jacobin club house at Paris.]

I was sick—sick unto death with that long agony; and when they at length unbound me, and I was permitted to sit, I felt that my senses were leaving me. The sentence—the dread sentence of death—was the last of distinct accentuation which reached my ears. After that, the sound of the inquisitorial voices seemed merged in one dreamy indeterminate hum. It conveyed to my soul the idea of *revolution*—perhaps from its association in fancy with the burr of a mill-wheel. This only for a brief period; for presently I heard no more. Yet, for a while, I saw; but with how terrible an exaggeration! I saw the lips of the blackrobed judges. They appeared to me white—whiter than the sheet upon which I trace these words—and thin even to grotesqueness; thin with the intensity of their expression of firmness—of immoveable resolution—of stern contempt of human torture. I saw that the decrees of what to me was Fate, were still issuing from those lips. I saw them writhe with a deadly locution. I saw them fashion the syllables of my name; and I shuddered because no sound succeeded. I saw, too, for a few moments of delirious horror, the soft and nearly imperceptible waving

Die Grube und das Pendel

Impia tortorum longas hic turba furores
Sanguinis innocui, non satiata, aluit.
Sospite nunc patriâ, fracto nunc funeris antro,
Mors ubi dira fuit, vita salusque patent.
Vierzeiler, verfasst für ein Markttor, das auf dem Grundstück des Jakobiner-Clubhauses in Paris errichtet werden sollte.

Ich war krank – krank auf den Tod durch diese langdauernde Qual; und als sie mich schließlich losbanden und ich mich setzen durfte, fühlte ich, dass mir die Sinne schwanden. Das Urteil – das furchtbare Todesurteil – war das letzte deutlich Ausgesprochene, das mein Ohr erreichte. Danach schienen die inquisitorischen Stimmen zu einem einzigen traumartig-unbestimmten Gemurmel zu verschmelzen. Es vermittelte meiner Seele die Vorstellung von etwas sich *Drehendem* – vielleicht weil die Einbildung es mit dem Surren eines Mühlrads verband. Dies aber nur für einen Moment; denn bald hörte ich nichts mehr. Doch eine Weile noch sah ich; aber mit welch schrecklicher Überzeichnung! Ich sah die Lippen der schwarz gekleideten Richter. Sie erschienen mir weiß – weißer als das Blatt, auf das ich diese Worte schreibe – und schmal bis zur Groteske; schmal in ihrem intensiven Ausdruck von Entschlossenheit – von unerschütterlicher Bestimmtheit – von strikter Missachtung menschlicher Qual. Ich sah, dass die Beschlüsse, die mein Schicksal waren, noch immer über jene Lippen kamen. Ich sah, wie diese sich in todbringender Rede verzerrten. Ich sah sie die Silben meines Namens formen; und ich schauderte, weil kein Laut ihnen folgte. Auch sah ich für wenige Augenblicke fieberhaften Schreckens das sachte und fast unmerk-

of the sable draperies which enwrapped the walls of the apartment. And then my vision fell upon the seven tall candles upon the table. At first they wore the aspect of charity, and seemed white slender angels who would save me; but then, all at once, there came a most deadly nausea over my spirit, and I felt every fibre in my frame thrill as if I had touched the wire of a galvanic battery, while the angel forms became meaningless spectres, with heads of flame, and I saw that from them there would be no help. And then there stole into my fancy, like a rich musical note, the thought of what sweet rest there must be in the grave. The thought came gently and stealthily, and it seemed long before it attained full appreciation; but just as my spirit came at length properly to feel and entertain it, the figures of the judges vanished, as if magically, from before me; the tall candles sank into nothingness; their flames went out utterly; the blackness of darkness supervened; all sensations appeared swallowed up in a mad rushing descent as of the soul into Hades. Then silence, and stillness, and night were the universe.

I had swooned; but still will not say that all of consciousness was lost. What of it there remained I will not attempt to define, or even to describe; yet all was not lost. In the deepest slumber–no! In delirium–no! In a swoon–no! In death–no! even in the grave all *is not* lost. Else there is no immortality for man. Arousing from the most profound of slumbers, we break the gossamer web of *some* dream. Yet in a second afterward, (so frail may that web have been) we remember not that we have dreamed. In the return to life from the swoon there are two stages; first, that of the sense of mental or spiritual; secondly, that of the sense of physical, existence. It seems probable that if, upon reaching the second stage, we

liche Wehen der düster-schwarzen Dekorstoffe, die die Wände des Zimmers verhüllten. Und dann fiel mein Blick auf die sieben hohen Kerzen auf dem Tisch. Zunächst trugen sie die Züge der Barmherzigkeit und schienen weiße schlanke Engel, die mich retten würden; doch dann, mit einem Mal, überkam tödlichster Abscheu meinen Geist, und ich fühlte jede Faser meines Leibes durchzuckt, als hätte ich den Draht einer galvanischen Batterie berührt, während die Engelsgestalten zu gegenstandslosen Gespenstern wurden, mit flammenden Köpfen, und ich sah, dass von ihnen keine Hilfe käme. Und dann stahl sich in meine Einbildung wie ein volltönender Klang der Gedanke, welch süße Ruhe doch im Grab sein müsse. Der Gedanke kam sanft und verstohlen, und es schien lang zu dauern, bis er mir voll ins Bewusstsein trat; doch gerade als mein Geist ihn schließlich recht fühlte und aufnahm, verschwanden wie von Zauberhand die Gestalten der Richter vor mir; die hohen Kerzen versanken ins Nichts; ihre Flammen verloschen völlig; die Schwärze der Dunkelheit folgte jäh; alle Sinneseindrücke schienen wie verschluckt in einem wild-rasenden Niedergang gleich dem der Seele in den Hades. Dann war alles Schweigen und Stille und Nacht.

Ich war ohnmächtig geworden; doch will ich noch immer nicht sagen, dass alles Bewusstsein verloren war. Was genau davon blieb, versuche ich gar nicht erst zu definieren, nicht einmal zu beschreiben; doch war nicht alles verloren. Im tiefsten Schlummer – nein! Im Delirium – nein! In einer Ohnmacht – nein! Im Tod – nein! selbst im Grab *ist nicht* alles verloren. Anders gibt es keine Unsterblichkeit für den Menschen. Aus dem tiefsten Schlummer erwachend, zerreißen wir das Spinngewebe *irgendeines* Traums; doch eine Sekunde danach (so zart mag das Gewebe gewesen sein) erinnern wir uns nicht, dass wir geträumt haben. Beim Erwachen aus einer Ohnmacht gibt es zwei Stadien; erstens das Empfinden mentaler oder geistiger Existenz; zweitens das Empfinden physischen Daseins. Es scheint wahrscheinlich, dass, falls wir beim Er-

could recall the impressions of the first, we should find these impressions eloquent in memories of the gulf beyond. And that gulf is—what? How at least shall we distinguish its shadows from those of the tomb? But if the impressions of what I have termed the first stage, are not, at will, recalled, yet, after long interval, do they not come unbidden, while we marvel whence they come? He who has never swooned is not he who finds strange palaces and wildly familiar faces in coals that glow; is not he who beholds floating in midair the sad visions that the many may not view; is not he who ponders over the perfume of some novel flower—is not he whose brain grows bewildered with the meaning of some musical cadence which has never before arrested his attention.

Amid frequent and thoughtful endeavors to remember; amid earnest struggles to regather some token of the state of seeming nothingness into which my soul had lapsed, there have been moments when I have dreamed of success; there have been brief, very brief periods when I have conjured up remembrances which the lucid reason of a later epoch assures me could have had reference only to that condition of seeming unconsciousness. These shadows of memory tell, indistinctly, of tall figures that lifted and bore me in silence down—down—still down—till a hideous dizziness oppressed me at the mere idea of the interminableness of the descent. They tell also of a vague horror at my heart, on account of that heart's unnatural stillness. Then comes a sense of sudden motionlessness throughout all things; as if those who bore me (a ghastly train!) had outrun, in their descent, the limits of the limitless, and paused from the wearisomeness of their toil. After this I call to mind flat-

reichen des zweiten Stadiums die Eindrücke des ersten zurückrufen könnten, diese Eindrücke von Erinnerungen an den Abgrund dahinter sprächen. Und dieser Abgrund ist – was? Wie können wir seine Schatten von denen des Grabes zumindest unterscheiden? Falls aber die Eindrücke dessen, was ich als ersten Zustand bezeichnet habe, nicht willkürlich zurückgerufen werden, tauchen sie nicht nach langer Zeit ganz ungebeten auf, während wir uns wundern, woher sie kommen? Wer nie ohnmächtig geworden ist, der ist auch niemand, der in glühenden Kohlen seltsame Paläste und merkwürdig vertraute Gesichter erkennt; der ist niemand, der inmitten der Luft die traurigen Visionen erblickt, die die Vielen nicht sehen können; der ist niemand, der über den Duft irgendeiner neuartigen Blume sinniert; der ist niemand, dessen Hirn sich von der Bedeutung irgendeiner musikalischen Kadenz verwirren lässt, die nie zuvor seine Aufmerksamkeit erregte.

Während meiner häufigen und bedachtsamen Bestrebungen, mich zu erinnern; während meiner ernsthaften Bemühungen, irgendein Merkmal vom Zustand scheinbaren Nichtseins, in den meine Seele gefallen war, wieder aufzufinden, hat es Momente gegeben, in denen ich vom Gelingen geträumt habe; es gab kurze, sehr kurze Zeitspannen, in denen ich Erinnerungen heraufbeschworen habe, die sich, wie der klare Verstand mir später versicherte, nur auf jenen Zustand scheinbarer Bewusstlosigkeit bezogen haben können. Diese Schatten des Erinnerns erzählen undeutlich von großen Gestalten, die mich aufhoben und schweigend hinabtrugen – hinab – weiter hinab – bis mich ein scheußlicher Schwindel befiel bei der bloßen Vorstellung von der Unendlichkeit des Abstiegs. Sie erzählen auch von einem vagen Entsetzen in meinem Herzen, seiner unnatürlichen Stille wegen. Dann folgt das Empfinden einer plötzlichen Reglosigkeit aller Dinge; als ob die, die mich trugen (ein geisterhafter Zug!) in ihrem Abstieg die Grenzen des Grenzenlosen überschritten hätten und nun ausruhten von den Anstrengungen ihrer Mühe.

ness and dampness; and then all is *madness*—the madness of a memory which busies itself among forbidden things.

Very suddenly there came back to my soul motion and sound—the tumultuous motion of the heart, and, in my ears, the sound of its beating. Then a pause in which all is blank. Then again sound, and motion, and touch—a tingling sensation pervading my frame. Then the mere consciousness of existence, without thought—a condition which lasted long. Then, very suddenly, *thought,* and shuddering terror, and earnest endeavor to comprehend my true state. Then a strong desire to lapse into insensibility. Then a rushing revival of soul and a successful effort to move. And now a full memory of the trial, of the judges, of the sable draperies, of the sentence, of the sickness, of the swoon. Then entire forgetfulness of all that followed; of all that a later day and much earnestness of endeavor have enabled me vaguely to recall.

So far, I had not opened my eyes. I felt that I lay upon my back, unbound. I reached out my hand, and it fell heavily upon something damp and hard. There I suffered it to remain for many minutes, while I strove to imagine where and *what* I could be. I longed, yet dared not to employ my vision. I dreaded the first glance at objects around me. It was not that I feared to look upon things horrible, but that I grew aghast lest there should be *nothing* to see. At length, with a wild desperation at heart, I quickly unclosed my eyes. My worst thoughts, then, were confirmed. The blackness of eternal night encompassed me. I struggled for breath. The intensity of the darkness seemed to oppress and stifle me. The atmosphere was intolerably close. I still lay quietly, and

Hiernach erinnere ich mich an Flachheit und Feuchte; und dann ist alles *Wahnsinn* – der Wahnsinn eines Erinnerns, das sich mit verbotenen Dingen beschäftigt.

Ganz plötzlich kehrten meiner Seele Bewegung und Klang zurück – die ungestüme Bewegung des Herzens und in meinen Ohren der Klang seines Schlagens. Dann eine Pause, in der alles leer ist. Dann wieder Klang und Bewegung und Berührung – ein prickelndes Empfinden, das meinen Körper durchfloss. Dann das bloße Bewusstsein von Existenz, ohne Gedanken – ein Zustand, der lang andauerte. Dann, ganz plötzlich, *Denken* und schauderndes Entsetzen und ernstes Bemühen, meine wahre Lage zu erfassen. Dann ein heftiges Verlangen, in Fühllosigkeit zu fallen. Dann ein rasches Wiederaufleben der Seele und ein erfolgreicher Versuch der Bewegung. Und nun die vollständige Erinnerung an den Prozess, an die Richter, an die düster-schwarzen Dekorstoffe, an das Urteil, an die Übelkeit, an die Ohnmacht. Dann gänzliches Vergessen alles Folgenden; alles dessen, was erst ein späterer Tag und große Ernsthaftigkeit des Bemühens mir vage zu erinnern gestatteten.

Bis dahin hatte ich meine Augen nicht geöffnet. Ich fühlte, dass ich auf dem Rücken lag, ungefesselt. Ich streckte meine Hand aus, und sie fiel schwer auf etwas Feuchtes und Hartes. Dort ließ ich sie viele Minuten lang liegen, während ich mir vorzustellen versuchte, wo und *was* ich wohl war. Mich verlangte, doch ich wagte es nicht, meine Sehkraft einzusetzen. Ich fürchtete den ersten Blick auf die Gegenstände um mich her. Nicht dass ich Angst hatte, schreckliche Dinge zu sehen, sondern mir graute davor, dass es *nichts* zu sehen gäbe. Schließlich, mit wilder Verzweiflung im Herzen, öffnete ich schnell meine Augen. Meine schlimmsten Ahnungen bestätigten sich. Die Schwärze ewiger Nacht umgab mich. Ich rang nach Atem. Die Undurchdringlichkeit des Dunkels schien mich niederzudrücken und zu ersticken. Die Luft war unerträglich dumpf. Ich lag noch immer

made effort to exercise my reason. I brought to mind the inquisitorial proceedings, and attempted from that point to deduce my real condition. The sentence had passed; and it appeared to me that a very long interval of time had since elapsed. Yet not for a moment did I suppose myself actually dead. Such a supposition, notwithstanding what we read in fiction, is altogether inconsistent with real existence;—but where and in what state was I? The condemned to death, I knew, perished usually at the *autos-da-fé,* and one of these had been held on the very night of the day of my trial. Had I been remanded to my dungeon, to await the next sacrifice, which would not take place for many months? This I at once saw could not be. Victims had been in immediate demand. Moreover, my dungeon, as well as all the condemned cells at Toledo, had stone floors, and light was not altogether excluded.

A fearful idea now suddenly drove the blood in torrents upon my heart, and for a brief period, I once more relapsed into insensibility. Upon recovering, I at once started to my feet, trembling convulsively in every fibre. I thrust my arms wildly above and around me in all directions. I felt nothing; yet dreaded to move a step, lest I should be impeded by the walls of a *tomb.* Perspiration burst from every pore, and stood in cold big beads upon my forehead. The agony of suspense grew, at length, intolerable, and I cautiously moved forward, with my arms extended, and my eyes straining from their sockets, in the hope of catching some faint ray of light. I proceeded for many paces; but still all was blackness and vacancy. I breathed more freely. It seemed evident that mine was not, at least, the most hideous of fates.

still und mühte mich, meinen Verstand zu gebrauchen. Ich rief mir den Verlauf des Verhörs ins Gedächtnis und versuchte, von da aus meine wirkliche Lage herzuleiten. Das Urteil war gefällt; und es schien mir, dass seitdem eine sehr lange Zeit vergangen war. Dennoch vermutete ich nicht einen Moment lang, ich sei tot. Eine solche Vermutung ist, ungeachtet dessen, was wir in Romanen lesen, völlig unvereinbar mit dem wirklichen Dasein – doch wo und in welcher Lage war ich? Die zum Tode Verurteilten, wusste ich, fanden ihr Ende gewöhnlich im *auto-de-fé*, und ein solches war in der Nacht meines Prozesstages abgehalten worden. Hatte man mich in meinem Kerker eingesperrt, um die nächste Opferung abzuwarten, die nicht vor Ablauf vieler Monate stattfinden würde? Das, erkannte ich sofort, konnte nicht sein. Es hatte unmittelbaren Bedarf an Opfern gegeben. Darüber hinaus hatte mein Kerker, wie alle Todeszellen in Toledo, einen Steinfußboden gehabt, und das Licht war nicht gänzlich ausgeschlossen gewesen.

Ein furchtbarer Gedanke trieb nun plötzlich das Blut in Sturzbächen durch mein Herz, und für kurze Zeit sank ich von Neuem zurück in Bewusstlosigkeit. Als ich wieder zu mir kam, sprang ich sogleich auf die Füße, mit jeder Faser krampfhaft zitternd. Ich warf meine Arme wild in die Höhe und ringsumher in alle Richtungen. Ich fühlte nichts; dennoch fürchtete ich, einen Schritt zu tun, auf dass ich nicht aufgehalten würde von den Wänden einer *Gruft*. Schweiß brach mir aus jeder Pore und stand in großen kalten Tropfen auf meiner Stirn. Die Qual der Ungewissheit wurde schließlich unerträglich, und vorsichtig bewegte ich mich vorwärts, die Arme ausgestreckt, und meine Augen traten fast aus ihren Höhlen in der Hoffnung, einen schwachen Lichtstrahl zu erhaschen. Ich ging vorwärts, viele Schritte; doch weiterhin war alles Schwärze und Leere. Ich atmete freier. Es schien gewiss, dass mich zumindest nicht das grässlichste aller Schicksale erwartete.

And now, as I still continued to step cautiously onward, there came thronging upon my recollection a thousand vague rumors of the horrors of Toledo. Of the dungeons there had been strange things narrated—fables I had always deemed them—but yet strange, and too ghastly to repeat, save in a whisper. Was I left to perish of starvation in this subterranean world of darkness; or what fate, perhaps even more fearful, awaited me? That the result would be death, and a death of more than customary bitterness, I knew too well the character of my judges to doubt. The mode and the hour were all that occupied or distracted me.

My outstretched hands at length encountered some solid obstruction. It was a wall, seemingly of stone masonry—very smooth, slimy, and cold. I followed it up; stepping with all the careful distrust with which certain antique narratives had inspired me. This process, however, afforded me no means of ascertaining the dimensions of my dungeon; as I might make its circuit, and return to the point whence I set out, without being aware of the fact; so perfectly uniform seemed the wall. I therefore sought the knife which had been in my pocket, when led into the inquisitorial chamber; but it was gone; my clothes had been exchanged for a wrapper of coarse serge. I had thought of forcing the blade in some minute crevice of the masonry, so as to identify my point of departure. The difficulty, nevertheless, was but trivial; although, in the disorder of my fancy, it seemed at first insuperable. I tore a part of the hem from the robe and placed the fragment at full length, and at right angles to the wall. In groping my way around the prison, I could not fail to encounter this rag upon completing the circuit. So, at least I thought: but I had not counted upon the

Und nun, während ich weiter behutsam vorwärtsschritt, drängten sich tausend vage Gerüchte über die Schrecken von Toledo in meine Erinnerung. Von den Kerkern erzählte man sich sonderbare Dinge – ich hatte sie stets für Fabeln gehalten – trotzdem aber sonderbar und zu gespenstisch, um sie anders als im Flüsterton zu wiederholen. War ich dem Hungertod überlassen in dieser unterirdischen Welt der Dunkelheit; oder welches Schicksal, vielleicht sogar noch fürchterlicher, erwartete mich? Um zu bezweifeln, dass am Ende der Tod stehen würde, und zwar ein Tod von mehr als gewöhnlicher Bitterkeit, kannte ich den Charakter meiner Richter zu gut. Die Methode und die Stunde waren alles, was mich beschäftigte und beunruhigte.

Meine ausgestreckten Hände trafen endlich auf ein festes Hindernis. Es war eine Wand, anscheinend aus steinernem Mauerwerk – sehr glatt, schleimig und kalt. Ich ging an ihr entlang; setzte meine Schritte mit all der misstrauischen Vorsicht, die gewisse antike Erzählungen in mir geweckt hatten. Dieses Verfahren jedoch bot mir keine Möglichkeiten, um die Ausmaße meines Kerkers zu ermitteln; denn ich konnte ihn wohl umrunden und wieder zum Ausgangspunkt zurückkehren, ohne diesen Umstand zu bemerken; so vollkommen gleichförmig schien die Mauer. Ich suchte daher nach dem Messer, das sich in meiner Tasche befunden hatte, als ich in den Verhörraum geführt worden war; doch es war weg; meine Kleider waren gegen einen Umhang aus grober Serge vertauscht worden. Ich hatte beabsichtigt, die Klinge in irgendeinen winzigen Spalt im Mauerwerk zu zwängen, um so meinen Ausgangspunkt zu kennzeichnen. Trotzdem war dieses Problem schlicht banal; obwohl es mir in meiner wirren Vorstellung zunächst unüberwindlich erschien. Ich riss einen Teil vom Saum des Umhangs ab und platzierte das Stück der Länge nach und im rechten Winkel zur Mauer. Wenn ich meinen Weg rund um das Gefängnis ertastete, so musste ich unfehlbar bei Vollendung des Kreislaufs auf den Stofffetzen stoßen. So zumindest dachte ich:

extent of the dungeon, or upon my own weakness. The ground was moist and slippery. I staggered onward for some time, when I stumbled and fell. My excessive fatigue induced me to remain prostrate; and sleep soon overtook me as I lay.

Upon awaking, and stretching forth an arm, I found beside me a loaf and a pitcher with water. I was too much exhausted to reflect upon this circumstance, but ate and drank with avidity. Shortly afterward, I resumed my tour around the prison, and with much toil, came at last upon the fragment of the serge. Up to the period when I fell, I had counted fifty-two paces, and, upon resuming my walk, I had counted forty-eight more—when I arrived at the rag. There were in all, then, a hundred paces; and, admitting two paces to the yard, I presumed the dungeon to be fifty yards in circuit. I had met, however, with many angles in the wall, and thus I could form no guess at the shape of the vault; for vault I could not help supposing it to be.

I had little object—certainly no hope—in these researches; but a vague curiosity prompted me to continue them. Quitting the wall, I resolved to cross the area of the enclosure. At first, I proceeded with extreme caution, for the floor, although seemingly of solid material, was treacherous with slime. At length, however, I took courage, and did not hesitate to step firmly—endeavoring to cross in as direct a line as possible. I had advanced some ten or twelve paces in this manner, when the remnant of the torn hem of my robe became entangled between my legs. I stepped on it, and fell violently on my face.

In the confusion attending my fall, I did not immediately apprehend a somewhat startling circumstance,

Doch ich hatte nicht mit der Größe des Kerkers gerechnet, oder mit meiner eigenen Schwäche. Der Boden war feucht und schlüpfrig. Ich taumelte eine Weile vorwärts, dann stolperte ich und fiel. Meine ungeheure Erschöpfung bewog mich, ausgestreckt liegenzubleiben; ich lag, und bald übermannte mich der Schlaf.

Als ich erwachte und einen Arm ausstreckte, fand ich neben mir einen Laib Brot und einen Krug mit Wasser. Ich war viel zu erschöpft, um über diesen Umstand nachzudenken, sondern aß und trank nur gierig. Kurz danach nahm ich meinen Rundgang um das Gefängnis wieder auf, und mit viel Mühe gelangte ich endlich zu dem Stück Serge. Bis zu dem Moment, als ich hinfiel, hatte ich zweiundfünfzig Schritte gezählt, und während ich meinen Gang fortsetzte, achtundvierzig weitere – bis ich beim Stofffetzen anlangte. Insgesamt also waren es hundert Schritte; und zwei Schritte für ein Yard nehmend, mutmaßte ich, dass der Kerker einen Umfang von fünfzig Yards hatte. Ich war allerdings auf viele Winkel in der Wand gestoßen, und ich kam daher zu keiner Schätzung über die Form des Gewölbes; denn ich konnte nicht anders, als es für ein Gewölbe zu halten.

Ich hatte kaum ein Ziel – gewiss keine Hoffnung – bei diesen Nachforschungen; doch eine vage Neugier veranlasste mich, sie fortzusetzen. Ich verließ die Wand und beschloss, die Fläche der Anlage zu durchqueren. Zunächst ging ich mit extremer Vorsicht voran, denn der Boden, obwohl anscheinend aus festem Material, war tückisch und schleimig. Schließlich jedoch fasste ich Mut und zögerte nicht, kräftig auszuschreiten – bemüht, in möglichst gerader Linie hinüberzugelangen. Ich war auf diese Weise wohl zehn oder zwölf Schritte vorangekommen, als der Rest vom zerrissenen Saum meines Umhangs sich zwischen meinen Beinen verfing. Ich trat darauf und fiel mit voller Wucht auf mein Gesicht.

In der meinen Sturz begleitenden Verwirrung bemerkte ich nicht sogleich einen recht verblüffenden Umstand, der aber we-

which yet, in a few seconds afterward, and while I still lay prostrate, arrested my attention. It was this: my chin rested upon the floor of the prison, but my lips and the upper portion of my head, although seemingly at a less elevation than the chin, touched nothing. At the same time, my forehead seemed bathed in a clammy vapor, and the peculiar smell of decayed fungus arose to my nostrils. I put forward my arm, and shuddered to find that I had fallen at the very brink of a circular pit, whose extent, of course, I had no means of ascertaining at the moment. Groping about the masonry just below the margin, I succeeded in dislodging a small fragment, and let it fall into the abyss. For many seconds I hearkened to its reverberations as it dashed against the sides of the chasm in its descent: at length, there was a sullen plunge into water, succeeded by loud echoes. At the same moment, there came a sound resembling the quick opening, and as rapid closing of a door overhead, while a faint gleam of light flashed suddenly through the gloom, and as suddenly faded away.

I saw clearly the doom which had been prepared for me, and congratulated myself upon the timely accident by which I had escaped. Another step before my fall, and the world had seen me no more. And the death just avoided was of that very character which I had regarded as fabulous and frivolous in the tales respecting the Inquisition. To the victims of its tyranny, there was the choice of death with its direst physical agonies, or death with its most hideous moral horrors. I had been reserved for the latter. By long suffering my nerves had been unstrung, until I trembled at the sound of my own voice, and had become in every respect a fitting subject for the species of torture which awaited me.

nige Sekunden später und während ich noch ausgestreckt dalag, meine Aufmerksamkeit erregte. Nämlich dieser: Mein Kinn ruhte auf dem Boden des Gefängnisses, meine Lippen aber und der obere Teil meines Kopfes, obwohl anscheinend in geringerer Höhe als das Kinn, berührten nichts. Gleichzeitig schien meine Stirn in feuchtkalte Dämpfe gebadet, und der eigentümliche Geruch von fauligem Pilz stieg mir in die Nase. Ich führte den Arm nach vorn und schauderte, als ich begriff, dass ich genau an der Kante einer kreisrunden Grube hingefallen war, deren Größe festzustellen mir natürlich im Moment die Mittel fehlten. Am Mauerwerk gleich unterhalb des Randes herumtastend, gelang es mir, ein kleines Stück herauszulösen, und ich ließ es in den Abgrund fallen. Viele Sekunden lang horchte ich auf seinen Widerhall, während es im Niederfallen an die Seiten der Schlucht stieß: schließlich dann ein dumpfes Eintauchen ins Wasser, gefolgt von lauten Echos. Im selben Augenblick ertönte ein Geräusch ähnlich dem schnellen Öffnen und ebenso raschen Schließen einer Tür über mir, während plötzlich ein schwacher Lichtschimmer durch das Dunkel blitzte und ebenso plötzlich verschwand.

Ich sah deutlich das Verhängnis, das man mir zugedacht hatte, und gratulierte mir zu dem rechtzeitigen Unfall, durch den ich ihm entgangen war. Noch einen Schritt vor meinem Sturz, und die Welt hätte mich nicht wiedergesehen. Und der just vermiedene Tod war exakt von jener Natur, die ich in den Geschichten über die Inquisition für fabulös und frivol gehalten hatte. Den Opfern ihrer Tyrannei blieb die Wahl zwischen einem Tod unter schrecklichsten körperlichen Qualen und einem Tod unter abscheulichstem seelischen Entsetzen. Ich war für Letzteren bestimmt. Von langem Leiden waren meine Nerven zerrüttet worden, bis ich beim Klang meiner eigenen Stimme zusammenzuckte und in jeder Hinsicht ein geeignetes Objekt für die Arten von Folter geworden war, die mich erwarteten.

Shaking in every limb, I groped my way back to the wall—resolving there to perish rather than risk the terrors of the wells, of which my imagination now pictured many in various positions about the dungeon. In other conditions of mind, I might have had courage to end my misery at once, by a plunge into one of these abysses; but now I was the veriest of cowards. Neither could I forget what I had read of these pits—that the *sudden* extinction of life formed no part of their most horrible plan.

Agitation of spirit kept me awake for many long hours; but at length I again slumbered. Upon arousing, I found by my side, as before, a loaf and a pitcher of water. A burning thirst consumed me, and I emptied the vessel at a draught. It must have been drugged—for scarcely had I drunk, before I became irresistibly drowsy. A deep sleep fell upon me—a sleep like that of death. How long it lasted, of course I know not; but when, once again, I unclosed my eyes, the objects around me were visible. By a wild, sulphurous lustre, the origin of which I could not at first determine, I was enabled to see the extent and aspect of the prison.

In its size I had been greatly mistaken. The whole circuit of its walls did not exceed twenty-five yards. For some minutes this fact occasioned me a world of vain trouble; vain indeed—for what could be of less importance, under the terrible circumstances which environed me, than the mere dimensions of my dungeon? But my soul took a wild interest in trifles, and I busied myself in endeavors to account for the error I had committed in my measurement. The truth at length flashed upon me. In my first attempt at exploration, I had counted fifty-two paces, up to the period when I fell: I must then have been

Am ganzen Leib zitternd, ertastete ich meinen Weg zurück zur Wand – entschlossen, eher dort zu sterben, als die Schrecknisse der Brunnenschächte zu riskieren, deren sich meine Vorstellungskraft nun viele ausmalte an verschiedenen Stellen innerhalb des Kerkers. In anderer Gemütsverfassung hätte ich vielleicht den Mut gehabt, mein Elend auf der Stelle zu beenden, durch einen Sprung in einen dieser Abgründe; jetzt aber war ich der größte aller Feiglinge. Auch konnte ich nicht vergessen, was ich über diese Gruben gelesen hatte – dass die *plötzliche* Auslöschung des Lebens kein Gesichtspunkt bei ihrer höchst entsetzlichen Planung war.

Mein aufgewühlter Geist hielt mich für viele lange Stunden wach; schließlich aber schlief ich wieder ein. Als ich erwachte, fand ich neben mir, wie zuvor, einen Laib Brot und einen Krug mit Wasser. Ein brennender Durst verzehrte mich, und ich leerte das Gefäß in einem Zug. Es muss vergiftet gewesen sein – denn kaum hatte ich getrunken, wurde ich unaufhaltsam müde. Ein tiefer Schlaf überfiel mich – ein Schlaf wie der des Todes. Wie lange er dauerte, weiß ich natürlich nicht; doch als ich erneut die Augen öffnete, waren die Gegenstände um mich her sichtbar. Ein unruhiges, schwefliges Leuchten, dessen Ursprung ich zunächst nicht bestimmen konnte, ermöglichte es mir, Umfang und Aussehen des Gefängnisses wahrzunehmen.

In seiner Größe hatte ich mich gründlich geirrt. Der Gesamtumfang seiner Wände betrug nicht mehr als fünfundzwanzig Yards. Einige Minuten lang war mir diese Tatsache Grund für eine Welt nutzloser Besorgnis; in der Tat nutzlos – denn was konnte unter den fürchterlichen Umständen, in denen ich mich befand, von geringerer Wichtigkeit sein als die Ausmaße meines Kerkers? Doch mein Gemüt hatte ein seltsames Interesse an Lappalien, und angestrengt beschäftigte ich mich damit, den Fehler aufzudecken, den ich bei meiner Messung begangen hatte. Schließlich blitzte mir die Wahrheit auf. Bei meinem ersten Versuch der Erforschung hatte ich zweiundfünfzig Schritte gezählt,

within a pace or two of the fragment of serge; in fact, I had nearly performed the circuit of the vault. I then slept—and, upon awaking, I must have returned upon my steps—thus supposing the circuit nearly double what it actually was. My confusion of mind prevented me from observing that I began my tour with the wall to the left, and ended it with the wall to the right.

I had been deceived, too, in respect to the shape of the enclosure. In feeling my way, I had found many angles, and thus deduced an idea of great irregularity; so potent is the effect of total darkness upon one arousing from lethargy or sleep! The angles were simply those of a few slight depressions, or niches, at odd intervals. The general shape of the prison was square. What I had taken for masonry seemed now to be iron, or some other metal, in huge plates, whose sutures or joints occasioned the depressions. The entire surface of this metallic enclosure was rudely daubed in all the hideous and repulsive devices to which the charnel superstition of the monks has given rise. The figures of fiends in aspects of menace, with skeleton forms, and other more really fearful images, overspread and disfigured the walls. I observed that the outlines of these monstrosities were sufficiently distinct, but that the colors seemed faded and blurred, as if from the effects of a damp atmosphere. I now noticed the floor, too, which was of stone. In the centre yawned the circular pit from whose jaws I had escaped; but it was the only one in the dungeon.

All this I saw indistinctly and by much effort—for my personal condition had been greatly changed during slumber. I now lay upon my back, and at full length, on

bis zu dem Moment, als ich fiel: Ich musste da schon auf ein oder zwei Schritte an das Stück Serge herangekommen sein; tatsächlich hatte ich also den Rundgang um das Gewölbe fast vollendet. Dann schlief ich – und nach dem Erwachen muss ich meine Schritte zurückgelenkt haben – sodass ich den Umfang für fast doppelt so groß hielt, wie er eigentlich war. Meine Geistesverwirrung hielt mich davon ab zu bemerken, dass ich meinen Rundgang mit der Wand zur Linken begann und ihn mit der Wand zur Rechten beendete.

Ich hatte mich auch hinsichtlich der Form der Anlage getäuscht. Beim Abtasten der Wand hatte ich viele Winkel gefunden und daraus eine Vorstellung von großer Unregelmäßigkeit abgeleitet; so mächtig ist der Effekt völliger Finsternis auf jemanden, der aus Lethargie oder Schlaf erwacht! Die Winkel waren schlicht diejenigen einiger Einbuchtungen oder Nischen in unregelmäßigen Abständen. Die Grundform des Gefängnisses war quadratisch. Was ich für Mauerwerk gehalten hatte, schien nun Eisen oder irgendein anderes Metall zu sein, in riesigen Platten, deren Nähte oder Verbindungen die Einbuchtungen verursachten. Die gesamte Oberfläche dieser metallenen Einfassung war gröblich beschmiert mit all den grässlichen und abstoßenden Emblemen, die dem beinhäuslerischen Aberglauben der Mönche entsprungen waren. Teufelsfiguren in bedrohlicher Gebärde, Skelettgestalten und andere wahrhaft furchtbare Abbilder bedeckten und verschandelten die Wände. Ich bemerkte, dass die Umrisse dieser Monstrositäten hinreichend deutlich waren, dass aber die Farben verblichen und verwischt schienen wie durch die Einwirkung einer feuchten Atmosphäre. Ich besah mir nun auch den Boden, der aus Stein war. In der Mitte gähnte die kreisrunde Grube, deren Kiefern ich entkommen war; sie war jedoch die einzige in dem Kerker.

All dies sah ich undeutlich und mit viel Mühe – denn meine eigene Lage war gründlich verändert worden, während ich schlief. Ich lag jetzt auf dem Rücken, lang ausgestreckt, auf einer

a species of low framework of wood. To this I was securely bound by a long strap resembling a surcingle. It passed in many convolutions about my limbs and body, leaving at liberty only my head, and my left arm to such extent, that I could, by dint of much exertion, supply myself with food from an earthen dish which lay by my side on the floor. I saw, to my horror, that the pitcher had been removed. I say, to my horror–for I was consumed with intolerable thirst. This thirst it appeared to be the design of my persecutors to stimulate–for the food in the dish was meat pungently seasoned.

Looking upward, I surveyed the ceiling of my prison. It was some thirty or forty feet overhead, and constructed much as the side walls. In one of its panels a very singular figure riveted my whole attention. It was the painted figure of Time as he is commonly represented, save that, in lieu of a scythe, he held what, at a casual glance, I supposed to be the pictured image of a huge pendulum, such as we see on antique clocks. There was something, however, in the appearance of this machine which caused me to regard it more attentively. While I gazed directly upward at it, (for its position was immediately over my own,) I fancied that I saw it in motion. In an instant afterward the fancy was confirmed. Its sweep was brief, and of course slow. I watched it for some minutes, somewhat in fear, but more in wonder. Wearied at length with observing its dull movement, I turned my eyes upon the other objects in the cell.

A slight noise attracted my notice, and, looking to the floor, I saw several enormous rats traversing it. They had issued from the well, which lay just within view to my right. Even then, while I gazed, they came up in troops, hurriedly, with ravenous eyes, allured by the scent of the

Art niedrigem Holzgestell. An dieses war ich fest angebunden mit einem langen Riemen, ähnlich einem Sattelgurt. In vielen Windungen lief er mir um Leib und Glieder und ließ nur meinen Kopf frei, außerdem meinen linken Arm, sodass ich mich unter großer Anstrengung aus einer irdenen Schüssel mit Nahrung versorgen konnte, die neben mir am Boden stand. Ich sah zu meinem Entsetzen, dass der Krug entfernt worden war. Ich sage, zu meinem Entsetzen – denn unerträglicher Durst verzehrte mich. Anscheinend lag es in der Absicht meiner Peiniger, diesen Durst noch anzuregen – denn die Speise in der Schüssel war scharf gewürztes Fleisch.

Aufwärts blickend, betrachtete ich die Decke meines Gefängnisses. Sie war etwa dreißig bis vierzig Fuß hoch oben und ganz ähnlich konstruiert wie die Seitenwände. In einem ihrer Paneele fesselte eine sehr eigenartige Figur meine ganze Aufmerksamkeit. Es war die gemalte Gestalt der Zeit, so wie sie gewöhnlich dargestellt wird, nur dass sie anstatt der Sense etwas hielt, was ich auf den ersten flüchtigen Blick für die Abbildung eines riesigen Pendels hielt, wie man es oft bei alten Uhren sieht. Irgendetwas jedoch in der Erscheinung des Apparats brachte mich dazu, ihn eingehender zu betrachten. Während ich direkt zu ihm hinaufstarrte (denn er befand sich exakt über mir), bildete ich mir ein, dass ich ihn sich bewegen sah. Einen Augenblick später bestätigte sich die Einbildung. Sein Schwingen war kurz, und natürlich langsam. Für einige Minuten beobachtete ich ihn, etwas ängstlich, doch eher verwundert. Schließlich ermüdet vom Betrachten seiner trägen Bewegung, wandte ich meinen Blick den anderen Gegenständen in der Zelle zu.

Ein schwaches Geräusch ließ mich aufhorchen, und als ich auf den Boden blickte, sah ich, dass etliche sehr große Ratten sich näherten. Sie waren aus dem Brunnenschacht geklettert, der rechts von mir in meinem Blickfeld lag. Auch noch während ich hinstarrte, kamen sie in Scharen und hastig herauf, mit hungrig-

meat. From this it required much effort and attention to scare them away.

It might have been half an hour, perhaps even an hour, (for I could take but imperfect note of time) before I again cast my eyes upward. What I then saw confounded and amazed me. The sweep of the pendulum had increased in extent by nearly a yard. As a natural consequence, its velocity was also much greater. But what mainly disturbed me was the idea that it had perceptibly *descended.* I now observed–with what horror it is needless to say–that its nether extremity was formed of a crescent of glittering steel, about a foot in length from horn to horn; the horns upward, and the under edge evidently as keen as that of a razor. Like a razor also, it seemed massy and heavy, tapering from the edge into a solid and broad structure above. It was appended to a weighty rod of brass, and the whole *hissed as* it swung through the air.

I could no longer doubt the doom prepared for me by monkish ingenuity in torture. My cognizance of the pit had become known to the inquisitorial agents–*the pit,* whose horrors had been destined for so bold a recusant as myself–*the pit,* typical of hell, and regarded by rumor as the Ultima Thule of all their punishments. The plunge into this pit I had avoided by the merest of accidents, and I knew that surprise, or entrapment into torment, formed an important portion of all the grotesquerie of these dungeon deaths. Having failed to fall, it was no part of the demon plan to hurl me into the abyss; and thus (there being no alternative) a different and a milder destruction awaited me. Milder! I half smiled in my agony as I thought of such application of such a term.

gierigen Augen, angelockt vom Geruch des Fleisches. Es erforderte viel Mühe und Aufmerksamkeit, sie davon zu vertreiben.

Es mochte eine halbe, vielleicht sogar eine ganze Stunde vergangen sein (denn ich konnte die Zeit nur schätzen), bis ich meinen Blick erneut aufwärts richtete. Was ich nun sah, verwirrte und verblüffte mich. Das Schwingen des Pendels hatte an Weite um fast ein Yard zugenommen. Als natürliche Folge war auch seine Geschwindigkeit viel größer. Was mich aber hauptsächlich verstörte, war der Eindruck, es habe sich merklich *abgesenkt*. Ich erkannte nun – unnötig zu sagen, mit welchem Entsetzen –, dass sein unteres Ende von einer Mondsichel aus blitzendem Stahl gebildet wurde, etwa ein Fuß in der Länge von Horn zu Horn; die Hörner aufwärts gerichtet, und die untere Kante sichtlich so scharf wie ein Rasiermesser. Ebenfalls wie ein Rasiermesser schien sie massiv und schwer, von der Schneide her in eine solide und breite Form darüber auslaufend. Sie war aufgehängt an einer massiven Messingstange, und das Ganze *zischte*, als es die Luft durchschwang.

Ich konnte nicht länger das Verhängnis anzweifeln, das die mönchische Erfindungsgabe in Foltermethoden mir vorbereitet hatte. Mein Wissen um die Grube war den inquisitorischen Handlangern bekannt geworden – *die Grube*, deren Gräuel für einen so unverfrorenen Ketzer wie mich bestimmt gewesen waren – *die Grube*, Sinnbild der Hölle und dem Gerücht nach angesehen als das Ultima Thule all ihrer Strafen. Dem Sturz in diese Grube war ich durch bloßen Zufall entgangen, und ich wusste, dass das Unvorhersehbare, das Hinterhältige einen wichtigen Teil all der Groteskerie dieser qualvollen Kerkertode ausmachte. Da ich nicht gefallen war, gehörte es nicht etwa zu dem dämonischen Plan, mich in den Abgrund zu stoßen; und daher (es gab keine Alternative) erwartete mich eine andere, eine mildere Vernichtung. Milder! Ich lächelte halb in meiner Todesangst, als ich eine solche Verwendung dieses Ausdrucks überdachte.

What boots it to tell of the long, long hours of horror more than mortal, during which I counted the rushing oscillations of the steel! Inch by inch–line by line–with a descent only appreciable at intervals that seemed ages–down and still down it came! Days passed–it might have been that many days passed–ere it swept so closely over me as to fan me with its acrid breath. The odor of the sharp steel forced itself into my nostrils. I prayed–I wearied heaven with my prayer for its more speedy descent. I grew frantically mad, and struggled to force myself upward against the sweep of the fearful scimitar. And then I fell suddenly calm, and lay smiling at the glittering death, as a child at some rare bauble.

There was another interval of utter insensibility; it was brief; for, upon again lapsing into life, there had been no perceptible descent in the pendulum. But it might have been long–for I knew there were demons who took note of my swoon, and who could have arrested the vibration at pleasure. Upon my recovery, too, I felt very–oh, inexpressibly–sick and weak, as if through long inanition. Even amid the agonies of that period, the human nature craved food. With painful effort I outstretched my left arm as far as my bonds permitted, and took possession of the small remnant which had been spared me by the rats. As I put a portion of it within my lips, there rushed to my mind a half formed thought of joy–of hope. Yet what business had I with hope? It was, as I say, a half formed thought–man has many such, which are never completed. I felt that it was of joy–of hope; but I felt also that it had perished in its formation. In vain I struggled to perfect–to regain it. Long suffering had nearly annihilated all my ordinary powers of mind. I was an imbecile–an idiot.

Was bringt es, die langen, langen Stunden mehr als tödlichen Entsetzens zu schildern, in denen ich die sausenden Schwingungen des Stahls zählte! Zoll um Zoll – Strich um Strich – mit einer Absenkung, merklich nur in Intervallen, die wie Zeitalter schienen – tiefer und immer tiefer kam er herab! Tage vergingen – es mochte sein, dass viele Tage vergingen – ehe er so dicht über mir schwang, dass er mich mit seinem stechenden Atem umfächelte. Der Geruch des scharfen Stahls drängte sich mir in die Nase. Ich betete – ich ermüdete den Himmel mit meinem Gebet für sein schnelleres Niedersinken. Wild-verzweifelnd wurde ich wahnsinnig und kämpfte, um mich in die Höhe zu zwingen, dem Schwung des furchtbaren Säbels entgegen. Und dann verfiel ich plötzlich in Ruhe und lag da, dem glitzernden Tod zulächelnd wie ein Kind einem seltenen Spielzeug.

Dann kam eine weitere Phase tiefer Bewusstlosigkeit; sie war kurz; denn als ich wieder ins Leben glitt, hatte es kein merkliches Absenken des Pendels gegeben. Sie könnte aber auch lang gewesen sein – denn ich wusste, dass da Dämonen waren, die meine Ohnmacht bemerkt und die Schwingung nach Belieben angehalten haben konnten. Nach meinem Wiedererwachen fühlte ich mich auch sehr – oh, unaussprechlich – elend und schwach, wie durch lange Auszehrung. Selbst in den Todesqualen jenes Moments verlangte die menschliche Natur nach Nahrung. Mit schmerzhafter Anstrengung streckte ich den linken Arm aus, so weit meine Fesseln es zuließen, und nahm den kleinen Rest in Besitz, den die Ratten mir gelassen hatten. Als ich mir einen Bissen davon zwischen die Lippen schob, kam mir plötzlich ein halbgeformter Gedanke in den Sinn, von Freude – von Hoffnung. Doch was hatte *ich* mit Hoffnung zu schaffen? Es war, sage ich, ein halbgeformter Gedanke – der Mensch hat viele davon, die nie vollendet werden. Ich fühlte, er trug Freude in sich – Hoffnung; aber ich fühlte auch, dass er schon im Aufkeimen erstickt war. Vergebens mühte ich mich, ihn zu vervollkommnen – ihn zurück-

The vibration of the pendulum was at right angles to my length. I saw that the crescent was designed to cross the region of the heart. It would fray the serge of my robe—it would return and repeat its operations—again—and again. Notwithstanding its terrifically wide sweep, (some thirty feet or more,) and the hissing vigor of its descent, sufficient to sunder these very walls of iron, still the fraying of my robe would be all that, for several minutes, it would accomplish. And at this thought I paused. I dared not go farther than this reflection. I dwelt upon it with a pertinacity of attention—as if, in so dwelling, I could arrest *here* the descent of the steel. I forced myself to ponder upon the sound of the crescent as it should pass across the garment—upon the peculiar thrilling sensation which the friction of cloth produces on the nerves. I pondered upon all this frivolity until my teeth were on edge.

Down—steadily down it crept. I took a frenzied pleasure in contrasting its downward with its lateral velocity. To the right—to the left—far and wide—with the shriek of a damned spirit! to my heart, with the stealthy pace of the tiger. I alternately laughed and howled, as the one or the other idea grew predominant.

Down—certainly, relentlessly down! It vibrated within three inches of my bosom! I struggled violently—furiously—to free my left arm. This was free only from the elbow to the hand. I could reach the latter, from the platter beside me, to my mouth, with great effort, but no farther. Could I have broken the fastenings above the

zugewinnen. Langes Leiden hatte meine Geisteskräfte nahezu ausgelöscht. Ich war ein Schwachkopf – ein Idiot.

Die Schwingung des Pendels verlief rechtwinklig zu meiner Körperlänge. Ich sah, dass die Mondsichel so eingerichtet war, die Gegend des Herzens zu queren. Sie würde die Serge meines Gewands zerfasern – sie würde zurückkommen und ihr Werk wiederholen – wieder – und wieder. Ungeachtet ihres schrecklich weiten Ausschwingens (einige dreißig Fuß oder mehr) und der zischenden Wucht ihres Niedersausens, die ausreichend war, sogar jene Wände aus Eisen zu durchschlagen, würde das Zerfetzen meines Gewandes doch alles sein, was sie, für etliche Minuten, zustande brächte. Und bei diesem Gedanken hielt ich inne. Ich wagte nicht, weiter zu gehen als bis zu dieser Überlegung. Ich verweilte bei ihr mit beharrlicher Achtsamkeit – als ob ich durch dieses Verweilen *hier* das Herabgleiten des Stahls aufhalten könnte. Ich zwang mich, über den Ton nachzugrübeln, mit dem die Mondsichel durch das Kleidungsstück fahren würde – über das eigentümlich schauerliche Empfinden, das die Reibung des Stoffs in den Nerven erzeugt. Ich grübelte über all diese Banalitäten, bis meine Nerven zum Zerreißen gespannt waren.

Herab – stetig kroch sie herab. Ich fand ein verrücktes Vergnügen darin, ihre Abwärts- mit ihrer Seitwärtsgeschwindigkeit zu vergleichen. Nach rechts – nach links – hin und her – mit dem Kreischen einer verdammten Seele! herab auf mein Herz mit dem schleichenden Schritt des Tigers. Ich lachte und heulte abwechselnd, je nachdem die eine oder die andere Vorstellung vorherrschte.

Herab – entschlossen, unerbittlich herab! Sie schwang drei Zoll über meiner Brust! Ich kämpfte heftig – rasend –, um meinen linken Arm zu befreien. Dieser war frei nur vom Ellbogen bis zur Hand. Letztere konnte ich mit großer Anstrengung von der Schale neben mir an meinen Mund führen, doch nicht weiter. Hätte ich die Verschlüsse oberhalb des Ellbogens sprengen

elbow, I would have seized and attempted to arrest the pendulum. I might as well have attempted to arrest an avalanche!

Down–still unceasingly–still inevitably down! I gasped and struggled at each vibration. I shrunk convulsively at its every sweep. My eyes followed its outward or upward whirls with the eagerness of the most unmeaning despair; they closed themselves spasmodically at the descent, although death would have been a relief, oh, how unspeakable! Still I quivered in every nerve to think how slight a sinking of the machinery would precipitate that keen, glistening axe upon my bosom. It was *hope* that prompted the nerve to quiver–the frame to shrink. It was *hope*–the hope that triumphs on the rack–that whispers to the death-condemned even in the dungeons of the Inquisition.

I saw that some ten or twelve vibrations would bring the steel in actual contact with my robe–and with this observation there suddenly came over my spirit all the keen, collected calmness of despair. For the first time during many hours–or perhaps days–I *thought*. It now occurred to me, that the bandage, or surcingle, which enveloped me, was *unique*. I was tied by no separate cord. The first stroke of the razor-like crescent athwart any portion of the band, would so detach it that it might be unwound from my person by means of my left hand. But how fearful, in that case, the proximity of the steel! The result of the slightest struggle, how deadly! Was it likely, moreover, that the minions of the torturer had not foreseen and provided for this possibility? Was it probable that the bandage crossed my bosom in the track of the pendulum? Dreading to find my faint, and, as it seemed, my last hope frustrated, I so far elevated my head as to

können, ich hätte das Pendel gepackt und versucht, es anzuhalten. Ebenso gut hätte ich versuchen können, eine Lawine aufzuhalten!

Herab – noch immer unaufhörlich – noch immer unweigerlich herab! Ich keuchte und kämpfte bei jedem Schwingen. Ich schreckte zuckend zurück vor jedem seiner Schwünge. Meine Augen folgten seinem Seit- und Aufwärtswirbeln mit dem Eifer der sinnlosesten Verzweiflung; sie schlossen sich krampfhaft beim Niedersausen, obwohl der Tod eine Erlösung gewesen wäre, oh, wie unsagbar! Dennoch zitterte ich an jedem Nerv bei dem Gedanken, welch leichtes Absenken der Maschinerie jenen scharfen glitzernden Stahl in meine Brust treiben würde. Es war *Hoffnung*, was die Nerven zittern – den Körper zurückzucken machte. Es war *Hoffnung* – Hoffnung, die über die Folter triumphiert – die dem Todgeweihten zuraunt, noch in der Kerkern der Inquisition.

Ich sah, dass etwa zehn oder zwölf Schwingungen den Stahl tatsächlich in Berührung mit meinem Gewand brächten – und mit dieser Beobachtung überkam meinen Geist plötzlich all die kühne, gesammelte Ruhe der Verzweiflung. Zum ersten Mal seit vielen Stunden – oder vielleicht Tagen – *dachte* ich. Jetzt fiel mir auf, dass der Riemen oder Sattelgurt, der mich einhüllte, der *einzige* war. Ich war mit keinem anderen Strick gefesselt. Der erste Streich der rasiermessergleichen Mondsichel quer zu irgendeinem Teil des Bandes würde es derart zertrennen, dass es mithilfe meiner linken Hand von meinem Körper abgewickelt werden könnte. Doch wie fürchterlich war in diesem Fall die Nähe des Stahls! Wie tödlich das Resultat der kleinsten Schwierigkeit! War es im Übrigen glaubhaft, dass die Lakaien des Folterers diese Möglichkeit nicht vorausgesehen und ihr vorgebeugt hatten? War es wahrscheinlich, dass der Riemen meine Brust in der Spur des Pendels kreuzte? Fürchtend, meine leise, und, wie es schien, letzte Hoffnung zerschlagen zu finden, hob ich den Kopf

obtain a distinct view of my breast. The surcingle enveloped my limbs and body close in all directions—*save in the path of the destroying crescent.*

Scarcely had I dropped my head back into its original position, when there flashed upon my mind what I cannot better describe than as the unformed half of that idea of deliverance to which I have previously alluded, and of which a moiety only floated indeterminately through my brain when I raised food to my burning lips. The whole thought was now present—feeble, scarcely sane, scarcely definite—but still entire. I proceeded at once, with the nervous energy of despair, to attempt its execution.

For many hours the immediate vicinity of the low framework upon which I lay, had been literally swarming with rats. They were wild, bold, ravenous—their red eyes glaring upon me as if they waited but for motionlessness on my part to make me their prey. 'To what food,' I thought, 'have they been accustomed in the well?'

They had devoured, in spite of all my efforts to prevent them, all but a small remnant of the contents of the dish. I had fallen into an habitual see-saw, or wave of the hand about the platter; and, at length, the unconscious uniformity of the movement deprived it of effect. In their voracity, the vermin frequently fastened their sharp fangs in my fingers. With the particles of the oily and spicy viand which now remained, I thoroughly rubbed the bandage wherever I could reach it; then, raising my hand from the floor, I lay breathlessly still.

At first the ravenous animals were startled and terrified at the change—at the cessation of movement. They shrank alarmedly back; many sought the well. But this was only for a moment. I had not counted in vain upon their voracity. Observing that I remained without motion,

so weit, dass ich meine Brust deutlich im Blick hatte. Der Sattelgurt umschlang mir Glieder und Körper dicht in allen Richtungen – *außer in der Bahn der zerstörerischen Mondsichel*.

Kaum hatte ich meinen Kopf in die ursprüngliche Position zurückfallen lassen, als meinem Geist etwas aufblitzte, das ich nicht besser beschreiben kann denn als die ungeformte Hälfte jener Idee von Befreiung, die ich bereits erwähnt habe und von der mir nur ein Teil undeutlich durchs Hirn schwebte, als ich Nahrung an meine brennenden Lippen hob. Der ganze Gedanke war nun präsent – schwach, kaum vernünftig, kaum bestimmt – und doch vollständig. Sogleich machte ich mich, mit der nervösen Energie der Verzweiflung, an einen Versuch seiner Umsetzung.

Viele Stunden hatte die unmittelbare Umgebung des niedrigen Gestells, auf dem ich lag, von Ratten buchstäblich gewimmelt. Sie waren wild, frech, gierig – ihre roten Augen funkelten mich an, als warteten sie nur darauf, dass ich mich nicht mehr bewegte, um mich zu ihrer Beute zu machen. ›An welche Nahrung‹, dachte ich, ›sind sie wohl im Brunnenschacht gewöhnt?‹

Trotz all meiner Anstrengungen, sie davon abzuhalten, hatten sie vom Inhalt der Schüssel alles bis auf einen kleinen Rest vertilgt. Ich war in ein ständiges Hin und Her oder Schwenken der Hand über der Schale verfallen; und schließlich hatte die unbewusste Gleichförmigkeit der Bewegung diese ihrer Wirkung beraubt. In seiner Gefräßigkeit schlug das nutzlose Pack häufig seine scharfen Zähne in meine Finger. Mit den Stückchen des öligen und scharfen Gerichts, die übriggeblieben waren, rieb ich sorgfältig den Riemen ein, wo immer ich ihn erreichen konnte; dann hob ich die Hand vom Boden und lag atemlos still.

Zuerst waren die gierigen Tiere verblüfft und erschreckt über die Veränderung – über das Aufhören der Bewegung. Sie wichen beunruhigt zurück; viele zog es zum Brunnenschacht. Doch dies dauerte nur einen Augenblick. Ich hatte nicht vergeblich mit ihrer Gefräßigkeit gerechnet. Als sie bemerkten, dass ich regungs-

one or two of the boldest leaped upon the frame-work, and smelt at the surcingle. This seemed the signal for a general rush. Forth from the well they hurried in fresh troops. They clung to the wood—they overran it, and leaped in hundreds upon my person. The measured movement of the pendulum disturbed them not at all. Avoiding its strokes, they busied themselves with the anointed bandage. They pressed—they swarmed upon me in ever accumulating heaps. They writhed upon my throat; their cold lips sought my own; I was half stifled by their thronging pressure; disgust, for which the world has no name, swelled my bosom, and chilled, with a heavy clamminess, my heart. Yet one minute, and I felt that the struggle would be over. Plainly I perceived the loosening of the bandage. I knew that in more than one place it must be already severed. With a more than human resolution I lay *still*.

Nor had I erred in my calculations—nor had I endured in vain. I at length felt that I was *free*. The surcingle hung in ribands from my body. But the stroke of the pendulum already pressed upon my bosom. It had divided the serge of the robe. It had cut through the linen beneath. Twice again it swung, and a sharp sense of pain shot through every nerve. But the moment of escape had arrived. At a wave of my hand my deliverers hurried tumultuously away. With a steady movement—cautious, sidelong, shrinking, and slow—I slid from the embrace of the bandage and beyond the reach of the scimitar. For the moment, at least, *I was free*.

Free!—and in the grasp of the Inquisition! I had scarcely stepped from my wooden bed of horror upon the stone floor of the prison, when the motion of the hellish machine ceased, and I beheld it drawn up, by some invis-

los blieb, sprangen ein oder zwei der mutigsten auf das Gestell und schnüffelten an dem Sattelgurt. Dies schien das Signal zu einem allgemeinen Sturm. In neuen Scharen hasteten sie heraus aus dem Brunnenschacht. Sie hängten sich an das Holz – sie überrannten es und sprangen zu Hunderten auf mich. Die gemessene Bewegung des Pendels störte sie nicht im Geringsten. Seinen Streichen ausweichend, beschäftigten sie sich mit dem eingefetteten Riemen. Sie bedrängten – sie überströmten mich in immer größer werdenden Haufen. Sie wanden sich auf meiner Kehle; ihre kalten Lippen suchten die meinen; ich war halb erstickt unter ihrem wimmelnden Druck; Abscheu, für den die Welt keinen Namen hat, hob meine Brust und ließ, mit klammer Schwere, mein Herz erkalten. Noch eine Minute, und ich fühlte, dass der Kampf bald vorüber sein würde. Deutlich nahm ich die Lockerung des Riemens wahr. Ich wusste, dass er schon an mehr als einer Stelle durchtrennt sein musste. Mit übermenschlicher Entschlusskraft lag ich *still*.

Weder hatte ich in meinen Berechnungen geirrt – noch hatte ich vergeblich ausgeharrt. Endlich fühlte ich, dass ich *frei* war. Der Gurt hing mir in dünnen Bändern vom Leib. Aber der Streich des Pendels drängte schon auf meine Brust. Es hatte die Serge des Umhangs zerteilt. Es hatte das Leinen darunter durchschnitten. Zweimal noch schwang es, und ein stechender Schmerz schoss mir durch jeden Nerv. Doch der Moment der Flucht war gekommen. Auf einen Wink meiner Hand stürzten meine Befreier tumultartig davon. Mit einer gleichmäßigen Bewegung – behutsam, seitwärts, geduckt und langsam – glitt ich aus der Umarmung des Riemens und außer Reichweite des Säbels. Für den Augenblick wenigstens *war ich frei*.

Frei! – und in den Fängen der Inquisition! Ich war kaum von meinem hölzernen Schreckensbett auf den Steinboden der Zelle getreten, als die Bewegung des höllischen Apparats aufhörte, und ich sah, wie er von irgendeiner unsichtbaren Kraft durch die

ible force, through the ceiling. This was a lesson which I took desperately to heart. My every motion was undoubtedly watched. Free!–I had but escaped death in one form of agony, to be delivered unto worse than death in some other. With that thought I rolled my eyes nervously around on the barriers of iron that hemmed me in. Something unusual–some change which, at first, I could not appreciate distinctly–it was obvious, had taken place in the apartment. For many minutes of a dreamy and trembling abstraction, I busied myself in vain, unconnected conjecture. During this period, I became aware, for the first time, of the origin of the sulphurous light which illumined the cell. It proceeded from a fissure, about half an inch in width, extending entirely around the prison at the base of the walls, which thus appeared, and were completely separated from the floor. I endeavored, but of course in vain, to look through the aperture.

As I arose from the attempt, the mystery of the alteration in the chamber broke at once upon my understanding. I have observed that, although the outlines of the figures upon the walls were sufficiently distinct, yet the colors seemed blurred and indefinite. These colors had now assumed, and were momentarily assuming, a startling and most intense brilliancy, that gave to the spectral and fiendish portraitures an aspect that might have thrilled even firmer nerves than my own. Demon eyes, of a wild and ghastly vivacity, glared upon me in a thousand directions, where none had been visible before, and gleamed with the lurid lustre of a fire that I could not force my imagination to regard as unreal.

Unreal!–Even while I breathed there came to my nostrils the breath of the vapor of heated iron! A suffocating odor pervaded the prison! A deeper glow settled each

Decke hinaufgezogen wurde. Das war eine Lehre, die ich mir verzweifelt zu Herzen nahm. Jede meiner Bewegungen wurde zweifellos beobachtet. Frei! – ich war schlicht dem Tod in einer Spielart der Höllenqual entkommen, um in einer anderen Schlimmerem als dem Tod ausgeliefert zu sein. Mit dieser Gewissheit ließ ich meine Augen über die eisernen Barrieren wandern, die mich einschlossen. Etwas Ungewöhnliches – irgendeine Veränderung, die ich zunächst nicht genau erfassen konnte – hatte offensichtlich in dem Raum stattgefunden. Für viele Minuten einer träumerischen und schaudernden Entrücktheit erging ich mich in vergeblicher, unzusammenhängender Spekulation. Während dieser Zeitspanne bemerkte ich zum ersten Mal den Ursprung des schwefligen Lichts, das die Zelle erhellte. Es kam aus einem Spalt, etwa einen halben Zoll breit, der sich rund um das Gefängnis am Fuß der Wände befand, die so scheinbar und tatsächlich völlig vom Boden getrennt waren. Ich versuchte, natürlich vergeblich, durch die Öffnung zu spähen.

Als ich mich von diesem Versuch wieder erhob, wurde meinem Verstand das Geheimnis der Veränderung in der Kammer schlagartig klar. Ich habe bereits erwähnt, dass, obwohl die Umrisse der Figuren an den Wänden hinreichend deutlich waren, die Farben doch verwischt und unklar schienen. Diese Farben hatten jetzt einen immer noch zunehmenden verwirrenden und höchst intensiven Glanz angenommen, der den geisterhaften und teuflischen Abbildungen ein Aussehen verlieh, das selbst stärkere Nerven als meine eigenen erschüttert hätte. Dämonenaugen von wilder und scheußlicher Lebhaftigkeit starrten mich an aus tausend Richtungen, wo vorher keine sichtbar gewesen waren, und glühten vom grellen Glanz eines Feuers, das für unwirklich zu halten ich meine Einbildungskraft nicht zwingen konnte.

Unwirklich! – Sogar während ich atmete, drang mir der dunstig-schwere Hauch von heißem Eisen in die Nase! Ein erstickender Geruch erfüllte das Gefängnis! Eine tiefere Glut erfüllte mit

moment in the eyes that glared at my agonies! A richer tint of crimson diffused itself over the pictured horrors of blood. I panted! I gasped for breath! There could be no doubt of the design of my tormentors–oh! most unrelenting! oh! most demoniac of men! I shrank from the glowing metal to the centre of the cell. Amid the thought of the fiery destruction that impended, the idea of the coolness of the well came over my soul like balm. I rushed to its deadly brink. I threw my straining vision below. The glare from the enkindled roof illumined its inmost recesses. Yet, for a wild moment, did my spirit refuse to comprehend the meaning of what I saw. At length it forced–it wrestled its way into my soul–it burned itself in upon my shuddering reason. Oh! for a voice to speak!–oh! horror!–oh! any horror but this! With a shriek, I rushed from the margin, and buried my face in my hands–weeping bitterly.

The heat rapidly increased, and once again I looked up, shuddering as with a fit of the ague. There had been a second change in the cell–and now the change was obviously in the *form.* As before, it was in vain that I at first endeavoured to appreciate or understand what was taking place. But not long was I left in doubt. The Inquisitorial vengeance had been hurried by my two-fold escape, and there was to be no more dallying with the King of Terrors. The room had been square. I saw that two of its iron angles were now acute–two, consequently, obtuse. The fearful difference quickly increased with a low rumbling or moaning sound. In an instant the apartment had shifted its form into that of a lozenge. But the alteration stopped not here–I neither hoped nor desired it to stop. I could have clasped the red walls to my bosom as a garment of eternal peace. 'Death,' I said,

jedem Moment die Augen, die auf meine Todesangst starrten! Ein satteres Karmesin ergoss sich über die abgebildeten Schrecken des Blutes. Ich keuchte! Ich rang nach Atem! Es konnte keinen Zweifel geben an der Absicht meiner Peiniger – oh! unerbittlichste! oh! teuflischste aller Menschen! Ich wich zurück vor dem glühenden Metall in die Mitte der Zelle. Im Bewusstsein der drohenden feurigen Vernichtung legte sich die Vorstellung von der Kühle des Brunnenschachts wie Balsam auf meine Seele. Ich stürzte an seine tödliche Kante. Angestrengt spähte ich hinab. Der Glanz der entflammten Decke beleuchtete seine verborgensten Winkel. Dennoch, einen wirren Augenblick lang weigerte sich mein Geist, die Bedeutung dessen zu erfassen, was ich sah. Schließlich erzwang – errang es sich den Weg in meine Seele – brannte sich ein in meinen schaudernden Verstand. Oh! unaussprechlich! – Oh! Entsetzen! – Oh! jedes Entsetzen, nur nicht dieses! Mit einem Schrei stürzte ich fort von dem Rand und begrub mein Gesicht in meinen Händen – bitterlich weinend.

Die Hitze nahm rapide zu, und wiederum sah ich auf, zitternd wie in einem Anfall von Fieber. Es hatte eine zweite Veränderung in der Zelle gegeben – und nun betraf sie offensichtlich deren *Form*. Wie zuvor mühte ich mich zunächst vergeblich, zu erfassen oder zu verstehen, was vor sich ging. Doch man ließ mich nicht lange im Zweifel. Die Rachsucht der Inquisition war durch mein zweimaliges Entkommen angestachelt worden, und jetzt würde es keine Tändelei mehr geben mit dem König der Schrecken. Der Raum war quadratisch gewesen. Ich sah, dass zwei seiner eisernen Winkel nun spitz waren – zwei folglich stumpf. Die furchtbare Differenz wuchs schnell mit einem leisen grollenden oder ächzenden Geräusch. Augenblicklich hatte der Raum seine Form zu der eines Rhombus verschoben. Doch die Umbildung hörte hier nicht auf – weder hoffte noch wünschte ich, dass sie aufhörte. Ich hätte die roten Wände an meine Brust drücken können wie ein Kleid ewigen Friedens. »Tod«, sagte ich, »jeder Tod,

'any death but that of the pit!' Fool! might I have not known that *into the pit* it was the object of the burning iron to urge me? Could I resist its glow? or if even that, could I withstand its pressure? And now, flatter and flatter grew the lozenge, with a rapidity that left me no time for contemplation. Its centre, and of course, its greatest width, came just over the yawning gulf. I shrank back–but the closing walls pressed me resistlessly onward. At length for my seared and writhing body there was no longer an inch of foothold on the firm floor of the prison. I struggled no more, but the agony of my soul found vent in one loud, long, and final scream of despair. I felt that I tottered upon the brink–I averted my eyes–

There was a discordant hum of human voices! There was a loud blast as of many trumpets! There was a harsh grating as of a thousand thunders! The fiery walls rushed back! An outstretched arm caught my own as I fell, fainting, into the abyss. It was that of General Lasalle. The French army had entered Toledo. The Inquisition was in the hands of its enemies.

nur nicht der der Grube!« Narr! Sollte ich nicht gewusst haben, dass es der Zweck des brennenden Eisens war, mich *in die Grube* zu drängen? Konnte ich seiner Glut widerstehen? und selbst wenn, konnte ich seinem Druck standhalten? Flacher und flacher wurde der Rhombus jetzt, mit einer Schnelligkeit, die mir keine Zeit zur Besinnung ließ. Seine Mitte und daher seine größte Breite lag genau über dem gähnenden Schlund. Ich wich zurück – doch die sich schließenden Wände pressten mich unwiderstehlich vorwärts. Schließlich gab es für meinen versengten, sich krümmenden Körper keinen Zoll Halt mehr auf dem festen Boden des Gefängnisses. Ich kämpfte nicht länger, doch die Qual meiner Seele machte sich Luft in einem einzigen gellenden, langen und letzten Schrei der Verzweiflung. Ich fühlte, wie ich an der Kante taumelte – ich wandte meine Augen ab –

Dann ein misstönendes Gemurmel menschlicher Stimmen! Ein lauter Stoß wie aus vielen Trompeten! Ein harsches Dröhnen wie von tausend Donnern! Die feurigen Wände wichen zurück! Ein ausgestreckter Arm ergriff den meinen, als ich, ohnmächtig werdend, in den Abgrund fiel. Es war der von General Lasalle. Die französische Armee hatte Toledo eingenommen. Die Inquisition war in den Händen ihrer Feinde.

The Tell-Tale Heart

True!—nervous—very, very dreadfully nervous I had been and am; but why *will* you say that I am mad? The disease had sharpened my senses—not destroyed—not dulled them. Above all was the sense of hearing acute. I heard all things in the heaven and in the earth. I heard many things in hell. How, then, am I mad? Hearken! and observe how healthily—how calmly I can tell you the whole story.

It is impossible to say how first the idea entered my brain: but, once conceived, it haunted me day and night. Object there was none. Passion there was none. I loved the old man. He had never wronged me. He had never given me insult. For his gold I had no desire. I think it was his eye! yes, it was this! One of his eyes resembled that of a vulture—a pale blue eye, with a film over it. Whenever it fell upon me, my blood ran cold; and so by degrees—very gradually—I made up my mind to take the life of the old man, and thus rid myself of the eye forever.

Now this is the point. You fancy me mad. Madmen know nothing. But you should have seen *me*. You should have seen how wisely I proceeded—with what caution—with what foresight—with what dissimulation I went to work! I was never kinder to the old man than during the whole week before I killed him. And every night, about midnight, I turned the latch of his door and opened it—oh, so gently! And then, when I had made an opening sufficient for my head, I put in a dark lantern, all closed, closed, so that no light shone out, and then I thrust in my head. Oh, you would have laughed to see

Das verräterische Herz

Wahrlich! – nervös – sehr, furchtbar nervös war ich und bin es noch; doch warum *wollt* ihr sagen, dass ich verrückt bin? Die Krankheit hat meine Sinne geschärft – sie nicht zerstört – nicht abgestumpft. Vor allem mein Gehörsinn war fein entwickelt. Ich hörte alle Dinge im Himmel und auf Erden. Ich hörte viele Dinge in der Hölle. Wie, bin ich deshalb verrückt? Hört zu! und gebt acht, wie gesund – wie ruhig ich euch die ganze Geschichte erzählen kann.

Ich kann nicht sagen, wie mir die Vorstellung zuerst in den Kopf kam: doch einmal ersonnen, verfolgte sie mich Tag und Nacht. Es gab kein Ziel. Es gab keine Leidenschaft. Ich liebte den alten Mann. Er hatte mir nie unrecht getan. Er hatte mich nie gekränkt. Ich hatte kein Verlangen nach seinem Gold. Ich glaube, es war sein Auge! ja, das war es! Eins seiner Augen glich dem eines Geiers – ein blassblaues Auge, mit einem Häutchen darüber. Wann immer es mich ansah, erkaltete mein Blut; und so entschloss ich mich nach und nach – ganz allmählich –, dem alten Mann das Leben zu nehmen und mich so für immer von dem Auge zu befreien.

Nun, das ist der Punkt. Ihr haltet mich für verrückt. Verrückte wissen nichts. Aber *mich* hättet ihr sehen sollen! Ihr hättet sehen sollen, wie klug ich vorging – mit welcher Vorsicht – mit welchem Weitblick – mit welcher Verstellung ich zu Werke ging! Nie war ich freundlicher zu dem alten Mann als während der ganzen Woche, bevor ich ihn umbrachte. Und jede Nacht, gegen Mitternacht, legte ich die Hand auf die Klinke seiner Tür und öffnete – oh, so sacht! Und dann, wenn die Öffnung groß genug für meinen Kopf war, schob ich eine verdunkelte Laterne ins Zimmer, geschlossen, ganz geschlossen, dass kein Licht herausschien, und dann zwängte ich meinen Kopf hinein. Oh, ihr hättet gelacht, wenn

how cunningly I thrust it in! I moved it slowly—very, very slowly, so that I might not disturb the old man's sleep. It took me an hour to place my whole head within the opening so far that I could see him as he lay upon his bed. Ha!—would a madman have been so wise as this? And then, when my head was well in the room, I undid the lantern cautiously—oh, so cautiously—cautiously (for the hinges creaked)—I undid it just so much that a single thin ray fell upon the vulture eye. And this I did for seven long nights—every night just at midnight—but I found the eye always closed; and so it was impossible to do the work; for it was not the old man who vexed me, but this Evil Eye. And every morning, when the day broke, I went boldly into the chamber, and spoke courageously to him, calling him by name in a hearty tone, and inquiring how he had passed the night. So you see he would have been a very profound old man, indeed, to suspect that every night, just at twelve, I looked in upon him while he slept.

Upon the eighth night I was more than usually cautious in opening the door. A watch's minute hand moves more quickly than did mine. Never, before that night, had *I felt* the extent of my own powers—of my sagacity. I could scarcely contain my feelings of triumph. To think that there I was, opening the door, little by little, and he not even to dream of my secret deeds or thoughts. I fairly chuckled at the idea; and perhaps he heard me; for he moved on the bed suddenly, as if startled. Now you may think that I drew back—but no. His room was as black as pitch with the thick darkness (for the shutters were close fastened, through fear of robbers,) and so I knew that he could not see the opening of the door, and I kept pushing it on steadily, steadily.

ihr gesehen hättet, wie geschickt ich ihn hineinzwängte! Ich bewegte ihn langsam – sehr, sehr langsam, um den Schlaf des alten Mannes nicht zu stören. Ich brauchte eine Stunde dazu, den Kopf so weit durch die Öffnung zu schieben, dass ich den Alten auf seinem Bett liegen sehen konnte. Ha! – wäre ein Verrückter derart klug gewesen? Und dann, wenn mein Kopf ganz im Zimmer war, öffnete ich behutsam die Laterne – oh, so behutsam – behutsam (denn die Scharniere quietschten) –, öffnete sie gerade so weit, dass ein einzelner dünner Strahl auf das Geierauge fiel. Und dies tat ich sieben Nächte lang – jede Nacht just um Mitternacht –, doch immer fand ich das Auge geschlossen; und so war es unmöglich, das Werk zu verrichten; denn es war nicht der alte Mann, der mich ärgerte, sondern sein böses Auge. Und jeden Morgen, wenn der Tag anbrach, ging ich forsch in das Zimmer und sprach tapfer mit ihm, indem ich ihn in herzlichem Ton beim Namen nannte und mich erkundigte, wie er die Nacht verbracht hatte. Ihr seht also, er hätte wirklich ein sehr hellsichtiger alter Mann sein müssen, um zu argwöhnen, dass ich jede Nacht, genau um zwölf, zu ihm hereinsah, während er schlief.

In der achten Nacht war ich beim Öffnen der Tür noch vorsichtiger als gewöhnlich. Der Minutenzeiger einer Uhr bewegt sich schneller, als meine Hand es tat. Niemals vor dieser Nacht hatte ich das Ausmaß meiner eigenen Kräfte – meines Scharfsinns *empfunden*. Ich konnte mein Triumphgefühl kaum zurückhalten. Daran zu denken, dass ich dort war, die Tür öffnete, ganz allmählich, und dass er nicht einmal von meinen geheimen Gedanken und Taten träumte. Ich lachte regelrecht in mich hinein bei dieser Vorstellung, und vielleicht hörte er mich; denn er rührte sich plötzlich im Bett, wie erschreckt. Jetzt mögt ihr denken, ich hätte mich zurückgezogen – doch nein. Sein Zimmer war so schwarz wie Pech von dichtem Dunkel (denn die Läden waren fest verschlossen aus Furcht vor Räubern), und so wusste ich, dass er das Öffnen der Tür nicht sehen konnte, und ich schob sie immer weiter auf, stetig, stetig.

I had my head in, and was about to open the lantern, when my thumb slipped upon the tin fastening, and the old man sprang up in the bed, crying out–'Who's there?'

I kept quite still and said nothing. For a whole hour I did not move a muscle, and in the meantime I did not hear him lie down. He was still sitting up in the bed, listening;–just as I have done, night after night, hearkening to the death-watches in the wall.

Presently I heard a slight groan, and I knew it was the groan of mortal terror. It was not a groan of pain or of grief–oh, no!–it was the low stifled sound that arises from the bottom of the soul when overcharged with awe. I knew the sound well. Many a night, just at midnight, when all the world slept, it has welled up from my own bosom, deepening, with its dreadful echo, the terrors that distracted me. I say I knew it well. I knew what the old man felt, and pitied him, although I chuckled at heart. I knew that he had been lying awake since ever the first slight noise, when he had turned in the bed. His fears had been ever since growing upon him. He had been trying to fancy them causeless, but could not. He had been saying to himself–'It is nothing but the wind in the chimney–it is only a mouse crossing the floor,' or 'it is merely a cricket which has made a single chirp.' Yes, he has been trying to comfort himself with these suppositions: but he had found all in vain. *All in vain;* because Death, in approaching him, had stalked with his black shadow before him, and enveloped the victim. And it was the mournful influence of the unperceived shadow that caused him to feel–although he neither saw nor heard–*to feel* the presence of my head within the room.

Ich hatte meinen Kopf im Zimmer und war gerade dabei, die Laterne zu öffnen, als mein Daumen vom Zinnverschluss abrutschte und der alte Mann im Bett aufsprang und schrie – »Wer ist da?«

Ich blieb ganz still und sagte nichts. Für eine volle Stunde rührte ich keinen Muskel, und während dieser Zeit hörte ich nicht, dass er sich wieder hinlegte. Er saß noch immer aufrecht im Bett, horchend – gerade so wie ich Nacht für Nacht auf die Totenuhren in der Wand gelauscht habe.

Bald vernahm ich ein leises Stöhnen, und ich wusste, es war das Stöhnen tödlichen Entsetzens. Nicht von Schmerz oder von Gram – o nein! – es war der leise erstickte Laut, der sich aus der Tiefe der Seele erhebt, wenn die Angst zu schwer auf ihr lastet. Ich kannte den Laut gut. In so mancher Nacht, genau um Mitternacht, wenn alle Welt schlief, ist er aus meiner eigenen Brust hervorgequollen und hat mit seinem fürchterlichen Echo die Schrecken, die mich verwirrten, noch vertieft. Ich sage, ich kannte ihn gut. Ich wusste, was der alte Mann fühlte, und ich bedauerte ihn, wenngleich ich innerlich lachte. Ich wusste, dass er wach lag, schon seit dem ersten schwachen Geräusch, da er sich im Bett herumgedreht hatte. Seitdem waren seine Ängste in ihm stetig gewachsen. Er hatte versucht, sie als grundlos anzusehen, doch das konnte er nicht. Er hatte zu sich selbst gesagt – ›Es ist nichts als der Wind im Schornstein – es ist nur eine Maus, die durchs Zimmer läuft‹, oder ›es ist bloß eine Grille, die ein einziges Mal zirpte‹. Ja, er hat sich zu trösten versucht mit diesen Vermutungen: Doch es war alles vergeblich. *Alles vergeblich*; denn der Tod, der ihm näher kam, war mit seinem schwarzen Schatten vor ihn hingetreten und hatte das Opfer eingehüllt. Und es war der traurige Einfluss des unmerklichen Schattens, der ihn – obwohl er weder sah noch hörte – die Gegenwart meines Kopfes im Zimmer *fühlen* ließ.

When I had waited a long time, very patiently, without hearing him lie down, I resolved to open a little—a very, very little crevice in the lantern. So I opened it—you cannot imagine how stealthily, stealthily—until, at length, a single dim ray, like the thread of the spider, shot from out the crevice and fell upon the vulture eye.

It was open—wide, wide open—and I grew furious as I gazed upon it. I saw it with perfect distinctness—all a dull blue, with a hideous veil over it that chilled the very marrow in my bones; but I could see nothing else of the old man's face or person: for I had directed the ray as if by instinct, precisely upon the damned spot.

And now—have I not told you that what you mistake for madness is but over acuteness of the senses?—now, I say, there came to my ears a low, dull, quick sound, such as a watch makes when enveloped in cotton. I knew *that* sound well, too. It was the beating of the old man's heart. It increased my fury, as the beating of a drum stimulates the soldier into courage.

But even yet I refrained and kept still. I scarcely breathed. I held the lantern motionless, I tried how steadily I could maintain the ray upon the eye. Meantime the hellish tattoo of the heart increased. It grew quicker and quicker, and louder and louder every instant. The old man's terror *must* have been extreme! It grew louder, I say, louder every moment!—do you mark me well? I have told you that I am nervous: so I am. And now at the dead hour of the night, amid the dreadful silence of that old house, so strange a noise as this excited me to uncontrollable terror. Yet, for some minutes longer I refrained and stood still. But the beating grew louder, louder! I thought the heart must burst. And now a new anxiety seized me—the sound would be

Nachdem ich lange Zeit sehr geduldig gewartet hatte, ohne ihn sich niederlegen zu hören, beschloss ich, einen kleinen – einen ganz, ganz kleinen Spalt weit die Laterne zu öffnen. So öffnete ich sie – ihr könnt euch nicht vorstellen, wie heimlich, wie verstohlen –, bis schließlich, wie der Faden der Spinne, ein einzelner matter Strahl aus dem Spalt hervorschoss und auf das Geierauge fiel.

Es war offen – weit, weit offen –, und ich wurde rasend, während ich es anstarrte. Ich sah es mit vollkommener Deutlichkeit – ein stumpfes Blau mit einem abscheulichen Schleier darüber, der mich bis ins Mark erschütterte; doch nichts anderes konnte ich sehen von Gesicht oder Gestalt des alten Mannes: Denn ich hatte den Strahl wie instinktiv exakt auf die verfluchte Stelle gerichtet.

Und nun – habe ich euch nicht gesagt, dass das, was ihr als Wahnsinn missversteht, nur eine Überfeinerung der Sinne ist? – nun, sage ich, drang an mein Ohr ein leises, dumpfes, schnelles Geräusch, so wie es eine Uhr macht, wenn sie in Stoff gehüllt ist. Auch *diesen* Laut kannte ich gut. Es war der Herzschlag des alten Mannes. Er steigerte meine Wut, wie das Schlagen einer Trommel den Soldaten zum Mut anspornt.

Doch selbst jetzt noch hielt ich mich zurück und blieb still. Ich atmete kaum. Ich hielt die Laterne reglos, ich versuchte, wie beständig ich den Strahl auf dem Auge halten konnte. Inzwischen steigerte sich das höllische Trommeln des Herzens. Es wurde schneller und schneller und lauter und lauter, mit jedem Augenblick. Das Entsetzen des alten Mannes *muss* furchtbar gewesen sein. Es wurde lauter, sage ich, lauter mit jedem Augenblick! – hört ihr mich recht? Ich habe euch gesagt, dass ich nervös bin: Ja, das bin ich. Und nun, zur vollen Stunde der Nacht, inmitten der fürchterlichen Stille jenes alten Hauses, reizte mich dieses sonderbare Geräusch zu unbändigem Schrecken. Trotzdem, einige Minuten noch bezwang ich mich und stand still. Doch das Klopfen wurde lauter, lauter! Ich glaubte, das Herz müsse zerspringen. Und nun packte mich eine neue Angst – das

heard by a neighbor! The old man's hour had come! With a loud yell, I threw open the lantern and leaped into the room. He shrieked once—once only. In an instant I dragged him to the floor, and pulled the heavy bed over him. I then smiled gaily, to find the deed so far done. But, for many minutes, the heart beat on with a muffled sound. This, however, did not vex me; it would not be heard through the wall. At length it ceased. The old man was dead. I removed the bed and examined the corpse. Yes, he was stone, stone dead. I placed my hand upon the heart and held it there many minutes. There was no pulsation. He was stone dead. His eye would trouble me no more.

If still you think me mad, you will think so no longer when I describe the wise precautions I took for the concealment of the body. The night waned, and I worked hastily, but in silence. First of all I dismembered the corpse. I cut off the head and the arms and the legs.

I then took up three planks from the flooring of the chamber, and deposited all between the scantlings. I then replaced the boards so cleverly, so cunningly, that no human eye—not even *his*—could have detected anything wrong. There was nothing to wash out—no stain of any kind—no blood-spot whatever. I had been too wary for that. A tub had caught all—ha! ha!

When I had made an end of these labors, it was four o'clock—still dark as midnight. As the bell sounded the hour, there came a knocking at the street door. I went down to open it with a light heart,—for what had I *now* to fear? There entered three men, who introduced themselves, with perfect suavity, as officers of the police. A shriek had been heard by a neighbor during the night;

Geräusch könne von einem Nachbarn gehört werden! Die Stunde des alten Mannes war gekommen! Mit einem lauten Schrei riss ich die Laterne auf und sprang ins Zimmer. Er kreischte, kurz – einmal nur! Augenblicklich zerrte ich ihn auf den Boden und zog das schwere Bettzeug über ihn. Dann lächelte ich vergnügt, die Tat so weit vollbracht zu sehen. Aber für viele Minuten schlug das Herz noch weiter mit gedämpftem Ton. Das ärgerte mich jedoch nicht; es konnte durch die Wand nicht gehört werden. Endlich verstummte es. Der alte Mann war tot. Ich entfernte das Bettzeug und untersuchte den Leichnam. Ja, er war tot, mausetot. Ich legte ihm meine Hand aufs Herz und ließ sie viele Minuten lang dort liegen. Da war kein Pulsieren mehr. Er war mausetot. Sein Auge würde mich nie mehr belästigen.

Falls ihr mich noch immer für verrückt halten solltet, werdet ihr dies nicht mehr denken, wenn ich euch die klugen Vorkehrungen beschreibe, die ich für das Verbergen der Leiche traf. Die Nacht schwand, und ich arbeitete hastig, aber geräuschlos. Zuallererst zerlegte ich den Leichnam. Ich schnitt den Kopf ab und die Arme und die Beine.

Dann hob ich drei Dielen aus dem Fußboden des Zimmers heraus und verstaute alles zwischen den Balken. Dann setzte ich die Bretter wieder ein, so raffiniert, so geschickt, dass kein menschliches Auge – nicht einmal *seins* – etwas Verdächtiges hätte bemerken können. Es gab nichts wegzuwaschen – keine Flecken irgendwelcher Art – keinerlei Blutspritzer. Dafür war ich zu umsichtig. Ein Zuber hat alles aufgefangen – ha! ha!

Als ich diese Arbeiten abgeschlossen hatte, war es vier Uhr – noch immer dunkel wie um Mitternacht. Die Glocke schlug gerade die Stunde, da klopfte es an der Haustür. Ich ging leichten Herzens hinunter, um zu öffnen – denn was hatte ich *jetzt* noch zu fürchten? Es traten drei Männer herein, die sich mit vollendeter Höflichkeit als Polizeibeamte vorstellten. Ein Nachbar hatte in der Nacht einen Schrei gehört; man hatte Verdacht auf

suspicion of foul play had been aroused; information had been lodged at the police office, and they (the officers) had been deputed to search the premises.

I smiled,–for *what* had I to fear? I bade the gentlemen welcome. The shriek, I said, was my own in a dream. The old man, I mentioned, was absent in the country. I took my visiters all over the house. I bade them search–search *well.* I led them, at length, to *his* chamber. I showed them his treasures, secure, undisturbed. In the enthusiasm of my confidence, I brought chairs into the room, and desired them *here* to rest from their fatigues, while I myself, in the wild audacity of my perfect triumph, placed my own seat upon the very spot beneath which reposed the corpse of the victim.

The officers were satisfied. My *manner* had convinced them. I was singularly at ease. They sat, and while I answered cheerily, they chatted of familiar things. But, ere long, I felt myself getting pale and wished them gone. My head ached, and I fancied a ringing in my ears: but still they sat and still chatted. The ringing became more distinct:–it continued and became more distinct: I talked more freely to get rid of the feeling: but it continued and gained definitiveness–until, at length, I found that the noise was *not* within my ears.

No doubt I now grew *very* pale;–but I talked more fluently, and with a heightened voice. Yet the sound increased–and what could I do? It was *a low, dull, quick sound–much such a sound as a watch makes when enveloped in cotton.* I gasped for breath–and yet the officers heard it not. I talked more quickly–more vehemently; but the noise steadily increased. I arose and argued about trifles, in a high key and with violent gestic-

ein Verbrechen geschöpft; auf der Polizeiwache war Meldung erstattet worden, und man hatte sie (die Beamten) geschickt, um die Räumlichkeiten zu durchsuchen.

Ich lächelte – denn *was* hatte ich zu fürchten? Ich hieß die Herren willkommen. Der Schrei, sagte ich, sei mein eigener gewesen, in einem Traum. Der alte Mann, erwähnte ich, sei abwesend, aufs Land gereist. Ich führte meine Besucher durchs ganze Haus. Ich bat sie, zu suchen – *gründlich* zu suchen. Ich führte sie schließlich in *sein* Zimmer. Ich zeigte ihnen seine Schätze, sicher verwahrt und unangetastet. Im Überschwang meiner Zuversicht brachte ich Stühle in das Zimmer und forderte sie auf, sich *hier* von ihrer Ermüdung zu erholen, während ich selbst, in der wilden Kühnheit meines völligen Triumphs, meinen eigenen Stuhl genau über der Stelle platzierte, unter der der Leichnam des Opfers ruhte.

Die Beamten waren zufrieden. Mein *Benehmen* hatte sie überzeugt. Ich fühlte mich sonderbar wohl. Sie saßen, und während ich fröhlich Antwort gab, plauderten sie von vertraulichen Dingen. Doch bald spürte ich, dass ich blass wurde, und wünschte sie fort. Mein Kopf schmerzte, und ich bildete mir ein, in meinen Ohren ein Klingeln zu hören: Aber noch immer saßen sie da und plauderten. Das Klingeln wurde deutlicher – es dauerte an und wurde immer deutlicher: Ich redete unbefangener, um das Gefühl loszuwerden: Doch es dauerte an und gewann an Bestimmtheit – bis mir endlich klar wurde, dass das Geräusch *nicht* in meinen Ohren war.

Kein Zweifel, ich wurde jetzt *sehr* bleich – aber ich redete fließender und mit erhobener Stimme. Doch das Geräusch wurde lauter – und was konnte ich tun? Es war *ein leises, dumpfes, schnelles Geräusch – fast genau so ein Geräusch, wie es eine Uhr macht, wenn sie in Stoff gehüllt ist.* Ich rang nach Atem – und dennoch, die Beamten hörten es nicht. Ich sprach schneller – ungestümer; doch das Geräusch wurde stetig lauter. Ich stand auf und räsonierte über Kleinigkeiten, mit schriller Stimme und heftigen Gebär-

ulations; but the noise steadily increased. Why *would* they not be gone? I paced the floor to and fro with heavy strides, as if excited to fury by the observations of the men–but the noise steadily increased. Oh God! what *could* I do? I foamed–I raved–I swore! I swung the chair upon which I had been sitting, and grated it upon the boards, but the noise arose over all and continually increased. It grew louder–louder–*louder!* And still the men chatted pleasantly, and smiled. Was it possible they heard not? Almighty God!–no, no! They heard!–they suspected–they *knew!*–they were making a mockery of my horror!–this I thought, and this I think. But anything was better than this agony! Anything was more tolerable than this derision! I could bear those hypocritical smiles no longer! I felt that I must scream or die!–and now–again!–hark! louder! louder! louder! *louder!* –

'Villains!' I shrieked, 'dissemble no more! I admit the deed!–tear up the planks!–here, here!–it is the beating of his hideous heart!'

den – doch das Geräusch wurde stetig lauter. Warum *waren* sie nicht gegangen? Ich lief auf und ab mit schweren Schritten, als ob mich die Bemerkungen der Männer bis zur Raserei gereizt hätten – doch das Geräusch wurde stetig lauter. O Gott! was *konnte* ich tun? Ich schäumte – ich raste – ich fluchte! Ich schwenkte den Stuhl, auf dem ich gesessen hatte, und kratzte damit auf den Dielen herum – doch das Geräusch übertönte alles und wurde stetig lauter. Es wurde lauter – lauter – *lauter!* Und immer noch plauderten die Männer liebenswürdig und lächelten. War es möglich, dass sie nicht hörten? Allmächtiger Gott! – nein, nein! Sie hörten! – sie argwöhnten! – sie *wussten* es! – sie machten mein Entsetzen zum Gespött! – das dachte ich, und das denke ich noch. Aber alles war besser als diese Höllenqual! Alles war erträglicher als dieser Spott! Ich konnte dieses heuchlerische Lächeln nicht mehr ertragen. Ich glaubte, dass ich schreien musste oder sterben! – und jetzt – wieder! – horcht! lauter! lauter! lauter! *lauter!* –

»Schurken!«, kreischte ich, »verstellt euch nicht länger! ich gestehe die Tat! – reißt die Dielen auf! – hier, hier! – es ist das Schlagen seines grässlichen Herzens!«

The Black Cat

For the most wild, yet most homely narrative which I am about to pen, I neither expect nor solicit belief. Mad indeed would I be to expect it, in a case where my very senses reject their own evidence. Yet, mad am I not–and very surely do I not dream. But to-morrow I die, and to-day I would unburthen my soul. My immediate purpose is to place before the world, plainly, succinctly, and without comment, a series of mere household events. In their consequences, these events have terrified–have tortured–have destroyed me. Yet I will not attempt to expound them. To me, they have presented little but Horror–to many they will seem less terrible than *barroques*. Hereafter, perhaps, some intellect may be found which will reduce my phantasm to the common-place–some intellect more calm, more logical, and far less excitable than my own, which will perceive, in the circumstances I detail with awe, nothing more than an ordinary succession of very natural causes and effects.

From my infancy I was noted for the docility and humanity of my disposition. My tenderness of heart was even so conspicuous as to make me the jest of my companions. I was especially fond of animals, and was indulged by my parents with a great variety of pets. With these I spent most of my time, and never was so happy as when feeding and caressing them. This peculiarity of character grew with my growth, and, in my manhood, I derived from it one of my principal sources of pleasure. To those who have cherished an affection for a faithful and sagacious dog, I need hardly be at the trouble of explaining the nature or the intensity of the gratification

Der schwarze Kater

Für die höchst wilde und doch so schlichte Geschichte, die ich nun aufschreiben werde, kann ich Glauben weder erwarten noch erbitten. Ich wäre tatsächlich verrückt, ihn zu erwarten in einem Fall, in dem selbst meine eigenen Sinne ihr Zeugnis verweigern. Doch verrückt bin ich nicht – und ganz sicher träume ich nicht. Morgen aber sterbe ich, und heute möchte ich meine Seele erleichtern. Mein unmittelbares Ziel ist es, der Welt eine Reihe unbedeutender häuslicher Geschehnisse vorzulegen, einfach, bündig und ohne Kommentar. Durch ihre Konsequenzen haben diese Geschehnisse mich entsetzt – gequält – vernichtet. Dennoch werde ich nicht versuchen, sie zu erläutern. Mir haben sie wenig anderes als Schrecken gebracht – vielen werden sie weniger schrecklich als *baroque* erscheinen. Später findet sich vielleicht irgendein Verstand, der mein Hirngespinst aufs Alltägliche zurückführt – irgendein ruhigerer, logischerer und weit weniger erregbarer Verstand als mein eigener, der in den Umständen, die ich mit scheuer Furcht beschreibe, nichts weiter erkennt als eine gewöhnliche Abfolge völlig natürlicher Ursachen und Wirkungen.

Seit meiner Kindheit war ich bekannt für die Fügsamkeit und Menschlichkeit meines Charakters. Meine Weichherzigkeit war so unübersehbar, dass sie mich zum Gespött meiner Kameraden machte. Besonders mochte ich Tiere, und meine Eltern verwöhnten mich mit einer großen Vielfalt an Haustieren. Mit diesen verbrachte ich die meiste Zeit, und ich war nie so glücklich, wie wenn ich sie fütterte und streichelte. Jene Wesenseigenart verfestigte sich mit meinem Heranwachsen, und im Mannesalter schöpfte ich hauptsächlich aus ihr meine Freude. Denen, die schon einmal Zuneigung zu einem treuen und klugen Hund gehegt haben, brauche ich wohl kaum mühsam die Art oder Intensität der Erfüllung zu erklären, die daraus gewonnen werden kann. In

thus derivable. There is something in the unselfish and self-sacrificing love of a brute, which goes directly to the heart of him who has had frequent occasion to test the paltry friendship and gossamer fidelity of mere *Man*.

I married early, and was happy to find in my wife a disposition not uncongenial with my own. Observing my partiality for domestic pets, she lost no opportunity of procuring those of the most agreeable kind. We had birds, gold-fish, a fine dog, rabbits, a small monkey, and *a cat*.

This latter was a remarkably large and beautiful animal, entirely black, and sagacious to an astonishing degree. In speaking of his intelligence, my wife, who at heart was not a little tinctured with superstition, made frequent allusion to the ancient popular notion, which regarded all black cats as witches in disguise. Not that she was ever *serious* upon this point–and I mention the matter at all for no better reason than that it happens, just now, to be remembered.

Pluto–this was the cat's name–was my favourite pet and playmate. I alone fed him, and he attended me wherever I went about the house. It was even with difficulty that I could prevent him from following me through the streets.

Our friendship lasted, in this manner, for several years, during which my general temperament and character–through the instrumentality of the Fiend Intemperance–had (I blush to confess it) experienced a radical alteration for the worse. I grew, day by day, more moody, more irritable, more regardless of the feelings of others. I suffered myself to use intemperate language to my wife. At length, I even offered her personal violence. My pets, of course, were made to feel the change in my disposition. I not only neglected, but ill-used them. For Pluto, however, I

der selbstlosen und aufopfernden Liebe eines Tieres liegt etwas, das jedem direkt ans Herz geht, der häufig Gelegenheit gehabt hat, die armselige Freundschaft und flüchtige Treue bloßer *Menschen* zu testen.

Ich heiratete früh und war glücklich, in meiner Frau ein meinem eigenen nicht unverwandtes Wesen zu finden. Als sie meine Vorliebe für Haustiere bemerkt hatte, ließ sie keine Gelegenheit aus, solche der angenehmsten Art anzuschaffen. Wir hatten Vögel, Goldfische, einen herrlichen Hund, Kaninchen, einen kleinen Affen und *einen Kater*.

Dieser letztere war ein bemerkenswert großes und schönes Tier, vollkommen schwarz und in erstaunlichem Grade klug. Sprach sie von seiner Intelligenz, spielte meine Frau, die im Grunde ihres Herzens kein bisschen abergläubisch war, häufig auf die alte volkstümliche Überzeugung an, die alle schwarzen Katzen für verkleidete Hexen hielt. Nicht dass es ihr damit je *ernst* gewesen wäre – und ich erwähne die Sache überhaupt aus keinem anderen Grund, als dass sie mir gerade jetzt wieder einfiel.

Pluto – so der Name des Katers – war mein bevorzugter Liebling und Spielkamerad. Ich allein fütterte ihn, und er begleitete mich, wohin im Haus ich auch ging. Ich konnte ihn sogar nur schwer davon abhalten, mir durch die Straßen zu folgen.

Unsere Freundschaft dauerte in dieser Weise etliche Jahre, während derer mein allgemeines Temperament, mein Charakter – durch die Mitwirkung des Teufels Trunksucht – eine (ich erröte, es zu gestehen) radikale Wandlung zum Schlechteren erfuhr. Ich wurde von Tag zu Tag launischer, reizbarer, achtloser gegen die Gefühle anderer. Ich erlaubte mir ausfällige Worte gegenüber meiner Frau. Schließlich sogar körperliche Gewalt. Meine Haustiere spürten natürlich die Veränderung in meinem Wesen. Ich vernachlässigte sie nicht nur, sondern misshandelte sie. Vor Pluto jedoch bewahrte ich noch genügend Achtung, um

still retained sufficient regard to restrain me from maltreating him, as I made no scruple of maltreating the rabbits, the monkey, or even the dog, when by accident, or through affection, they came in my way. But my disease grew upon me—for what disease is like Alcohol!—and at length even Pluto, who was now becoming old, and consequently somewhat peevish—even Pluto began to experience the effects of my ill temper.

One night, returning home, much intoxicated, from one of my haunts about town, I fancied that the cat avoided my presence. I seized him: when, in his fright at my violence, he inflicted a slight wound upon my hand with his teeth. The fury of a demon instantly possessed me. I knew myself no longer. My original soul seemed, at once, to take its flight from my body; and a more than fiendish malevolence, ginnurtured, thrilled every fibre of my frame. I took from my waistcoat-pocket a pen-knife, opened it, grasped the poor beast by the throat, and deliberately cut one of its eyes from the socket! I blush, I burn, I shudder, while I pen the damnable atrocity.

When reason returned with the morning—when I had slept off the fumes of the night's debauch—I experienced a sentiment half of horror, half of remorse, for the crime of which I had been guilty; but it was, at best, a feeble and equivocal feeling, and the soul remained untouched. I again plunged into excess, and soon drowned in wine all memory of the deed.

In the meantime the cat slowly recovered. The socket of the lost eye presented, it is true, a frightful appearance, but he no longer appeared to suffer any pain. He went about the house as usual, but, as might be expected, fled in extreme terror at my approach. I had so much of my

mich davon abzuhalten, ihn zu malträtieren, während ich keine Skrupel hatte, die Kaninchen, den Affen und sogar den Hund zu peinigen, wenn sie mir zufällig oder aus Anhänglichkeit in die Quere kamen. Meine Krankheit aber wucherte in mir – denn welche Krankheit ist wie der Alkohol! –, und schließlich begann selbst Pluto, der nun alt und folglich etwas mürrisch wurde – selbst Pluto begann die Auswirkungen meiner üblen Launen zu spüren.

Eines Nachts, als ich sturzbetrunken aus einer meiner Stammkneipen in der Stadt nach Hause kam, bildete ich mir ein, dass der Kater meine Nähe meide. Ich packte ihn: Da, in seinem Schreck über meine Grobheit, fügte er mir mit seinen Zähnen an der Hand eine leichte Wunde zu. Augenblicklich war ich besessen von dämonischer Wut. Ich kannte mich selbst nicht mehr. Mein angestammtes Wesen schien mit einem Mal aus meinem Körper zu fliehen; und eine mehr als teuflische Bosheit, vom Gin genährt, zuckte durch jede Faser meines Leibes. Ich zog ein Klappmesser aus meiner Westentasche, öffnete es, griff das arme Geschöpf bei der Kehle und schnitt ihm bedächtig eins seiner Augen aus der Höhle! Ich erröte, ich brenne, ich schaudere, während ich diese abscheuliche Gräueltat niederschreibe.

Als mit dem Morgen die Vernunft zurückkehrte – als ich den Rausch der nächtlichen Ausschweifung ausgeschlafen hatte – überkam mich ein Gefühl halb von Entsetzen, halb von Reue über das Verbrechen, dessen ich mich schuldig gemacht hatte; doch war es bestenfalls ein schwaches und zwiespältiges Empfinden, und die Seele blieb davon unberührt. Ich stürzte mich wieder in den Exzess und ertränkte im Wein bald jede Erinnerung an die Tat.

Inzwischen erholte sich der Kater langsam. Die Höhle des verlorenen Auges bot, das ist wahr, einen schrecklichen Anblick, aber er schien keinerlei Schmerz mehr zu leiden. Wie gewöhnlich durchstreifte er das Haus, doch wie zu erwarten, floh er in panischer Angst, sobald ich mich näherte. Es war mir so

old heart left, as to be at first grieved by this evident dislike on the part of a creature which had once so loved me. But this feeling soon gave place to irritation. And then came, as if to my final and irrevocable overthrow, the spirit of PERVERSENESS. Of this spirit philosophy takes no account. Yet I am not more sure that my soul lives, than I am that perverseness is one of the primitive impulses of the human heart—one of the indivisible primary faculties, or sentiments, which give direction to the character of Man. Who has not, a hundred times, found himself committing a vile or a silly action, for no other reason than because he knows he should *not?* Have we not a perpetual inclination, in the teeth of our best judgment, to violate that which is *Law,* merely because we understand it to be such? This spirit of perverseness, I say, came to my final overthrow. It was this unfathomable longing of the soul *to vex itself*—to offer violence to its own nature—to do wrong for the wrong's sake only—that urged me to continue and finally to consummate the injury I had inflicted upon the unoffending brute. One morning, in cool blood, I slipped a noose about its neck and hung it to the limb of a tree;—hung it with the tears streaming from my eyes, and with the bitterest remorse at my heart;—hung it *because* I knew that it had loved me, and *because* I felt it had given me no reason of offence;—hung it *because* I knew that in so doing I was committing a sin—a deadly sin that would so jeopardize my immortal soul as to place it—if such a thing were possible—even beyond the reach of the infinite mercy of the Most Merciful and Most Terrible God.

On the night of the day on which this cruel deed was done, I was aroused from sleep by the cry of fire. The curtains of my bed were in flames. The whole house was

viel von meinem alten Herzen geblieben, um zunächst bekümmert zu sein über die offenkundige Abneigung vonseiten einer Kreatur, die mich einmal so geliebt hatte. Bald aber wich dieses Gefühl der Verärgerung. Und dann kam, wie um mich endgültig und unwiderruflich zu Fall zu bringen, der Geist der PERVERSION. Von diesem Geist nimmt die Philosophie keine Notiz. Dennoch bin ich ebenso sicher, dass meine Seele lebt, wie dass Perversion einer der fundamentalen Triebe des menschlichen Herzens ist – eine der unteilbaren, elementaren Fähigkeiten oder Empfindungen, die dem Charakter des Menschen Richtung geben. Wer hat sich nicht schon hundertmal dabei ertappt, eine gemeine oder dumme Handlung zu begehen, einzig und allein weil er wusste, er sollte es *nicht* tun? Haben wir nicht wider unser besseres Wissen eine beständige Neigung, das zu verletzen, was *Gesetz* ist, nur weil wir es als ein solches verstehen? Dieser Geist der Perversion kam, sage ich, um mich endgültig zu Fall zu bringen. Es war jene unergründliche Sehnsucht der Seele, *sich selbst zu quälen* – ihrer eigenen Natur Gewalt anzutun – falsch zu handeln allein um der Falschheit willen –, die mich zwang, fortzufahren und das dem harmlosen Tier zugefügte Unrecht zu vollenden. Eines Morgens legte ich ihm kaltblütig eine Schlinge um den Hals und hängte es an den Ast eines Baums; erhängte es unter strömenden Tränen und mit bitterster Reue im Herzen; erhängte es, *weil* ich wusste, dass es mich geliebt, und *weil* ich fühlte, dass es mir keinen Grund zur Verärgerung gegeben hatte; erhängte es, *weil* ich wusste, dass ich damit eine Sünde beging – eine Todsünde, die meine unsterbliche Seele so sehr gefährdete, dass sie diese – wenn derlei möglich wäre – außer Reichweite der unendlichen Gnade des allbarmherzigen und allzürnenden Gottes brachte.

In der Nacht des Tages, an dem diese grausame Tat begangen wurde, holte Feuergeschrei mich aus dem Schlaf. Die Vorhänge meines Bettes standen in Flammen. Das ganze Haus

blazing. It was with great difficulty that my wife, a servant, and myself, made our escape from the conflagration. The destruction was complete. My entire worldly wealth was swallowed up, and I resigned myself thenceforward to despair.

I am above the weakness of seeking to establish a sequence of cause and effect, between the disaster and the atrocity. But I am detailing a chain of fact—and wish not to leave even a possible link imperfect. On the day succeeding the fire, I visited the ruins. The walls, with one exception, had fallen in. This exception was found in a compartment wall, not very thick, which stood about the middle of the house, and against which had rested the head of my bed. The plastering had here, in great measure, resisted the action of the fire—a fact which I attributed to its having been recently spread. About this wall a dense crowd were collected, and many persons seemed to be examining a particular portion of it with very minute and eager attention. The words 'strange!' 'singular!' and other similar expressions, excited my curiosity. I approached and saw, as if graven in *bas relief* upon the white surface, the figure of a gigantic *cat*. The impression was given with an accuracy truly marvellous. There was a rope about the animal's neck.

When I first beheld this apparition—for I could scarcely regard it as less—my wonder and my terror were extreme. But at length reflection came to my aid. The cat, I remembered, had been hung in a garden adjacent to the house. Upon the alarm of fire, this garden had been immediately filled by the crowd—by some one of whom the animal must have been cut from the tree and thrown, through an open window, into my chamber. This had probably been done with the view of arousing me from

brannte lichterloh. Nur mit knapper Not gelang meiner Frau, einer Bedienten und mir die Flucht aus der Feuersbrunst. Die Zerstörung war vollkommen. Mein gesamter irdischer Besitz war vernichtet, und ich ergab mich von nun an der Verzweiflung.

Ich bin erhaben über die Schwäche, zu versuchen, das Desaster und die Gräueltat in eine Abfolge von Ursache und Wirkung zu bringen. Aber ich beschreibe eine Kette von Tatsachen – und möchte keine auch nur mögliche Verbindung unvollständig lassen. Am Tag nach dem Feuer besichtigte ich die Ruine. Die Wände waren eingestürzt, bis auf eine Ausnahme. Diese Ausnahme war eine Innenwand, nicht sehr dick, die etwa in der Mitte des Hauses stand und an der das Kopfende meines Betts gelehnt hatte. Der Putz hatte hier der Wirkung des Feuers weitgehend standgehalten – etwas, das ich dem Umstand zuschrieb, dass er kürzlich erneuert worden war. Um diese Wand hatte sich eine dichte Menschenmenge versammelt, und viele Leute schienen eine bestimmte Stelle eingehend und aufmerksam zu untersuchen. Die Worte ›seltsam!‹, ›sonderbar!‹ und andere ähnliche Ausrufe erregten meine Neugier. Ich näherte mich und sah, in die weiße Fläche wie ein *Basrelief* eingegraben, die Gestalt einer gigantischen *Katze*. Der Abdruck war von einer geradezu fabelhaften Genauigkeit. Ein Strick lag um den Hals des Tieres.

Als ich diese Erscheinung – denn ich konnte sie kaum für etwas Geringeres halten – zuerst erblickte, waren meine Verwunderung und mein Schrecken ungeheuer. Schließlich aber kam mir die Überlegung zu Hilfe. Der Kater, erinnerte ich mich, war in einem an das Haus grenzenden Garten aufgehängt worden. Auf den Feueralarm hin war dieser Garten sofort voller Menschen gewesen – von denen irgendeiner das Tier vom Baum geschnitten und durch ein offenes Fenster in mein Zimmer geworfen haben musste. Dies hatte man wahrscheinlich in der Absicht

sleep. The falling of other walls had compressed the victim of my cruelty into the substance of the freshly-spread plaster; the lime of which, with the flames, and the *ammonia* from the carcass, had then accomplished the portraiture as I saw it.

Although I thus readily accounted to my reason, if not altogether to my conscience, for the startling fact just detailed, it did not the less fail to make a deep impression upon my fancy. For months I could not rid myself of the phantasm of the cat; and, during this period, there came back into my spirit a half-sentiment that seemed, but was not, remorse. I went so far as to regret the loss of the animal, and to look about me, among the vile haunts which I now habitually frequented, for another pet of the same species, and of somewhat similar appearance, with which to supply its place.

One night as I sat, half stupified, in a den of more than infamy, my attention was suddenly drawn to some black object, reposing upon the head of one of the immense hogsheads of Gin, or of Rum, which constituted the chief furniture of the apartment. I had been looking steadily at the top of this hogshead for some minutes, and what now caused me surprise was the fact that I had not sooner perceived the object thereupon. I approached it, and touched it with my hand. It was a black cat–a very large one–fully as large as Pluto, and closely resembling him in every respect but one. Pluto had not a white hair upon any portion of his body; but this cat had a large, although indefinite splotch of white, covering nearly the whole region of the breast.

Upon my touching him, he immediately arose, purred loudly, rubbed against my hand, and appeared delighted with my notice. This, then, was the very creature of which

getan, mich aus dem Schlaf zu holen. Das Einstürzen anderer Wände hatte das Opfer meiner Grausamkeit in die Masse des frisch aufgebrachten Putzes gedrückt; dessen Kalk, gemeinsam mit den Flammen und dem Ammoniak des Kadavers, hatte dann das Abbild geschaffen, wie ich es sah.

Obwohl ich derart leicht meiner Vernunft, wenn nicht insgesamt meinem Gewissen, die soeben dargelegte erschreckende Tatsache erklärte, machte diese dennoch einen tiefen Eindruck auf meine Einbildungskraft. Monatelang konnte ich mich nicht vom Phantasma des Katers befreien; und während dieser Zeit kehrte in mein Gemüt ein unausgereiftes Empfinden zurück, das Reue schien, aber keine war. Ich kam dahin, den Verlust des Tiers zu bedauern und mich in den üblen Kneipen, die ich jetzt gewohnheitsmäßig aufsuchte, nach einem anderen Haustier derselben Spezies und von einigermaßen ähnlichem Aussehen umzuschauen, um damit dessen Stelle zu besetzen.

Als ich eines Nachts halb betäubt in einer mehr als verruchten Spelunke saß, wurde meine Aufmerksamkeit plötzlich auf einen schwarzen Gegenstand gelenkt, der oben auf einem der riesenhaften Gin- oder Rumfässer ruhte, die das Hauptmobiliar des Zimmers bildeten. Ich hatte bereits einige Minuten beständig auf den oberen Teil dieses Fasses geblickt, und was mich jetzt überraschte, war die Tatsache, dass ich den Gegenstand dort oben nicht schon früher bemerkt hatte. Ich näherte mich ihm und berührte ihn mit meiner Hand. Es war ein schwarzer Kater – ein sehr großer – ebenso groß wie Pluto und ihm in jeder Hinsicht äußerst ähnlich, bis auf eine. Pluto hatte nicht ein weißes Haar an seinem Körper gehabt; dieser Kater aber hatte einen großen, wenn auch unscharf umrissenen weißen Fleck, der fast die ganze Brust bedeckte.

Als ich ihn berührte, erhob er sich sofort, schnurrte laut, rieb sich an meiner Hand und schien erfreut, dass ich Notiz von ihm nahm. Das nun war genau das Geschöpf, das ich suchte. So-

I was in search. I at once offered to purchase it of the landlord; but this person made no claim to it–knew nothing of it–had never seen it before.

I continued my caresses, and, when I prepared to go home, the animal evinced a disposition to accompany me. I permitted it to do so; occasionally stooping and patting it as I proceeded. When it reached the house it domesticated itself at once, and became immediately a great favourite with my wife.

For my own part, I soon found a dislike to it arising within me. This was just the reverse of what I had anticipated; but–I know not how or why it was–its evident fondness for myself rather disgusted and annoyed. By slow degrees, these feelings of disgust and annoyance rose into the bitterness of hatred. I avoided the creature; a certain sense of shame, and the remembrance of my former deed of cruelty, preventing me from physically abusing it. I did not, for some weeks, strike, or otherwise violently ill use it; but gradually–very gradually–I came to look upon it with unutterable loathing, and to flee silently from its odious presence, as from the breath of a pestilence.

What added, no doubt, to my hatred of the beast, was the discovery, on the morning after I brought it home, that, like Pluto, it also had been deprived of one of its eyes. This circumstance, however, only endeared it to my wife, who, as I have already said, possessed, in a high degree, that humanity of feeling which had once been my distinguishing trait, and the source of many of my simplest and purest pleasures.

With my aversion to this cat, however, its partiality for myself seemed to increase. It followed my footsteps with a pertinacity which it would be difficult to make the

gleich wollte ich es dem Wirt abkaufen; der aber erhob keinen Anspruch darauf – wusste nichts von ihm – hatte es nie zuvor gesehen.

Ich setzte meine Liebkosungen fort, und als ich nach Hause gehen wollte, zeigte das Tier Bereitschaft, mich zu begleiten. Ich erlaubte es ihm; gelegentlich bückte ich mich und tätschelte es, während ich weiterging. Im Haus angekommen, fühlte es sich sofort heimisch und wurde sogleich ein bevorzugter Liebling meiner Frau.

Was mich betrifft, so spürte ich bald eine Abneigung gegen das Tier in mir aufsteigen. Das war just das Gegenteil dessen, was ich erwartet hatte; aber – ich weiß nicht, wie und warum – seine offenkundige Zuneigung zu mir selbst war widerwärtig und lästig. Nach und nach steigerten sich diese Gefühle des Widerwillens und der Verdrossenheit bis zu erbittertem Hass. Ich mied die Kreatur; ein gewisses Gefühl der Scham und die Erinnerung an meine frühere grausame Tat hielten mich davon ab, sie körperlich zu malträtieren. Einige Wochen lang schlug ich sie nicht oder misshandelte sie sonst wie gewaltsam; doch allmählich – ganz allmählich – kam ich dahin, sie nur noch mit unaussprechlichem Abscheu zu betrachten und schweigend ihre verhasste Gegenwart zu fliehen wie den Hauch der Pest.

Was meinen Hass gegen das Biest zweifellos verstärkte, war die Entdeckung am Morgen, nachdem ich es heimgebracht hatte, dass es, wie Pluto, um eins seiner Augen gebracht worden war. Dieser Umstand jedoch machte es für meine Frau nur noch liebenswerter, die, wie ich schon gesagt habe, in hohem Maß jene Warmherzigkeit besaß, die einst auch das Kennzeichen meines Wesens und die Quelle vieler meiner einfachsten und reinsten Freuden gewesen war.

Mit meiner Aversion gegen diesen Kater aber schien seine Vorliebe für mich zu wachsen. Er folgte meinen Schritten mit einer Beharrlichkeit, die dem Leser schwerlich begreiflich zu

reader comprehend. Whenever I sat, it would crouch beneath my chair, or spring upon my knees, covering me with its loathsome caresses. If I arose to walk it would get between my feet and thus nearly throw me down, or, fastening its long and sharp claws in my dress, clamber, in this manner, to my breast. At such times, although I longed to destroy it with a blow, I was yet withheld from so doing, partly by a memory of my former crime, but chiefly—let me confess it at once—by absolute *dread* of the beast.

This dread was not exactly a dread of physical evil—and yet I should be at a loss how otherwise to define it. I am almost ashamed to own—yes, even in this felon's cell, I am almost ashamed to own—that the terror and horror with which the animal inspired me, had been heightened by one of the merest chimaeras it would be possible to conceive. My wife had called my attention, more than once, to the character of the mark of white hair, of which I have spoken, and which constituted the sole visible difference between the strange beast and the one I had destroyed. The reader will remember that this mark, although large, had been originally very indefinite; but by slow degrees—degrees nearly imperceptible, and which for a long time my Reason struggled to reject as fanciful—it had, at length, assumed a rigorous distinctness of outline. It was now the representation of an object that I shudder to name—and for this, above all, I loathed, and dreaded, and would have rid myself of the monster *had I dared*—it was now, I say, the image of a hideous—of a ghastly thing—of the GALLOWS!—oh, mournful and terrible engine of Horror and of Crime—of Agony and of Death!

machen ist. Wann immer ich mich setzte, kauerte er sich unter meinen Stuhl oder sprang auf meine Knie und überhäufte mich mit seinen abscheulichen Liebkosungen. Erhob ich mich, um wegzugehen, geriet er mir zwischen die Füße und brachte mich damit fast zu Fall, oder er schlug seine langen und scharfen Krallen in meinen Anzug und kletterte mir auf diese Weise bis zur Brust. Bei solchen Gelegenheiten sehnte ich mich zwar danach, ihn mit einem Schlag zu vernichten, doch hielt mich etwas davon zurück, zum Teil die Erinnerung an mein früheres Verbrechen, aber hauptsächlich – ich will es unumwunden gestehen – die absolute *Furcht* vor dem Biest.

Diese Furcht war nicht exakt eine Furcht vor körperlichem Übel – und doch weiß ich nicht, wie ich sie anders definieren soll. Ich schäme mich fast zuzugeben – ja, noch in dieser Arrestzelle schäme ich mich fast, es zuzugeben –, dass das Entsetzen und der Schrecken, die das Tier mir einflößten, gesteigert worden waren durch eine der dümmsten Chimären, die auszudenken möglich ist. Meine Frau hatte mich mehr als einmal auf die Eigenart des Mals aus weißen Haaren aufmerksam gemacht, das ich schon erwähnt habe und das den einzig sichtbaren Unterschied ausmachte zwischen dem fremden Biest und dem, das ich umgebracht hatte. Der Leser wird sich erinnern, dass dieses Mal zwar groß, ursprünglich aber sehr unbestimmt gewesen war; doch ganz langsam – so langsam, dass es fast unmerklich war und meine Vernunft sich lange Zeit mühte, es als Einbildung abzutun – hatte es in seinen Umrissen eine unerbittliche Deutlichkeit angenommen. Es war nun das Abbild eines Gegenstands, den zu nennen ich schaudere – und dessentwegen vor allem anderen ich das Monster verabscheute und fürchtete und mich von ihm befreit haben würde, *hätte ich es gewagt* – es war nun, sage ich, das Bild eines grässlichen – eines grauenhaften Dings – eines GALGENS! – oh, beklagenswertes und schreckliches Werkzeug des Grauens und der Sünde – der Seelenqual und des Todes!

And now was I indeed wretched beyond the wretchedness of mere Humanity. And *a brute beast*—whose fellow I had contemptuously destroyed—*a brute beast* to work out for *me*—for me a man, fashioned in the image of the High God—so much of insufferable wo! Alas! neither by day nor by night knew I the blessing of Rest any more! During the former the creature left me no moment alone: and, in the latter, I started, hourly, from dreams of unutterable fear, to find the hot breath of *the thing* upon my face, and its vast weight—an incarnate NightrMare that I had no power to shake off—incumbent eternally upon my *heart!*

Beneath the pressure of torments such as these, the feeble remnant of the good within me succumbed. Evil thoughts became my sole intimates—the darkest and most evil of thoughts. The moodiness of my usual temper increased to hatred of all things and of all mankind; while, from the sudden, frequent, and ungovernable outbursts of a fury to which I now blindly abandoned myself, my uncomplaining wife, alas! was the most usual and the most patient of sufferers.

One day she accompanied me, upon some household errand, into the cellar of the old building which our poverty compelled us to inhabit. The cat followed me down the steep stairs, and, nearly throwing me headlong, exasperated me to madness. Uplifting an axe, and forgetting, in my wrath, the childish dread which had hitherto stayed my hand, I aimed a blow at the animal which, of course, would have proved instantly fatal had it descended as I wished. But this blow was arrested by the hand of my wife. Goaded, by the interference, into a rage more than demoniacal, I withdrew my arm from her grasp and buried the axe in her brain. She fell dead upon the spot, without a groan.

Und jetzt war ich wirklich elend, jenseits des Elends bloßen Menschseins. Und *ein viehisches Biest* – dessen Artgenossen ich verächtlich vernichtet hatte – *ein viehisches Biest* war imstande, *mir* – mir, einem Menschen, geschaffen nach dem Bild des Höchsten Gottes – so viel unerträgliches Leid zu bereiten! Ach! weder bei Tag noch bei Nacht kannte ich mehr den Segen der Ruhe! Während des Ersteren ließ mich die Kreatur keinen Moment allein: Und in der Letzteren fuhr ich stündlich hoch aus unaussprechlich furchtbaren Träumen, um den heißen Atem *dieses Etwas* auf meinem Gesicht zu spüren und sein ungeheures Gewicht – ein fleischgewordener Alp, den abzuschütteln ich keine Kraft hatte – der auf ewig mein *Herz* beschwerte!

Unter dem Druck solcher Qualen erlag der schwache Rest des Guten in mir. Böse Gedanken wurden meine einzigen Vertrauten – die dunkelsten und bösesten aller Gedanken. Meine übliche Launenhaftigkeit steigerte sich zu Hass auf alle Dinge und die ganze Menschheit; während meine klaglose Frau, ach! am meisten und am geduldigsten von allen unter den plötzlichen, häufigen und unbezähmbaren Ausbrüchen einer Wut zu leiden hatte, der ich mich nun blind überließ.

Eines Tages begleitete sie mich wegen irgendeines häuslichen Geschäfts in den Keller des alten Gebäudes, das unsere Armut uns zu bewohnen zwang. Der Kater folgte mir die steile Treppe hinab und reizte mich, indem er mich fast kopfüber hinuntergestürzt hätte, bis zum Wahnsinn. In meinem Zorn vergaß ich die kindische Furcht, die meine Hand bisher zurückgehalten hatte, ergriff eine Axt und holte aus zu einem Schlag gegen das Tier, der zweifellos tödlich gewesen wäre, hätte er sein Ziel getroffen. Doch der Schlag wurde aufgehalten von der Hand meiner Frau. Durch diese Einmischung zu einer mehr als teuflischen Raserei angestachelt, entzog ich meinen Arm ihrem Griff und grub ihr die Axt ins Hirn. Sie fiel auf der Stelle tot um, ohne einen Laut.

This hideous murder accomplished, I set myself forthwith, and with entire deliberation, to the task of concealing the body. I knew that I could not remove it from the house, either by day or by night, without the risk of being observed by the neighbors. Many projects entered my mind. At one period I thought of cutting the corpse into minute fragments, and destroying them by fire. At another, I resolved to dig a grave for it in the floor of the cellar. Again, I deliberated about casting it in the well in the yard—about packing it in a box, as if merchandize, with the usual arrangements, and so getting a porter to take it from the house. Finally I hit upon what I considered a far better expedient than either of these. I determined to wall it up in the cellar—as the monks of the middle ages are recorded to have walled up their victims.

For a purpose such as this the cellar was well adapted. Its walls were loosely constructed, and had lately been plastered throughout with a rough plaster, which the dampness of the atmosphere had prevented from hardening. Moreover, in one of the walls was a projection, caused by a false chimney, or fireplace, that had been filled up, and made to resemble the rest of the cellar. I made no doubt that I could readily displace the bricks at this point, insert the corpse, and wall the whole up as before, so that no eye could detect any thing suspicious.

And in this calculation I was not deceived. By means of a crowbar I easily dislodged the bricks, and, having carefully deposited the body against the inner wall, I propped it in that position, while, with little trouble, I relaid the whole structure as it originally stood. Having procured mortar, sand, and hair, with every possible precaution, I prepared a plaster which could not be distinguished from the old, and with this I very carefully went

Nachdem dieser grässliche Mord geschehen war, machte ich mich sogleich und mit bedächtiger Überlegung daran, die Leiche zu verbergen. Ich wusste, dass ich sie nicht aus dem Haus schaffen konnte, weder bei Tage noch bei Nacht, ohne Gefahr zu laufen, von den Nachbarn beobachtet zu werden. Viele Pläne kamen mir in den Sinn. Eine Zeitlang dachte ich daran, den Leichnam in winzige Stücke zu schneiden und diese zu verbrennen. Darauf beschloss ich, im Boden des Kellers ein Grab für ihn zu schaufeln. Dann wieder nahm ich mir vor, ihn in den Brunnen im Hof zu werfen – oder ihn wie Handelsware mit den üblichen Vorbereitungen in eine Kiste zu packen und von einem Träger aus dem Haus holen zu lassen. Endlich stieß ich auf etwas, das ich für ein weit besseres Verfahren hielt als jedes der vorigen. Ich beschloss, die Leiche im Keller einzumauern – so wie es von den Mönchen des Mittelalters heißt, dass sie ihre Opfer eingemauert haben.

Für einen Zweck wie diesen war der Keller recht gut geeignet. Seine Wände waren locker gemauert und erst kürzlich rundum mit einem groben Mörtel verputzt worden, den die Feuchtigkeit der Luft noch nicht hatte aushärten lassen. Überdies gab es an einer der Wände eine Auskragung, verursacht von einem blinden Rauchabzug oder Kamin, der verfüllt und dem Rest des Kellers angeglichen worden war. Ich hegte keinen Zweifel, dass ich an dieser Stelle die Ziegel leicht entfernen, den Leichnam hineinschieben und das Ganze wieder zumauern konnte wie zuvor, sodass kein Auge irgendetwas Verdächtiges entdecken würde.

Und in diesem Kalkül wurde ich nicht getäuscht. Mithilfe eines Brecheisens entfernte ich mühelos die Ziegel, und nachdem ich die Leiche sorgsam gegen die innere Wand gelehnt hatte, stützte ich sie in dieser Stellung ab und baute die ganze Mauer so wieder auf, wie sie ursprünglich dagestanden hatte. Nachdem ich mit jeder erdenklichen Vorsicht Mörtel, Sand und Haare beschafft hatte, stellte ich einen Putz her, der von dem alten nicht zu unterscheiden war, und trug ihn sehr sorgfältig auf das neue

over the new brickwork. When I had finished, I felt satisfied that all was right. The wall did not present the slightest appearance of having been disturbed. The rubbish on the floor was picked up with the minutest care. I looked around triumphantly, and said to myself–'Here at least, then, my labor has not been in vain.'

My next step was to look for the beast which had been the cause of so much wretchedness; for I had, at length, firmly resolved to put it to death. Had I been able to meet with it, at the moment, there could have been no doubt of its fate; but it appeared that the crafty animal had been alarmed at the violence of my previous anger, and forebore to present itself in my present mood. It is impossible to describe, or to imagine, the deep, the blissful sense of relief which the absence of the detested creature occasioned in my bosom. It did not make its appearance during the night–and thus for one night at least, since its introduction into the house, I soundly and tranquilly slept; aye, *slept* even with the burden of murder upon my soul!

The second and the third day passed, and still my tormentor came not. Once again I breathed as a freeman. The monster, in terror, had fled the premises forever! I should behold it no more! My happiness was supreme! The guilt of my dark deed disturbed me but little. Some few inquiries had been made, but these had been readily answered. Even a search had been instituted–but of course nothing was to be discovered. I looked upon my future felicity as secured.

Upon the fourth day of the assassination, a party of the police came, very unexpectedly, into the house, and proceeded again to make rigorous investigation of the premises. Secure, however, in the inscrutability of my place of

Mauerwerk auf. Als ich fertig war, sah ich zufrieden, dass alles seine Ordnung hatte. Die Wand bot nicht den leisesten Anschein, dass man sie aufgebrochen hatte. Der Schutt auf dem Boden wurde mit peinlichster Sorgfalt entfernt. Triumphierend sah ich mich um und sagte zu mir selbst: »Hier zumindest ist meine Arbeit nicht umsonst gewesen.«

Mein nächster Schritt war, das Biest zu suchen, das die Ursache für so viel Elend gewesen war; denn endlich war ich fest entschlossen, es zu töten. Hätte ich ihm in dem Moment begegnen können, wäre sein Schicksal besiegelt gewesen; aber es schien, dass das gerissene Tier von der Gewalt meines früheren Zorns alarmiert worden war und es in meiner gegenwärtigen Stimmung vermied, sich sehen zu lassen. Es ist unmöglich, das tiefe, glückselige Gefühl der Erlösung zu beschreiben oder sich vorzustellen, das die Abwesenheit der verhassten Kreatur in meiner Brust hervorrief. Auch während der Nacht ließ sie sich nicht blicken – und so schlief ich wenigstens eine Nacht, seit ich sie ins Haus gebracht hatte, tief und ruhig; ja, ich *schlief* sogar mit der Last des Mordes auf meiner Seele!

Der zweite und der dritte Tag vergingen, und noch immer kam mein Peiniger nicht. Ich atmete wieder einmal als ein freier Mann. Das Monster war in seinem Schrecken für immer vom Grundstück geflohen. Ich würde es nie mehr sehen müssen! Mein Glück war grenzenlos! Die Schuld meiner dunklen Tat störte mich nur wenig. Es hatte einige wenige Nachfragen gegeben, aber diese waren bereitwillig beantwortet worden. Sogar eine Hausdurchsuchung hatte man veranlasst – aber natürlich ohne etwas zu entdecken. Ich betrachtete meine künftiges Glück als gesichert.

Am vierten Tag nach dem Meuchelmord kam, ganz unerwartet, eine Abordnung der Polizei ins Haus und machte sich erneut daran, das Gebäude gründlich zu durchsuchen. Doch sicher durch die Unauffindbarkeit meines Verstecks, empfand ich kei-

concealment, I felt no embarrassment whatever. The officers bade me accompany them in their search. They left no nook or corner unexplored. At length, for the third or fourth time, they descended into the cellar. I quivered not in a muscle. My heart beat calmly as that of one who slumbers in innocence. I walked the cellar from end to end. I folded my arms upon my bosom, and roamed easily to and fro. The police were thoroughly satisfied and prepared to depart. The glee at my heart was too strong to be restrained. I burned to say if but one word, by way of triumph, and to render doubly sure their assurance of my guiltlessness.

'Gentlemen,' I said at last, as the party ascended the steps, 'I delight to have allayed your suspicions. I wish you all health, and a little more courtesy. By the bye, gentlemen, this—this is a very well constructed house.' [In the rabid desire to say something easily, I scarcely knew what I uttered at all.]—'I may say an *excellently* well constructed house. These walls—are you going, gentlemen?—these walls are solidly put together;' and here, through the mere phrenzy of bravado, I rapped heavily, with a cane which I held in my hand, upon that very portion of the brick-work behind which stood the corpse of the wife of my bosom.

But may God shield and deliver me from the fangs of the Arch-Fiend! No sooner had the reverberation of my blows sunk into silence, than I was answered by a voice from within the tomb!—by a cry, at first muffled and broken, like the sobbing of a child, and then quickly swelling into one long, loud, and continuous scream, utterly anomalous and inhuman—a howl—a wailing shriek, half of horror and half of triumph, such as might have arisen only out of hell, conjointly from the throats of the

nerlei Beunruhigung. Die Beamten forderten mich auf, sie bei ihrer Suche zu begleiten. Sie ließen keinen Winkel, keine Ecke unerforscht. Schließlich stiegen sie zum dritten oder vierten Mal in den Keller hinab. Ich zuckte mit keinem Muskel. Mein Herz schlug so ruhig wie das von jemandem, der in Unschuld schlummert. Ich durchmaß den Keller vom einen Ende zum anderen. Ich verschränkte die Arme über der Brust und schlenderte gelassen auf und ab. Die Polizisten waren vollkommen zufriedengestellt und schickten sich an zu gehen. Die Freude in meinem Herzen war zu stark, um sie zu unterdrücken. In meinem Triumph brannte ich darauf, wenigstens ein Wort zu sagen und ihre Gewissheit über meine Schuldlosigkeit doppelt gewiss zu machen.

»Meine Herren«, sagte ich schließlich, als die Abordnung die Stufen hinaufstieg, »ich freue mich, Ihren Verdacht zerstreut zu haben. Ich wünsche Ihnen allen Gesundheit, und ein wenig mehr Höflichkeit. Übrigens, meine Herren, dies – dies ist ein sehr gut gebautes Haus.« (In dem eifernden Verlangen, irgendetwas leicht dahinzusagen, wusste ich kaum, was ich überhaupt redete.) – »Ich darf sagen, ein *hervorragend* gut gebautes Haus. Diese Wände – gehen Sie schon, meine Herren? – diese Wände sind solide zusammengefügt«; und hierbei klopfte ich, im reinen Rausch der Prahlerei, mit einem Stock, den ich in der Hand hielt, kräftig auf genau die Stelle des Mauerwerks, hinter der der Leichnam der Frau meines Herzens stand.

Doch möge Gott mich schützen und mich erlösen aus den Fängen des Erzfeindes! Kaum war der Widerhall meiner Schläge in der Stille versunken, als eine Stimme mir antwortete aus dem Innern des Grabes! – ein Jammern, zuerst gedämpft und gebrochen wie das Weinen eines Kindes, und dann schnell anschwellend zu einem langen, lauten und anhaltenden Schreien, gänzlich unnormal und unmenschlich – ein Heulen – ein klagendes Kreischen, halb vor Entsetzen und halb im Triumph, wie es allein aus der Hölle heraufsteigen konnte, im Verein aus den Kehlen der

damned in their agony and of the demons that exult in the damnation.

Of my own thoughts it is folly to speak. Swooning, I staggered to the opposite wall. For one instant the party upon the stair remained motionless, through extremity of terror and of awe. In the next, a dozen stout arms were toiling at the wall. It fell bodily. The corpse, already greatly decayed and clotted with gore, stood erect before the eyes of the spectators. Upon its head, with red extended mouth and solitary eye of fire, sat the hideous beast whose craft had seduced me into murder, and whose informing voice had consigned me to the hangman. I had walled the monster up within the tomb!

Verdammten in ihren Todesqualen und der Dämonen, die über die Verdammnis frohlocken.

Von meinen eigenen Gedanken zu sprechen wäre töricht. Einer Ohnmacht nahe, taumelte ich zur gegenüberliegenden Wand. Für einen Augenblick blieb die Abordnung auf der Treppe regungslos, gelähmt vom Übermaß an Schrecken und scheuer Furcht. Im nächsten schuftete ein Dutzend kräftiger Arme an der Mauer. Sie fiel in sich zusammen. Der Leichnam, bereits stark verwest und klumpig vom geronnenen Blut, stand aufrecht vor den Augen der Betrachter. Auf seinem Kopf, mit aufgerissenem roten Maul und dem einzelnen feurig-glühenden Auge, saß das grässliche Biest, dessen Hinterlist mich zum Mord verführt und dessen verräterische Stimme mich dem Henker ausgeliefert hatte. Ich hatte das Monster in das Grab eingemauert!

Hop-Frog

I never knew any one so keenly alive to a joke as the king was. He seemed to live only for joking. To tell a good story of the joke kind, and to tell it well, was the surest road to his favor. Thus it happened that his seven ministers were all noted for their accomplishments as jokers. They all took after the king, too, in being large, corpulent, oily men, as well as inimitable jokers. Whether people grow fat by joking, or whether there is something in fat itself which predisposes to a joke, I have never been quite able to determine; but certain it is that a lean joker is a *rara avis in terris.*

About the refinements, or, as he called them, the 'ghosts' of wit, the king troubled himself very little. He had an especial admiration for *breadth* in a jest, and would often put up with *length,* for the sake of it. Over-niceties wearied him. He would have preferred Rabelais's 'Gargantua,' to the 'Zadig' of Voltaire: and, upon the whole, practical jokes suited his taste far better than verbal ones.

At the date of my narrative, professing jesters had not altogether gone out of fashion at court. Several of the great continental 'powers' still retained their 'fools,' who wore motley, with caps and bells, and who were expected to be always ready with sharp witticisms, at a moment's notice, in consideration of the crumbs that fell from the royal table.

Our king, as a matter of course, retained his 'fool.' The fact is, he *required* something in the way of folly–if only to counter-balance the heavy wisdom of the seven wise men who were his ministers–not to mention himself.

Hopp-Frosch

Nie habe ich jemanden gekannt, der so lebhaft zu Späßen aufgelegt war wie der König. Er schien allein fürs Witzereißen zu leben. Eine gute Witzgeschichte zu erzählen, und sie gut zu erzählen, war der sicherste Weg zu seiner Gunst. Und so kam es, dass seine sieben Minister allesamt für ihre Fähigkeiten als Spaßvögel bekannt waren. Sie alle glichen dem König auch darin, dass sie ebenso korpulente, dicke, fette Männer waren wie unnachahmliche Spaßvögel. Ob die Leute vom Scherzen fett werden oder ob im Fett selbst etwas liegt, das zum Witz prädisponiert, habe ich nie so recht bestimmen können; gewiss aber ist, dass ein magerer Spaßvogel eine *rara avis in terris* ist.

Um die Finessen oder, wie er sie nannte, die ›Geister‹ des Witzes scherte der König sich herzlich wenig. Seine spezielle Bewunderung galt dem *Umfang* eines Scherzes, und um dessentwillen ließ er sich häufig auch dessen *Länge* gefallen. Allzu große Feinheiten ödeten ihn an. Er hätte Rabelais' ›Gargantua‹ dem ›Zadig‹ Voltaires vorgezogen: Und alles in allem waren handfeste Streiche weit mehr nach seinem Geschmack als wortreiche Späße.

Zur Zeit meiner Erzählung waren berufsmäßige Spaßmacher bei Hofe noch nicht ganz aus der Mode gekommen. Etliche der großen kontinentalen ›Mächte‹ hielten sich noch immer ihre ›Narren‹, die kunterbunte Kleider trugen, mit Kappen und Schellen, und von denen erwartet wurde, stets mit scharfen Witzeleien zur Stelle zu sein, jederzeit, als Gegenleistung für die Brosamen, die vom königlichen Tisch fielen.

Unser König hatte selbstverständlich seinen ›Narren‹ behalten. Tatsache ist, dass er in Sachen Narretei etwas *verlangte* – und sei es nur, um die gewichtige Weisheit der sieben weisen Männer auszubalancieren, die seine Minister waren – von ihm selbst ganz zu schweigen.

His fool, or professional jester, was not *only* a fool, however. His value was trebled in the eyes of the king, by the fact of his being also a dwarf and a cripple. Dwarfs were as common at court, in those days, as fools; and many monarchs would have found it difficult to get through their days (days are rather longer at court than elsewhere) without both a jester to laugh *with,* and a dwarf to laugh *at.* But, as I have already observed, your jesters, in ninety-nine cases out of a hundred, are fat, round and unwieldy–so that it was no small source of selfgratulation with our king that, in Hop-Frog (this was the fool's name,) he possessed a triplicate treasure in one person.

I believe the name 'Hop-Frog' was *not* that given to the dwarf by his sponsors at baptism, but it was conferred upon him, by general consent of the seven ministers, on account of his inability to walk as other men do. In fact, Hop-Frog could only get along by a sort of interjectional gait–something between a leap and a wriggle–a movement that afforded illimitable amusement, and of course consolation, to the king, for (notwithstanding the protuberance of his stomach and a constitutional swelling of the head) the king, by his whole court, was accounted a capital figure.

But although Hop-Frog, through the distortion of his legs, could move only with great pain and difficulty along a road or floor, the prodigious muscular power which nature seemed to have bestowed upon his arms, by way of compensation for deficiency in the lower limbs, enabled him to perform many feats of wonderful dexterity, where trees or ropes were in question, or anything else to climb. At such exercises he certainly much more resembled a squirrel, or a small monkey, than a frog.

Sein Narr oder berufsmäßiger Spaßmacher war jedoch nicht *nur* ein Narr. Sein Wert wurde in den Augen des Königs dadurch verdreifacht, dass er außerdem ein Zwerg und ein Krüppel war. In jenen Tagen waren Zwerge bei Hofe ebenso üblich wie Narren; und viele Monarchen hätten es schwer gehabt, ihre Tage (bei Hofe sind die Tage weit länger als anderswo) ohne einen Spaßmacher hinzubringen, *mit* dem sie lachen, und einen Zwerg, *über* den sie lachen konnten. Doch wie ich schon bemerkte, sind solche Spaßmacher in neunundneunzig von hundert Fällen fett, rund und schwerfällig – sodass unser König keinen geringen Anlass hatte, sich selbst zu gratulieren, dass er in Hopp-Frosch (das war Name des Narren) in einer Person einen dreifachen Schatz besaß.

Ich glaube, dass der Name ›Hopp-Frosch‹ *nicht* derjenige war, den seine Taufpaten ihm gegeben hatten, sondern dass er ihm auf Ratsschluss der sieben Minister verliehen wurde wegen seiner Unfähigkeit, wie andere Menschen zu gehen. Tatsächlich konnte sich Hopp-Frosch nur in einer Art ruckweisem Gang vorwärtsbewegen – irgendetwas zwischen Springen und sich Winden – eine Bewegung, die dem König grenzenloses Amüsement und natürlich Trost bescherte, denn er wurde (ungeachtet seines vorgewölbten Bauchs und eines anlagebedingten Anschwellens seines Kopfes) von seinem gesamten Hofstaat als stattliche Figur betrachtet.

Doch obwohl Hopp-Frosch sich infolge der Unförmigkeit seiner Beine auf der Straße oder dem Fußboden nur mühsam und unter großen Schmerzen fortbewegen konnte, befähigte ihn die ungeheure Muskelkraft, mit der die Natur, wie zum Ausgleich für die Untauglichkeit seiner unteren Gliedmaßen, seine Arme ausgestattet zu haben schien, dazu, viele Meisterleistungen von wundersamer Geschicklichkeit immer dort vorzuführen, wo es einen Baum oder ein Seil oder irgendetwas anderes zu erklettern galt. Bei solchen Übungen ähnelte er sicherlich eher einem Eichhörnchen oder einem kleinen Affen als einem Frosch.

I am not able to say, with precision, from what country Hop-Frog originally came. It was from some barbarous region, however, that no person ever heard of—a vast distance from the court of our king. Hop-Frog, and a young girl very little less dwarfish than himself (although of exquisite proportions, and a marvellous dancer,) had been forcibly carried off from their respective homes in adjoining provinces, and sent as presents to the king, by one of his ever-victorious generals.

Under these circumstances, it is not to be wondered at that a close intimacy arose between the two little captives. Indeed, they soon became sworn friends. Hop-Frog, who, although he made a great deal of sport, was by no means popular, had it not in his power to render Trippetta many services; but *she,* on account of her grace and exquisite beauty (although a dwarf,) was universally admired and petted: so she possessed much influence; and never failed to use it, whenever she could, for the benefit of Hop-Frog.

On some grand state occasion—I forget what—the king determined to have a masquerade; and whenever a masquerade, or anything of that kind, occurred at our court, then the talents both of Hop-Frog and Trippetta were sure to be called in play. Hop-Frog, in especial, was so inventive in the way of getting up pageants, suggesting novel characters, and arranging costume, for masked balls, that nothing could be done, it seems, without his assistance.

The night appointed for *the fête* had arrived. A gorgeous hall had been fitted up, under Trippetta's eye, with every kind of device which could possibly give *éclat* to a masquerade. The whole court was in a fever of expectation. As for costumes and characters, it might well be sup-

Ich kann nicht mit Bestimmtheit sagen, aus welchem Land Hopp-Frosch eigentlich kam. Jedenfalls aus irgendeiner barbarischen Gegend, von der niemand je gehört hatte – weit entfernt vom Hof unseres Königs. Hopp-Frosch und ein junges Mädchen, kaum weniger zwergenhaft als er selbst (allerdings von vorzüglichen Proportionen und eine fabelhafte Tänzerin), waren gewaltsam aus ihrer jeweiligen Heimat in angrenzenden Provinzen verschleppt und dem König von einem seiner stets siegreichen Generäle als Geschenke übersandt worden.

Unter diesen Umständen ist es nicht verwunderlich, dass zwischen den beiden kleinen Gefangenen eine enge Vertrautheit entstand. Tatsächlich wurden sie bald verschworene Freunde. Hopp-Frosch, der, obwohl er für ein Menge Späße sorgte, keineswegs beliebt war, hatte es nicht in der Hand, Trippetta viele Dienste zu erweisen; *sie* jedoch wurde angesichts ihrer Anmut und exquisiten Schönheit (trotz ihrer Zwergengestalt) allgemein verehrt und verwöhnt: So besaß sie viel Einfluss; und niemals versäumte sie, ihn, wann immer sie konnte, für das Wohl Hopp-Froschs einzusetzen.

Bei irgendeinem großen Staatsereignis – ich habe vergessen, was es war – entschied der König, ein Maskenfest zu geben; und wann immer ein Maskenfest oder dergleichen an unserem Hof stattfand, brachte man gewiss die Talente sowohl Hopp-Froschs wie Trippettas ins Spiel. Speziell Hopp-Frosch war so erfinderisch, wenn es darum ging, für Maskenbälle Festumzüge zusammenzustellen, neuartige Charaktere anzuregen und Kostüme herzurichten, dass ohne seine Mithilfe scheinbar nichts zu machen war.

Der für die *fête* festgesetzte Abend war gekommen. Unter Trippettas Aufsicht hatte man einen prächtigen Saal mit allem ausstaffiert, was dazu geeignet schien, einer Maskerade *éclat* zu verleihen. Der ganze Hof war in fieberhafter Erwartung. Was Kostüme und Charaktere betraf, konnte man wohl annehmen,

posed that everybody had come to a decision on such points. Many had made up their minds (as to what *rôles* they should assume) a week, or even a month, in advance; and, in fact, there was not a particle of indecision anywhere—except in the case of the king and his seven ministers. Why *they* hesitated I never could tell, unless they did it by way of a joke. More probably, they found it difficult, on account of being so fat, to make up their minds. At all events, time flew; and, as a last resource, they sent for Trippetta and Hop-Frog.

When the two little friends obeyed the summons of the king, they found him sitting at his wine with the seven members of his cabinet council; but the monarch appeared to be in a very ill humor. He knew that Hop-Frog was not fond of wine; for it excited the poor cripple almost to madness; and madness is no comfortable feeling. But the king loved his practical jokes, and took pleasure in forcing Hop-Frog to drink and (as the king called it) 'to be merry.'

'Come here, Hop-Frog,' said he, as the jester and his friend entered the room: 'swallow this bumper to the health of your absent friends [here Hop-Frog sighed,] and then let us have the benefit of your invention. We want characters—*characters,* man—something novel—out of the way. We are wearied with this everlasting sameness. Come, drink! the wine will brighten your wits.'

Hop-Frog endeavored, as usual, to get up a jest in reply to these advances from the king; but the effort was too much. It happened to be the poor dwarf's birthday, and the command to drink to his 'absent friends' forced the tears to his eyes. Many large, bitter drops fell into the goblet as he took it, humbly, from the hand of the tyrant.

dass in diesen Punkten jeder eine Entscheidung getroffen hatte. Viele hatten sich schon eine Woche, sogar einen Monat zuvor entschlossen (welche *rôles* sie spielen wollten); und wirklich gab es nirgends auch nur die kleinste Unentschiedenheit – außer im Fall des Königs und seiner sieben Minister. Warum *sie* zögerten, wüsste ich nicht zu sagen, es sei denn, sie machten sich einen Spaß daraus. Wahrscheinlich aber fiel es ihnen schwer, sich zu entscheiden, weil sie so fett waren. Wie dem auch sei, die Zeit verflog; und als letzte Rettung schickten sie nach Trippetta und Hopp-Frosch.

Als die beiden kleinen Freunde dem Befehl des Königs Folge leisteten, fanden sie ihn mit den sieben Mitgliedern seines Kabinetts beim Wein sitzen; doch der Monarch schien in einer sehr üblen Stimmung zu sein. Er wusste, dass Hopp-Frosch Wein nicht mochte; denn er erregte den armen Krüppel fast bis zum Wahnsinn; und Wahnsinn ist kein angenehmes Gefühl. Der König aber liebte seine Streiche und machte sich ein Vergnügen daraus, Hopp-Frosch zum Trinken und (wie der König es nannte) zum ›Lustigsein‹ zu zwingen.

»Komm her, Hopp-Frosch«, sagte er, als der Spaßmacher und seine Freundin ins Zimmer traten, »leere diesen Humpen auf die Gesundheit deiner abwesenden Freunde« (hier seufzte Hopp-Frosch) »und dann lass uns an deiner Erfindungsgabe teilhaben. Wir brauchen Charaktere – *Charaktere*, Mann – irgendwas Neuartiges – Ausgefallenes! Wir haben dieses ewige Einerlei satt. Komm, trink! der Wein wird dir die Sinne schärfen.«

Hopp-Frosch versuchte wie gewöhnlich, diesen Vorstoß des Königs mit einem Scherz zu beantworten; aber die Anstrengung war zu viel. Es war nämlich just der Geburtstag des armen Zwergs, und der Befehl, auf seine ›abwesenden Freunde‹ zu trinken, trieb ihm die Tränen in die Augen. Viele große und bittere Tropfen fielen in den Kelch, als er ihn demütig aus der Hand des Tyrannen entgegennahm.

'Ah! ha! ha! ha!' roared the latter, as the dwarf reluctantly drained the beaker. 'See what a glass of good wine can do! Why, your eyes are shining already!'

Poor fellow! his large eyes *gleamed,* rather than shone; for the effect of wine on his excitable brain was not more powerful than instantaneous. He placed the goblet nervously on the table, and looked round upon the company with a half-insane stare. They all seemed highly amused at the success of the king's *'joke.'*

'And now to business,' said the prime minister, a *very* fat man.

'Yes,' said the king; 'come, Hop-Frog, lend us your assistance. Characters, my fine fellow; we stand in need of characters–all of us–ha! ha! ha!' and as this was seriously meant for a joke, his laugh was chorused by the seven.

Hop-Frog also laughed, although feebly and somewhat vacantly.

'Come, come,' said the king, impatiently, 'have you nothing to suggest?'

'I am endeavoring to think of something *novel,'* replied the dwarf, abstractedly, for he was quite bewildered by the wine.

'Endeavoring!' cried the tyrant, fiercely; 'what do you mean by *that?* Ah, I perceive. You are sulky, and want more wine. Here, drink this!' and he poured out another goblet full and offered it to the cripple, who, merely gazed at it, gasping for breath.

'Drink, I say!' shouted the monster, 'or by the fiends–'

The dwarf hesitated. The king grew purple with rage. The courtiers smirked. Trippetta, pale as a corpse, advanced to the monarch's seat, and, falling on her knees before him, implored him to spare her friend.

»Ah! ha! ha! ha!«, röhrte Letzterer, als der Zwerg den Becher widerwillig leerte. »Sieh an, was so ein Glas guten Weins ausrichten kann! Was, deine Augen glänzen ja schon!«

Armer Kerl! Seine großen Augen *funkelten* eher, als dass sie glänzten; denn der Wein hatte auf sein erregbares Hirn einen ebenso gewaltigen wie augenblicklichen Effekt. Er stellte den Kelch nervös auf den Tisch und blickte mit halb-irrsinnigem Stieren in die Runde. Alle schienen höchst amüsiert über den Erfolg des königlichen *›Scherzes‹*.

»Und jetzt an die Arbeit!«, sagte der Premierminister, ein *sehr* fetter Mann.

»Ja«, sagte der König; »komm, Hopp-Frosch, leih uns deinen Beistand. Charaktere, mein Lieber; wir haben Bedarf an Charakteren – wir alle – ha! ha! ha!« Und da dies ernsthaft als Witz gemeint war, lachten die sieben mit ihm im Chor.

Hopp-Frosch lachte auch, wenngleich matt und irgendwie hohl.

»Komm schon, komm«, sagte der König ungeduldig, »hast du nichts vorzuschlagen?«

»Ich strenge mich an, mir irgendwas völlig *Neuartiges* auszudenken«, antwortete der Zwerg zerstreut, denn er war vom Wein ziemlich verwirrt.

»Strengst dich an!«, schrie der Tyrann wütend; »was soll denn *das* heißen? Ah, ich verstehe. Du schmollst und willst mehr Wein. Hier, trink das!« Und er füllte einen zweiten Kelch und hielt ihn dem Krüppel hin, der ihn nur atemlos anstarrte.

»Trink, sage ich!«, brüllte das Monstrum, »oder bei allen Teufeln …«

Der Zwerg zögerte. Der König wurde purpurrot vor Zorn. Die Höflinge grinsten. Trippetta, leichenblass, näherte sich dem Sitz des Monarchen, und indem sie vor ihm auf die Knie fiel, flehte sie ihn an, ihren Freund zu verschonen.

The tyrant regarded her, for some moments, in evident wonder at her audacity. He seemed quite at a loss what to do or say—how most becomingly to express his indignation. At last, without uttering a syllable, he pushed her violently from him, and threw the contents of the brimming goblet in her face.

The poor girl got up as best she could, and, not daring even to sigh, resumed her position at the foot of the table.

There was a dead silence for about a half a minute, during which the falling of a leaf, or of a feather, might have been heard. It was interrupted by a low, but harsh and protracted *grating* sound which seemed to come at once from every corner of the room.

'What—what—*what* are you making that noise for?' demanded the king, turning furiously to the dwarf.

The latter seemed to have recovered, in great measure, from his intoxication, and looking fixedly but quietly into the tyrant's face, merely ejaculated:

'I—I? How could it have been me?'

'The sound appeared to come from without,' observed one of the courtiers. 'I fancy it was the parrot at the window, whetting his bill upon his cage-wires.'

'True,' replied the monarch, as if much relieved by the suggestion; 'but, on the honor of a knight, I could have sworn that it was the gritting of this vagabond's teeth.'

Hereupon the dwarf laughed (the king was too confirmed a joker to object to any one's laughing), and displayed a set of large, powerful, and very repulsive teeth. Moreover, he avowed his perfect willingness to swallow as much wine as desired. The monarch was pacified; and having drained another bumper with no very perceptible

Der Tyrann betrachtete sie eine Weile, sichtlich verwundert über ihre Unverfrorenheit. Er schien nicht so recht zu wissen, was er tun oder sagen – wie er seiner Empörung Luft machen sollte. Schließlich, ohne ein Wort zu sagen, stieß er sie heftig zurück und schüttete ihr den Inhalt des randvollen Kelchs ins Gesicht.

Das arme Mädchen erhob sich, so gut es konnte, und nahm, ohne auch nur ein Seufzen zu wagen, seinen Platz am Fußende des Tischs wieder ein.

Etwa eine halbe Minute lang herrschte Totenstille, in der man das Fallen eines Blattes oder einer Feder hätte hören können. Sie wurde unterbrochen von einem leisen, doch harschen und langgezogenen *knirschenden* Geräusch, das gleichzeitig aus allen Ecken des Raums zu kommen schien.

»Warum – weshalb – *wozu* machst du diesen Lärm?«, verlangte der König zu wissen, indem er sich wutenbrannt zu dem Zwerg umdrehte.

Letzterer schien sich von seinem Rausch großenteils erholt zu haben, sah dem Tyrann fest, aber ruhig ins Gesicht und stieß bloß hervor:

»Ich – ich? Wie könnte ich das gewesen sein?«

»Das Geräusch schien von draußen zu kommen«, bemerkte einer der Höflinge. »Ich vermute, es war der Papagei am Fenster, der seinen Schnabel am Käfiggitter wetzte.«

»Richtig«, erwiderte der Herrscher, als wäre er sehr erleichtert über diese Vermutung; »doch bei der Ehre eines Ritters, ich hätte schwören können, es war das Zähneknirschen dieses Strolchs.«

Hierauf lachte der Zwerg (der König war ein zu überzeugter Spaßvogel, um gegen irgendjemandes Lachen etwas einzuwenden) und entblößte eine Reihe großer, mächtiger und sehr abstoßender Zähne. Überdies gab er seine völlige Bereitwilligkeit zu erkennen, so viel Wein zu trinken, wie gewünscht. Der Monarch war beschwichtigt; und nachdem Hopp-Frosch nahezu ohne erkenn-

ill effect, Hop-Frog entered at once, and with spirit, into the plans for the masquerade.

'I cannot tell what was the association of idea,' observed he, very tranquilly, and as if he had never tasted wine in his life, 'but *just after* your majesty had struck the girl and thrown the wine in her face—*just after* your majesty had done this, and while the parrot was making that odd noise outside the window, there came into my mind a capital diversion—one of my own country frolics—often enacted among us, at our masquerades: but here it will be new altogether. Unfortunately, however, it requires a company of eight persons, and—'

'Here we *are*!' cried the king, laughing at his acute discovery of the coincidence; 'eight to a fraction—I and my seven ministers. Come! what is the diversion?'

'We call it,' replied the cripple, 'the Eight Chained Ourang-Outangs, and it really is excellent sport if well enacted.'

'*We* will enact it,' remarked the king, drawing himself up, and lowering his eyelids.

'The beauty of the game,' continued Hop-Frog, 'lies in the fright it occasions among the women.'

'Capital!' roared in chorus the monarch and his ministry.

'*I* will equip you as ourang-outangs,' proceeded the dwarf; 'leave all that to me. The resemblance shall be so striking, that the company of masqueraders will take you for real beasts—and of course, they will be as much terrified as astonished.'

'O, this is exquisite!' exclaimed the king. 'Hop-Frog! I will make a man of you.'

'The chains are for the purpose of increasing the confusion by their jangling. You are supposed to have

bar üble Wirkung einen weiteren Humpen geleert hatte, machte er sich sofort und mit Eifer an die Pläne für die Maskerade.

»Ich kann nicht sagen, wie ich auf den Gedanken kam«, bemerkte er so ruhig, als hätte er nie in seinem Leben einen Schluck Wein probiert, »aber *just nachdem* Eure Majestät das Mädchen geschlagen und ihm den Wein ins Gesicht geschüttet hatten – *just nachdem* Eure Majestät das getan hatten und während der Papagei draußen am Fenster das komische Geräusch machte, kam mir eine famose Unterhaltung in den Sinn – einer der Späße meiner Heimat – von uns oft aufgeführt bei unseren Maskeraden: Aber hier wird er gänzlich neu sein. Leider jedoch erfordert er eine Gesellschaft von acht Personen, und –«

»Hier *sind* wir ja!«, rief der König und lachte über seine scharfsinnige Entdeckung der Übereinstimmung; »genau acht Mann – ich und meine sieben Minister. Los! was ist das für ein Spaß?«

»Wir nennen ihn«, erwiderte der Krüppel, »›Die acht aneinandergeketteten Orang-Utans‹, und gut aufgeführt ist er wirklich ein exzellentes Vergnügen.«

»*Wir* wollen ihn aufführen«, bemerkte der König, wobei er sich aufrichtete und seine Lider senkte.

»Das Schöne an dem Spiel«, fuhr Hopp-Frosch fort, »ist der Schrecken, den es bei den Frauen verursacht.«

»Großartig!«, grölten der Monarch und seine Minister im Chor.

»*Ich* werde Sie als Orang-Utans ausstatten«, sprach der Zwerg weiter; »überlassen Sie all das mir. Die Ähnlichkeit wird so verblüffend sein, dass die ganze Maskengesellschaft Sie für wirkliche Bestien halten wird – und natürlich wird man ebenso entsetzt wie erstaunt sein.«

»Oh, das ist vortrefflich!«, rief der König. »Hopp-Frosch! Aus dir mache ich noch einen Mann.«

»Die Ketten dienen dazu, durch ihr Rasseln die Verwirrung zu verstärken. Man wird glauben, Sie seien *en masse* Ihren Wär-

escaped, *en masse,* from your keepers. Your majesty cannot conceive the *effect* produced, as a masquerade, by eight chained ourang-outangs, imagined to be real ones by most of the company; and rushing in with savage cries, among the crowd of delicately and gorgeously habited men and women. The *contrast* is inimitable.'

'It *must* be,' said the king: and the council arose hurriedly (as it was growing late), to put in execution the scheme of Hop-Frog.

His mode of equipping the party as ourang-outangs was very simple, but effective enough for his purposes. The animals in question had, at the epoch of my story, very rarely been seen in any part of the civilized world; and as the imitations made by the dwarf were sufficiently beast-like and more than sufficiently hideous, their truthfulness to nature was thus thought to be secured.

The king and his ministers were first encased in tight-fitting stockinet shirts and drawers. They were then saturated with tar. At this stage of the process, some one of the party suggested feathers; but the suggestion was at once overruled by the dwarf, who soon convinced the eight, by ocular demonstration, that the hair of such a brute as the ourang-outang was much more efficiently represented by *flax.* A thick coating of the latter was accordingly plastered upon the coating of tar. A long chain was now procured. First, it was passed about the waist of the king, *and tied;* then about another of the party, and also tied; then about all successively, in the same manner. When this chaining arrangement was complete, and the party stood as far apart from each other as possible, they formed a circle; and to make all things appear natural, Hop-Frog passed the residue of the chain, in two diameters, at right angles, across the circle, after

tern entwischt. Eure Majestät können sich gar nicht den *Effekt* ausmalen, den bei einer Maskerade acht aneinandergekettete Orang-Utans hervorrufen, die die meisten aus der Gesellschaft für echte halten und die mit wildem Geschrei mitten durch die Menge all der vornehm und prächtig gekleideten Männer und Frauen rasen. Der *Kontrast* ist unnachahmlich.«

»Das *muss* er sein«, sagte der König: Und die Ratsmitglieder erhoben sich hastig (denn es wurde spät), um Hopp-Froschs Plan in die Tat umzusetzen.

Sein Verfahren, die Gruppe als Orang-Utans auszustaffieren, war sehr einfach, aber für seine Zwecke wirkungsvoll genug. Die fraglichen Tiere waren zu der Zeit, in der meine Geschichte spielt, in allen Teilen der zivilisierten Welt nur sehr selten gesehen worden; und da die Imitationen, die der Zwerg erzeugte, ausreichend bestienhaft und mehr als ausreichend grässlich waren, hielt man ihre Naturtreue für gesichert.

Der König und seine Minister wurden zunächst in enganliegende baumwollene Unterhemden und -hosen gesteckt. Dann wurden diese mit Teer getränkt. In diesem Stadium des Prozesses schlug einer aus der Truppe Federn vor; doch der Vorschlag wurde von dem Zwerg sofort verworfen, der die acht durch eine Demonstration bald überzeugte, dass das Fell eines solchen Tiers sich viel wirkungsvoller durch *Flachs* darstellen ließ. Also wurde eine dicke Schicht von Letzterem auf die Teerschicht aufgetragen. Jetzt besorgte man eine lange Kette. Sie wurde zuerst dem König um den Bauch gelegt und *befestigt*; dann einem anderen der Truppe und ebenfalls befestigt; in derselben Weise dann der Reihe nach bei allen anderen. Als alle derart angekettet waren und die Männer so weit wie möglich voneinander entfernt standen, bildeten sie einen Kreis; und um alles ganz natürlich aussehen zu lassen, zog Hopp-Frosch den Rest der Kette zweimal diametral und im rechten Winkel durch den Kreis, ganz nach der Art, die heutzutage von denen ange-

the fashion adopted, at the present day, by those who capture Chimpanzees, or other large apes, in Borneo.

The grand saloon in which the masquerade was to take place, was a circular room, very lofty, and receiving the light of the sun only through a single window at top. At night (the season for which the apartment was especially designed,) it was illuminated principally by a large chandelier, depending by a chain from the centre of the skylight, and lowered, or elevated, by means of a counterbalance as usual, but (in order not to look unsightly) this latter passed outside the cupola and over the roof.

The arrangements of the room had been left to Trippetta's superintendence: but, in some particulars, it seems, she had been guided by the calmer judgment of her friend the dwarf. At his suggestion it was that, on this occasion, the chandelier was removed. Its waxen drippings (which, in weather so warm, it was quite impossible to prevent,) would have been seriously detrimental to the rich dresses of the guests, who, on account of the crowded state of the saloon, could not *all* be expected to keep from out its centre–that is to say, from under the chandelier. Additional sconces were set in various parts of the hall, out of the way; and a flambeau, emitting sweet odor, was placed in the right hand of each of the Caryatides that stood against the wall–some fifty or sixty altogether.

The eight ourang-outangs, taking Hop-Frog's advice, waited patiently until midnight (when the room was thoroughly filled with masqueraders) before making their appearance. No sooner had the clock ceased striking, however, than they rushed, or rather rolled in, all together–for the impediment of their chains caused most of the party to fall, and all to stumble as they entered.

wandt wird, die auf Borneo Schimpansen oder andere große Affen fangen.

Der große Salon, in dem das Maskenfest stattfinden sollte, war ein kreisrunder, sehr hoher Raum, der Sonnenlicht nur durch ein einziges Fenster hoch oben erhielt. Bei Nacht (der Zeit, für die der Raum speziell entworfen worden war) wurde er hauptsächlich von einem großen Kronleuchter erhellt, der an einer Kette von der Mitte des Oberlichts herabhing und wie üblich mithilfe eines Gegengewichts abgesenkt oder angehoben werden konnte, doch verlief dies Letztere (damit das Ganze nicht unansehnlich wurde) außerhalb der Kuppel und über das Dach.

Die Ausstattung des Raums hatte man Trippettas Oberaufsicht überlassen; in einigen Besonderheiten jedoch, so scheint es, war sie vom gelasseneren Urteil ihres Freundes, des Zwergs, angeleitet worden. Auf seinen Vorschlag hin hatte man für diese Gelegenheit den Kronleuchter entfernt. Die Wachstropfen (die bei so warmer Witterung kaum zu vermeiden gewesen wären) hätten den kostbaren Kleidern ernstlich schaden können, und es war wegen der Überfüllung des Saals nicht zu erwarten, dass sich *alle* Gäste von seiner Mitte fernhalten konnten – also dem Platz unter dem Kronleuchter. Zusätzliche Wandleuchter wurden an verschiedenen Stellen des Saals angebracht, wo sie nicht im Weg waren; und den Karyatiden, die an den Wänden standen – etwa fünfzig oder sechzig insgesamt – setzte man jeweils eine süßen Duft verströmende Fackel in die rechte Hand.

Die acht Orang-Utans folgten Hopp-Froschs Rat und warteten geduldig bis Mitternacht (als der Raum zur Gänze voll mit Maskengängern war), bevor sie ihren Auftritt hatten. Kaum jedoch hatte die Uhr aufgehört zu schlagen, da stürmten sie schon, oder vielmehr purzelten sie hinein – denn die Hinderlichkeit ihrer Ketten brachte die meisten der Truppe zu Fall und alle ins Stolpern, als sie hereinkamen.

The excitement among the masqueraders was prodigious, and filled the heart of the king with glee. As had been anticipated, there were not a few of the guests who supposed the ferocious-looking creatures to be beasts of *some* kind in reality, if not precisely ourang-outangs. Many of the women swooned with affright; and had not the king taken the precaution to exclude all weapons from the saloon, his party might soon have expiated their frolic in their blood. As it was, a general rush was made for the doors; but the king had ordered them to be locked immediately upon his entrance; and, at the dwarf's suggestion, the keys had been deposited with *him*.

While the tumult was at its height, and each masquerader attentive only to his own safety–(for, in fact, there was much *real* danger from the pressure of the excited crowd,)–the chain by which the chandelier ordinarily hung, and which had been drawn up on its removal, might have been seen very gradually to descend, until its hooked extremity came within three feet of the floor.

Soon after this, the king and his seven friends, having reeled about the hall in all directions, found themselves, at length, in its centre, and, of course, in immediate contact with the chain. While they were thus situated, the dwarf, who had followed closely at their heels, inciting them to keep up the commotion, took hold of their own chain at the intersection of the two portions which crossed the circle diametrically and at right angles. Here, with the rapidity of thought, he inserted the hook from which the chandelier had been wont to depend; and, in an instant, by some unseen agency, the chandelier-chain was drawn so far upward as to take the hook out of reach,

Die Aufregung unter den Maskengängern war ungeheuer und erfüllte das Herz des Königs mit Entzücken. Wie vorausgesehen, gab es nicht wenige unter den Gästen, die diese wild aussehenden Kreaturen für Bestien *irgendeiner* wirklich existierenden Art hielten, wenn auch nicht gerade für Orang-Utans. Viele der Frauen fielen vor Schreck in Ohnmacht; und hätte der König nicht die Vorkehrung getroffen, alle Waffen aus dem Salon zu entfernen, so hätte seine Truppe ihren Spaß wohl bald mit ihrem Blut gebüßt. So aber gab es einen allgemeinen Ansturm auf die Türen; der König hatte jedoch angeordnet, diese gleich nach seinem Eintreten abzuschließen; und auf den Vorschlag des Zwerges hin waren die Schlüssel *ihm* übergeben worden.

Als der Tumult seinen Höhepunkt erreichte und jeder Maskengänger nur auf seine eigene Sicherheit achtete – (denn tatsächlich gab es viel *reale* Gefahr durch den Druck der aufgeregten Menge) –, hätte man sehen können, wie die Kette, an der normalerweise der Kronleuchter hing und die man bei dessen Entfernung hinaufgezogen hatte, sich ganz allmählich herabsenkte, bis ihr hakenförmiges Ende nur noch drei Fuß über dem Boden hing.

Bald darauf fanden der König und seine sieben Freunde, nachdem sie in allen Richtungen durch die Halle getaumelt waren, sich schließlich in deren Zentrum wieder, und so auch in unmittelbarer Nähe zur Kette. Während sie so standen, ergriff der Zwerg, der ihnen dicht auf den Fersen geblieben war und sie angefeuert hatte, den Aufruhr fortzuführen, ihre eigene Kette am Schnittpunkt der beiden Teile, die den Kreis diametral und einander rechtwinklig kreuzten. Hier hängte er schnell wie der Blitz den Haken ein, von dem gewöhnlich der Kronleuchter herabhing; und augenblicklich wurde von einer unsichtbaren Kraft die Kronleuchterkette so hoch hinaufgezogen, dass der Haken nicht mehr erreichbar war und, als zwangsläu-

and, as an inevitable consequence, to drag the ourang-outangs together in close connection, and face to face.

The masqueraders, by this time, had recovered, in some measure, from their alarm; and, beginning to regard the whole matter as a wellcontrived pleasantry, set up a loud shout of laughter at the predicament of the apes.

'Leave them to *me*!' now screamed Hop-Frog, his shrill voice making itself easily heard through all the din. 'Leave them to *me*. I fancy *I* know them. If I can only get a good look at them, I can soon tell who they are.'

Here, scrambling over the heads of the crowd, he managed to get to the wall; when, seizing a flambeau from one of the Caryatides, he returned, as he went, to the centre of the room–leaped, with the agility of a monkey, upon the king's head–and thence clambered a few feet up the chain–holding down the torch to examine the group of ourang-outangs, and still screaming, '*I* shall soon find out who they are!'

And now, while the whole assembly (the apes included) were convulsed with laughter, the jester suddenly uttered a shrill whistle; when the chain flew violently up for about thirty feet–dragging with it the dismayed and struggling ourang-outangs, and leaving them suspended in mid-air between the sky-light and the floor. Hop-Frog, clinging to the chain as it rose, still maintained his relative position in respect to the eight maskers, and still (as if nothing were the matter) continued to thrust his torch down towards them, as though endeavoring to discover who they were.

So thoroughly astonished were the whole company at this ascent, that a dead silence, of about a minute's duration, ensued. It was broken by just such a low, harsh, *grat-*

fige Folge, die Orang-Utans eng aneinandergezerrt wurden, Gesicht an Gesicht.

Inzwischen hatten sich die Maskengänger einigermaßen von ihrem Schreck erholt; sie begannen, das Ganze als einen gut ausgedachten Scherz anzusehen, und brachen über die missliche Lage der Affen in schreiendes Gelächter aus.

»Überlasst sie *mir*!«, schrie nun Hopp-Frosch, und seine schrille Stimme verschaffte sich leicht Gehör in all dem Lärm. »Überlasst sie *mir*. Ich glaube, *ich* kenne sie. Wenn ich nur einen richtigen Blick auf sie werfen kann, dann kann ich bald sagen, wer sie sind.«

Dabei kletterte er über die Köpfe der Menge hinweg und gelangte zur Wand; dann nahm er einer der Karyatiden die Fackel aus der Hand, kehrte auf demselben Weg in die Mitte des Raums zurück – sprang mit der Behändigkeit eines Affen dem König auf den Kopf – und kletterte von dort ein paar Fuß die Kette hinauf – hielt die Fackel nach unten, um die Gruppe der Orang-Utans zu mustern, und schrie noch immer: »*Ich* werde bald herausfinden, wer sie sind!«

Und jetzt, während die ganze Versammlung (die Affen eingeschlossen) sich vor Lachen krümmte, stieß der Spaßmacher plötzlich einen schrillen Pfiff aus; woraufhin die Kette ruckartig dreißig Fuß emporschoss – die bestürzten und strampelnden Orang-Utans mit sich riss und sie zwischen dem Oberlicht und dem Boden baumeln ließ. Hopp-Frosch, der sich, als sie anzog, an der Kette festgehalten hatte, hielt noch immer seine relative Position zu den acht Maskierten und stieß noch immer (als sei nichts geschehen) seine Fackel zu ihnen hinunter, als bemühte er sich festzustellen, wer sie waren.

So völlig verblüfft war die ganze Gesellschaft angesichts dieses Aufstiegs, dass etwa eine Minute lang Totenstille herrschte. Sie wurde durchbrochen von einem ebenso leisen, harschen, *knir-*

ing sound, as had before attracted the attention of the king and his councillors, when the former threw the wine in the face of Trippetta. But, on the present occasion, there could be no question as to *whence* the sound issued. It came from the fanglike teeth of the dwarf, who ground them and gnashed them as he foamed at the mouth, and glared, with an expression of maniacal rage, into the upturned countenance of the king and his seven companions.

'Ah, ha!' said at length the infuriated jester. 'Ah, ha! I begin to see who these people *are,* now!' Here, pretending to scrutinize the king more closely, he held the flambeau to the flaxen coat which enveloped him, and which instantly burst into a sheet of vivid flame. In less than half a minute the whole eight ourang-outangs were blazing fiercely, amid the shrieks of the multitude who gazed at them from below, horror-stricken, and without the power to render them the slightest assistance.

At length the flames, suddenly increasing in virulence, forced the jester to climb higher up the chain, to be out of their reach; and, as he made this movement, the crowd again sank, for a brief instant, into silence. The dwarf seized his opportunity, and once more spoke:

'I now see *distinctly,*' he said, 'what manner of people these maskers are. They are a great king and his seven privy-councillors–a king who does not scruple to strike a defenceless girl, and his seven councillors who abet him in the outrage. As for myself, I am simply Hop-Frog, the jester–and *this is my last jest.*'

Owing to the high combustibility of both the flax and the tar to which it adhered, the dwarf had scarcely made an end of his brief speech before the work of vengeance was complete. The eight corpses swung in their chains, a

schenden Geräusch, wie es schon zuvor die Aufmerksamkeit des Königs und seiner Räte erregte, nachdem ersterer Trippetta den Wein ins Gesicht geschleudert hatte. Doch dieses Mal stand es ganz außer Frage, *woher* das Geräusch stammte. Es kam von den raubtierhaften Zähnen des Zwergs, mit denen er mahlte und knirschte, als er mit Schaum vor dem Mund und einem Ausdruck irrsinnigen Zorns in die aufwärts gewandten Gesichter des Königs und seiner sieben Gefährten starrte.

»Ah-ha!«, rief schließlich der wutschnaubende Spaßmacher. »Ah-ha! Jetzt fange ich an zu begreifen, wer diese Leute *sind*!« Und hierbei, indem er vorgab, den König noch eingehender zu betrachten, hielt er die Fackel an die Flachsschicht, die jenen einhüllte und die sich augenblicklich in einen lodernden Flammenmantel verwandelte. In weniger als einer halben Minute brannten alle acht Orang-Utans lichterloh mitten über dem Gekreisch der Menge, die von unten zu ihnen hinaufstarrte, von Entsetzen gepackt und unfähig, ihnen auch nur im Geringsten zu helfen.

Schließlich zwangen die Flammen, plötzlich heftig auflodernd, den Spaßmacher dazu, die Kette höher hinaufzuklettern, um außerhalb ihrer Reichweite zu sein; und als er diese Bewegung machte, fiel die Menge für einen kurzen Moment erneut in Schweigen. Der Zwerg ergriff die Gelegenheit und sprach noch einmal:

»Jetzt sehe ich *deutlich*«, sagte er, »welche Sorte von Leuten diese Maskierten sind. Ein großer König mit seinen sieben Geheimräten – ein König, der keine Skrupel hat, ein wehrloses Mädchen zu schlagen, und seine sieben Räte, die ihm zu seiner Schandtat Beihilfe leisten. Was mich betrifft, ich bin nur Hopp-Frosch, der Spaßmacher – und *das ist mein letzter Spaß.*«

Infolge der hohen Brennbarkeit sowohl des Flachses als auch des Teers, an dem jener haftete, hatte der Zwerg seine kurze Rede kaum beendet, als das Werk der Vergeltung auch schon vollbracht war. Die acht Leichname baumelten an ihren Ketten, eine

fetid, blackened, hideous, and indistinguishable mass. The cripple hurled his torch at them, clambered leisurely to the ceiling, and disappeared through the sky-light.

It is supposed that Trippetta, stationed on the roof of the saloon, had been the accomplice of her friend in his fiery revenge, and that, together, they effected their escape to their own country: for neither was seen again.

stinkende, geschwärzte, grässliche und unkenntliche Masse. Der Krüppel schleuderte seine Fackel auf sie herab, kletterte gemächlich bis zur Decke hinauf und verschwand durch das Oberlicht.

Man vermutet, dass Trippetta, postiert auf dem Dach des Salons, die Komplizin ihres Freundes bei seiner feurigen Rache war und dass sie gemeinsam ihre Flucht in ihr Heimatland bewerkstelligten: Denn beide wurden nie mehr gesehen.

Glossar

Das Manuskript in der Flasche

Qui n'a plus … dissimuler. – Wer nur noch einen Augenblick zu leben hat, hat nichts mehr zu verbergen. (Quinault, *Atys*)

Der Untergang des Hauses Usher

Son cœur … résonne. – Sein Herz ist eine schwebende Laute; sobald es berührt wird, ertönt es. (De Béranger, »Le Réfus«)

William Wilson

peine forte et dure – heftige und langdauernde Schmerzen

Oh, le bon temps, que ce siècle de fer! – Oh, welch gute Zeit, dieses eiserne Zeitalter! (Voltaire, *Le Mondain*)

Der Mann in der Menge

Ce grand … être seul. – Dieses große Unglück, nicht allein sein zu können. (La Bruyère, *Les Caractères*)

αχλυζ οζ πριν επηεν – eigentlich: ἀχλύς, ἣ πρὶν ἐπῆεν; die Nebel, die sie zuvor umgaben (fehlerhaft wiedergegebene Stelle aus Homers *Ilias*)

Die Morde in der Rue Morgue

et id genus omne – und dieses ganze Geschlecht

Perdidit antiquum litera prima sonum. – Der erste Buchstabe hat seinen ursprünglichen Klang verloren. (Ovid, *Fasti*)

métal d'Alger – Neusilber

robe de chambre … pour mieux entendre la musique – der nach seinem Hausrock verlangte, um die Musik besser hören zu können

je les ménageais – hier so viel wie: Ich behandelte sie nachsichtig und behutsam, wie ein rohes Ei

neufchâtellisch – bäuerlich, provinziell
de nier ce qui est, et d'expliquer ce qui n'est pas – der leugnet, was ist, und erklärt, was nicht ist

Die Grube und das Pendel

Impia tortorum … salusque patent. – Gottlos nährte hier, ungestillt, das Gesindel der Folterknechte sein langgehegtes wahnsinniges Verlangen nach dem unschuldigen Blut. Nun, da gerettet ist die Heimat, nun, da zerstört ist die Höhle des Todes, gibt es, wo furchtbarer Tod gewesen, wieder Leben und Rettung. (nicht nachgewiesen)
auto-de-fé – Autodafé, Ketzergericht, Hinrichtung

Hopp-Frosch

rara avis in terris – ein seltener Vogel auf Erden (Juvenal, *Satiren*)